杨三角丛书

变革的基因

实/践/篇

如何创新战略、搭建团队、提升战斗力

杨国安

李 波

芮益芳/著

中信出版集团 | 北京

图书在版编目（CIP）数据

变革的基因：如何创新战略、搭建团队、提升战斗力．实践篇 / 杨国安，李波，芮益芳著．—北京：中信出版社，2017.10（2025.3重印）
ISBN 978-7-5086-7819-1

I. ①变… II. ①杨… ②李… ③芮… III. ①移动通信－互联网络－应用－企业管理－组织管理学－研究 IV. ①F272.9

中国版本图书馆CIP数据核字（2017）第149168号

变革的基因——如何创新战略、搭建团队、提升战斗力（实践篇）

著　　者：杨国安　李　波　芮益芳
出版发行：中信出版集团股份有限公司
（北京市朝阳区东三环北路27号嘉铭中心　邮编　100020）
承 印 者：北京通州皇家印刷厂

开　　本：880mm×1230mm　1/32　　印　　张：11.75　　字　　数：215千字
版　　次：2017年10月第1版　　印　　次：2025年3月第6次印刷
书　　号：ISBN 978-7-5086-7819-1
定　　价：58.00元

推荐语

九阳集团是杨三角理论的忠实践行者，通过每年的组织能力诊断和组织能力打造，有效地支撑了九阳的移动互联转型。很高兴看到杨国安教授的这本新书能够出版发行，期望九阳以及其他9家公司的实战案例能够帮助读者学习和践行杨三角理论。

——王旭宁　九阳股份有限公司董事长

e袋洗创业的这几年，我们经历了很多挑战、波折、欢笑和泪水，付出了很大的代价，也有巨大的感悟。最终，e袋洗的成长历程验证了杨三角的著名公式：企业成功=战略方向×组织能力。

——张荣耀　e袋洗创始人

对于58集团的业务模式和未来发展而言，用户导向、敏捷创新、创业开拓的组织能力至关重要。没有组织能力的保障，58集团的战略方向就无法有效落地，特别是当我们的团队规模快速扩大时。感谢杨国安教授对58集团的辅导和帮助，期望58集团的案例能够给快速成长的中国企业一些启发。

——向明慧　58集团副总裁

企业在不断变化，时代在飞速发展，管理的理论和方式需要创新，管理的方法论需要用实践去检验，这本书会助你事半功倍。

——杨现祥　海丰国际董事局副主席兼首席执行官

这是移动互联时代企业无往不胜的半部"孙子兵法"。

——吕　超　耀客传媒首席执行官

品友互动凭借大数据算法技术能力踏入一个个全新的人工智能领域，企业的初心、使命驱动我们坚持探索前行。时代在变，市场环境瞬息万变，杨三角理论帮助我们打造出与时俱进的组织能力。期待与更多具有创新精神和使命担当的企业家在书中用文字交流，在线下当面相互学习。

——谢　鹏　品友互动联合创始人兼首席运营官

玫琳凯在华发展21年，我们不断“持续学习、拓展思维”，深感杨三角组织能力模型对企业发展的重要性。在被称为VUCA时代[①]的当下，任何一家企业都需要比以往任何时候更关注组织能力的应变和创新。这本书值得每一位企业家借鉴。

——麦予甫　玫琳凯大中国区总裁

新通联集团自2014年起实践杨三角理论，对员工能力、员工思维模式、员工治理方式进行不断探索，逐步改善组织能力，极好地推动了新通联各项战略的落地。这本书中的案例值得大家推敲琢磨并实修实证。

——曹文洁　上海新通联包装股份有限公司董事长

很高兴京东集团成为这本书的10家案例企业之一。京东集团自2016年发起的“授权、赋能、激活、找边界”的组织能力创新正在逐步深化落地，有效地支撑了京东集团的快速发展和科技转型。希望我们的经验能够给快速发展壮大的中国企业一些启发，感谢杨国安教授一直以来对京东集团的辅导和帮助。

——隆　雨　京东集团首席人力资源官和首席法律总顾问

利博盛是一家非常传统的制造业企业，在这几年的转型中面对许多变化和困难。我们跟着杨国安教授及杨三角学习联盟的同学们一起，拜名师，访名企，会好友，通过不断学习，努力打造自身的组织能力，推动企业不断转型和发展，取得了阶段性成果。希望这本书能够对同行或其他行业的读者有所帮助，早日实现传统产业的转型升级。

——李庆锋　广西北海利博盛安全用品有限公司总经理

---

① VUCA时代，即充满易变性（volatility）、不确定性（uncertainty）、复杂性（complexity）和模糊性（ambiguity）的时代。——编者注

目 录

序

日月如梭，距离 1981 年已经过去 36 年。那年我初到内地，作为香港大学的学生到南京大学和清华大学进行学术交流。我是一名土生土长的香港人，在与内地学生的日常交流中，我对自己是一名中国人的身份认同感进一步加深。

在这样一段漫长的岁月里，我的人生经历了几个重要的发展阶段。

1986 年，我获得美国密歇根大学商学院全额奖学金，赴美攻读博士，在戴维·尤里奇、韦恩·布洛克班克等几位世界级人力资源管理大师的启蒙下，我对战略人力资源管理如痴如醉。学习之余，我就已开始企业的管理咨询顾问工作。

1990 年毕业之后，我在密歇根大学执教数年，1996 年被派遣回香港负责商学院的亚太区事务。没过几年，我应台湾宏碁集团创始人施振荣先生邀请，到台湾创立了宏碁标杆学院。紧接着，2000年底，宏碁集团业务发展遭遇重挫，我临危受命，担任了集团首席人力资源官一职，用了不到两年的时间，协助施振荣先生进行了一场“世纪变革”，建立起以绩效、客户和执行力为导向的企业文化，企业渡过难关，我功成身退。

那是“组织能力的杨三角”早期在世界知名企业中的一次成功运用，这是我结合了多年的学术理论和企业实践，自主开发形成的组织分析和诊断框架。

此后多年，无数的中国企业、创始人和高管学习并借鉴了“杨三角”的思路或工具，带领他们的企业快速成长，或者走出困境。互联网和移动互联时代来临之后，更多的企业借助“杨三角”实现了公司的战略转型。

自2004年开始，我正式加入中欧国际工商学院，举家迁至上海，开启了在内地的教学事业与家庭生活。在这十几年中，我接触了许多中国企业家，也对许多优秀企业有了深入接触和了解。令我印象深刻的是，多数中国企业家具备强大的学习能力，且喜欢主动求变，可以说自我迭代速度是全球最快的。

当然，这背后也是日新月异的互联网产业的兴盛浪潮在推动。

仅仅拿中国内地的移动互联网产业跟香港进行对比，我已经明显感觉到，在内地生活是多么方便。移动支付、电商、O2O（线上到线下）……我看到轰轰烈烈的“大众创业、万众创新”浪潮在中国兴起，在内地生活的便利程度已经超过了香港，比如我在北京、上海时，钱包里没有现金也无妨，仅仅使用手机端的微信支付就能满足基本的日常生活所需。回到香港，我要为八达通卡充值。

互联网兴起之后，变化来得太快，企业家面临的经营环境在各个层面都发生了颠覆性的变化，摆在企业家面前的选择题很残酷：是被后者边缘化、颠覆，还是力挽狂澜、主动求变?

2009年，我在中欧国际工商学院任教期间，以谢鹏、李波、刘胜军为主的几位学员在学习“杨三角组织能力”课程尾声将至时，因深切感受到组织能力对于一个企业持续发展的重要性，自发牵头组织了一个中欧组织能力建设学习联盟（OCLA），也就是后来的杨三角学习联盟（YOLO）。

近些年，这个非营利性学习组织越发壮大，聚集了成百上千位优秀的中国企业家，他们多数是快速成长企业中的CEO（首席执行官）或高管，有不少是传统行业的企业家，迫切希望能带领企业过渡到移动互联时代——首先要从打造与新时期外部环境相匹配的组织能力开始。

杨三角学习联盟在近几年，带领这批求知若渴的企业家观摩了数十家位于中国、美国、以色列、德国、英国、法国的领先企业。管理要讲求知行合一，在参访领先企业的过程中，更有助于提炼、学习它们的战略方向和管理实践，学为所用。

2016 年，《变革的基因》一书问世，时代在变革，企业在变革，“组织能力的杨三角”理论也在不断吸收、打磨和进阶，《变革的基因》即是“杨三角”的 2.0 版。移动互联时代，“杨三角”的框架仍然适用于企业的管理发展，但是内涵已经发生了变化。本书作为 2.0 版的企业实战案例手册，针对当前身处不同行业的 10 家企业的管理变革做了详尽的采访、记录和总结。把概念变成具体的实践操作，对于读者来说，容易直观地理解，学习和参考的价值也更大。

2011 年，我带着学习联盟的成员去美的集团参访，美的集团董事长兼总裁方洪波接待了我们，他当时提到了美的的三大转型战略：产品领先、效率驱动、全球经营。

我还记得方洪波当时誓要脱胎换骨转型的坚定态度，三大战略基本否定了美的过去 30 多年的发展经验，美的需要打造如客户导向、技术领先、创新等新的组织能力，确立向全世界市场扩张的新发展路径。

2017 年初，我再次带队去美的参访，已经看到了这场组织能力变革的喜人成果。美的在 2016 年实现全年营收 1 590 亿元，海外营业收入实现 640.1 亿元，利润率和运营资金大幅改善。可以说，美的不仅转型成功，还实现了“全球化经营”的目标。

类似美的的这些活生生的企业案例都给我们的会员带来很大的震撼和感触。

在美的未来的战略图景中，双智战略是企业发展的关键，新产业布局成为核心词，科技创新则是驱动力。今天的美的，不仅有人工智能“美的大脑”，有令人惊叹的“美的智能工厂”，还能为普通家庭打造“未来厨房”，如全球首创的全智能电饭煲等。

往前倒推几十年，国内的通信市场被NEC、爱立信、朗讯等国际巨头垄断，分别有来自7个国家和8种制式的机型，因此在业界被称作“七国八制”。强手如林，各立山头，由垄断决定的高价历史，在20世纪80年代末到90年代初被以“巨大中华”为代表的本土厂商崛起打破，即巨龙通信、大唐电信、中兴通讯、华为技术。

时至今日，本土手机通信企业经历了兴衰起伏，有倒下的，有一路壮大的。2016年，华为年收入已达5 200亿元，比BAT（百度、阿里巴巴、腾讯）的总和还要多，俨然已成商界巨鳄。

市场研究机构Strategy Analytics的报告显示，2017年第一季度，全球智能手机出货量同比增长6%，达到3.53亿台。其中，华为出货量3 450万台，同比增长22%，与三星、苹果位列全球第一阵营。华为成为中国企业在海外的一张亮丽的名片，跻身全球100个最具价值品牌之列。

华为是如何崛起，成为国内手机行业的领头羊，并真正走向世界舞台的呢？我认为是以客户为中心，以奋斗者为本，长期艰苦奋斗，坚持自我批判的价值导向决定的，这也是华为的核心组织能力，比如为了激励奋斗者，华为除了薪酬高、福利好之外，还有一项为人所称道的退休政策——员工到了45岁可以选择退休，退休之后仍可得到分红，持有股份。

不仅如此，作为创始人，任正非把自己的股份不断稀释，到今天只剩下1.01%，而拥有17万名员工的华为制订了规模近10万人的员工持股计划。用任正非的话来说叫"'分赃'分得好"，所以员工自然愿意为企业卖命。

美的和华为，都是世界一流的中国企业代表，它们的成功，都离不开对组织能力的精确定义和坚持不懈的打造。

在本书中，我们选取了10家不同行业、不同规模、处于不同发展阶段的代表性企业作为案例，从不同维度展示移动互联时代的组织能力实践。

事实上，那些认真打造组织能力的企业家，最终会从他们的努力中受益。比如海丰国际CEO杨现祥，他在公司中是推动组织能力建设的一把手，亲力亲为，不断打磨，非常热爱学习和吸收新事物。截至2016年12月31日，海丰国际在全球集装箱航运企业中虽然排名第21位，却是全球利润率非常高的企业之一，是一家从青岛走向世界的优秀航运物流企业。虽然领导着一家国际化的上市公司，但杨现祥很清闲，每个月有大量的时间在外面交流、学习，公司照样运转良好。

你想当成天焦头烂额、四处灭火的大忙人，还是想通过打造组织能力成为决胜千里、运筹帷幄的“闲人”？

通过这本实践手册，我希望传达三点。第一，更具体、直观地学习移动互联时代的组织能力打造，提供借鉴思路。第二，结合案例，对照自己的企业进行反思。每个企业所处的阶段不一样，都要找到结合点和关键点，对症下药。第三，最终要有落实和推进的魄力，不一定要全盘改革，可以小范围试验，降低改革失败的成本。

站在此时回望 1981 年，那次难忘的内地之行只是一个发端。在后来的人生岁月里，我的梦想一直是帮助中国企业站起来，希望越来越多的中国企业成为世界一流企业。

我很欣慰地看到，在多个细分领域，已经诞生了一批优秀的中国企业，堪称世界一流，比如腾讯、阿里巴巴、华为、美的等。杨三角学习联盟会如灯塔常在，照亮中国企业的漫漫远航之路。

最后，我要感谢杨三角学习联盟和组织能力建设学习联盟的新、老会员多年的支持，特别是这次贡献案例的 10 位会员。

这本书的出版，离不开大家的坦诚分享和支持。我还要感谢中信出版集团商业社社长沈家乐、策划编辑黄维益的专业协助。我也要感激杨三角丛书的总策划焦胜同学，他过去几年对学习联盟的投入超乎大家的预期。在我过去近30年的人生路上，感恩Jenny与我结伴同行，Priscilla和Josh也成为我们一家的祝福和喜乐源头。

本书的另外两名作者，也要分别感谢他们各自的家人。

芮益芳要感谢自己的先生赵云，在写作这本书的一年多时间里，他无私地给予鼓励和陪伴，长达半年无暇回南京探望双方的父母，他们的理解和支持是强大的后盾。也要感谢杨国安教授的邀约，虽然采访写作烦琐且不易，但能在30岁之前拥有一部作品，也于未来有了几分“长风破浪”的信念，这是一种很棒的成长。

李波要感谢的是杨国安教授八年来的辅导、支持和肯定。自2009年协助教授创办学习联盟以来，走访世界标杆企业，开阔了视野，给数十家中国企业做杨三角咨询诊断和培训，越来越明确了自己的人生价值、意义和成就感。同时，非常感谢自己的太太孙莉清和儿子李卓呈，以及父母和岳母，是他们的理解和无条件的支持，让我能够专心投入本书的撰写之中，度过一个个不眠之夜。

第一章

移动互联时代的组织管理实践

兵无常势，水无常形，能因敌变化而取胜者，谓之神。

——孙子《孙子兵法·虚实篇》

一家做到全球第一的运钞车生产制造公司，需要担心移动互联网会对其业务造成威胁吗？

乍一听，运钞车生产制造公司的业务和移动互联网应该没有太多关联，但仔细想一下，你最近去ATM（自动柜员机）提取现钞以及使用现钞的频率是否大大降低了？

环顾我们的日常生活，移动支付已经全面渗透了衣食住行的方方面面。大到购买汽车、奢侈品等大额消费，小到便利店、水果摊、菜市场等高频、小额消费，人们很少会用现钞了，手机移动在线支付正在变得越加普及、越加便捷，以至现在很多年轻人出门只带手机，不带现钞了。

当人们已经不再像从前那样频繁地使用现钞时，还需要那么多运钞车吗？皮之不存，毛将焉附？在这个快速变化的时代，无法安睡的又岂止是一家运钞车公司的老板，其他行业也在发生同样的事情。

出租车行业也看似和移动互联网关联不大，但现在这个行业已经发生巨变。在网约车出现之前，传统出租车已经饱受乘客诟病：车内卫生状况不佳、司机缺少服务意识等，但改变一直缓慢。当以滴滴为代表的网约车出现之后，数亿人迅速改变了出行方式，使得传统出租车公司受到巨大冲击，而这么大的巨变仅仅用了三四年的时间。所有一切发生得如此之快，快得让人措手不及。

想象一下斯蒂芬·茨威格在《人类群星闪耀时》里描写的历史画面：“巨型大炮用闪电般的火舌缓慢、始终不停且不可抗拒地蚕食和咬碎拜占庭的壁垒。”

移动互联网带来的摧枯拉朽式的冲击，恰如大炮的火舌。火舌所到之处，几乎涉及所有的行业、所有的公司和所有的人。并且，颠覆与被颠覆，似乎就在一夜之间发生。这是最好的时代，这是最坏的时代。

什么是移动互联

移动互联是技术的革新或者技术的跳跃式升级。通过移动智能终端（主要是手机）的全球普及、无所不在的传感器、高速的宽频数据传输、廉价的云存储、日趋成熟的算法和人工智能，令企业能够通过移动智能终端和传感器大量、快速地传输用户的行为数据，并且通过存储、分析、挖掘数据，从而在各个经营环节更加精准高效，包括营销、研发、制造和服务环节。移动互联的技术能力还在不断升级，对不同行业的渗透也在加快。

《创业维艰》的作者、硅谷著名创投公司A16Z的联合创始人霍洛维茨曾经挑战过企业家的思路："试想一下，如果每一个用户口袋里都带着一台20世纪60年代的超级电脑，将会发生什么？"

现在，人们可以轻而易举地将一台相对20世纪而言算得上是"超级电脑"的智能手机揣进口袋。它既有基础的通信功能，又具备拍照、定位、导航、社交、支付等其他功能。它的运算能力强大到超过阿波罗登月时期NASA（美国国家航空航天局）所有计算机运算能力的总和。

工信部统计了我国的移动互联网用户，截至2016年12月底，已经达到约10亿，占总人数的71%。[①]对于绝大多数中国

---

① 资料来源：2016年12月22日，中国互联网协会副秘书长石现升在"2016移动生活峰会"的演讲。

人来说，手机已经不单纯是一个电子设备，而是像水、电一样属于必需品，甚至成为人体的一个新器官。工作、娱乐、生活，几乎无不与其相关，并构成了现代人的一种日常仪式：每天睁开眼睛的第一件事就是打开手机，而临睡前的时光，也往往是盯着几英寸的手机屏幕度过的。

不仅是手机，传感器也无处不在，在不断地收集来自移动终端的用户数据，并且随着价格的进一步下降，还会被广泛应用到家居、医疗、航空、零售、物流等行业中。万物互联的时代即将来临，一个全新的智能社会将会出现。

从传输数据的网络带宽发展现状来看，4G已经在全球200多个国家和地区实现商用，通信速率得到大幅提高，标志着我们进入了无线宽带的时代。那么，5G又将带来哪些巨变呢？若论速度，5G会比4G快10—100倍，网络的容量也会提升。并且，5G带来的作用并不只是在线看看视频这么简单。如果用“修路”形容4G，5G则是“造城”。中国移动总裁李跃表示：“5G是为万物互联设计的，万物互联包括的是人和人、人和物以及物和物，所以5G将给我们带来全新的体系。”①

此外，云存储时代也一并来临了。由于个人、组织都面

① 资料来源：中青在线，2016年12月20日电。

临着同样的挑战——日常产生的海量数据使网络存储的需求日益迫切。云存储使得成本得到极大压缩，而随着亚马逊云（AWS）、腾讯云、阿里云等云厂商的成熟，也给今天的创业公司带来了福利，它们已经不必忙于自己去搭建服务器和IT（信息技术）系统，可以直接接入市场上的云服务提供商。

数据量的骤增也推动了算法的不断成熟。算法帮助企业更好地解读数据，提供业务决策的支持。过往，许多企业虽然积累了大量用户数据，但并没有盘活这一宝贵资源，也无法令其价值得到发挥和应用。算法的成熟，不仅仅能为企业描绘更为精准的用户画像，从而提高精准营销的能力，还有利于寻找、优化个性化营销与新产品的研发，为企业的决策提供趋势性的预测分析。在营销、研发、制造、服务等环节，企业的运营效率都会变得更加高效。举一个简单的例子，在圣诞节到来之前，中国的跨境电商卖家已经能通过交易平台的大数据预测出北美地区当年的圣诞树、装饰物等商品的需求量，从而提前备货运到海外仓。

再举一个应用得更深入的例子，阿里巴巴旗下的电商平台天猫在三年前就已经探索起了“规模化定制”的模式，主要是基于平台上积累下来的海量消费者数据，以“包销定制”的模式来降低成本和减少库存。在2016年的“双十一”购物狂欢节中，像九阳、美的这样的制造企业都加入了天猫定制活动，推出了各自的智能新品，这就是制造业利用数据实现C2B（消费者到企业）反向定制的模式。

最后，机器学习变得越来越强大，人工智能成为新的热点领域，也被认为是下一个风口。国内外领先的企业如谷歌、BAT、亚马逊等互联网企业都在持续投入和探索这个新领域。

综上所述，移动互联最核心的一个突破，就是让连接一切变得可行、低成本而且高效，这也是移动互联本身的一个特质。几乎是即时的，移动互联网连接了人与人、人与物、人与信息、人与商品、人与服务、人与政府等，带来了很多新的应用场景。

人与人的连接主要是社交的方法不一样了，通信的方法不一样了，甚至是企业内部的管理也不一样了。《认知盈余》一书的作者克莱·舍基（Clay Shirky）曾经说过，与20世纪相比，当下的媒体环境和模式发生了巨大变化，人们对于信息的接收方式已从被动转为主动。在媒体社交化和移动化的今天，关注人与人的连接比关注技术和设备的发展更加重要。[①]

另外是人与物的连接。以前的产品都是很“傻”的，现在很多都是智能产品。比如，九阳的很多产品都是智能化的，家

---

① 资料来源：克莱·舍基：人与人的连接更重要，腾讯科技，2014年8月29日。

具现在也智能化了。人与信息方面，搜索新闻更快速、更及时，全是用户喜欢的新闻推送。人与商品就是买东西时，不管是哪个类别的东西，都能更及时、更快搜索和连接到。人与服务方面，餐饮服务有美团，出行服务有滴滴，旅游服务有携程，其他服务如视频、游戏、金融理财都可以更快速地进行连接。人与政府就是智慧城市的不断发展。

移动互联让连接能够可行、及时、更高效，让企业在不同的领域、不同的应用场景下升级产品和服务甚至颠覆创新，这就是移动互联带来的最大影响和威力。如同电力的发明让人类进入工业时代一样，移动互联时代的万物连接也将改写很多行业的游戏规则，带来无限机会和挑战。

移动互联时代的特点

我们之所以称移动互联为一个时代，并不仅仅是因为它创造出了更多的信息。除了商业模式在其作用力下发生巨大的变迁，人类社会的关系和结构同样也被改变。作为一家企业，首先要搞懂的是，新时代有哪些新特点。

第一，变化的速度倍增，替代和被替代的时间大为缩短。

移动互联时代，一个新产品的推出、流行和过气的周期变得很短。因为连接的作用，产品的普及减少了许多中间渠道，能够很快到达用户、被体验和迅速走红。但同样，产品被其他新产品替代的时间也更短了。一款新的App（应用程序）可能只用几天就能在网上走红，吸引到几百万的关注者，带来庞大的下载量，但过不了多久，用户的兴趣一旦发生转移，就会将它抛到脑后，很快就偃旗息鼓、归于沉寂了。

以游戏行业为例，早期盛行于美、日、欧的主机游戏（console game），几乎用了30年的发展周期才成熟起来。并且，受限于载体，最早游戏捆绑价格昂贵的真空管电脑主机或者街机，属于较为奢侈的产品，直到后来诞生了“小盒子”的游戏主机之后，才进入更多寻常家庭。无论是技术，还是游戏本身，这个发展周期都是缓慢的。伴随着电脑的普及和互联网的兴起，PC（个人计算机）端的网游开始大行其道。相比主机游戏时代长达30年的发展周期，PC游戏的成熟期来得要快，大约只有10年时间。智能手机普及和移动互联网崛起之后，手游行业迎来井喷式的发展。相对于主机游戏的30年和PC游戏的10年发展周期，手游的发展周期只有不到3年。

再以近年最为猛烈的一波O2O创业浪潮为例，作为传统行业与移动互联网新结合的产物，自2014年起，O2O在国内掀起旋风式的发展，一茬茬的创业公司像竹笋一样破土而出，以惊人的速度蹿升。

在风起云涌的O2O浪潮中，外卖和打车两大高频、刚需的生活消费领域崛起了几家具有代表性的公司，比如美团和滴滴。2013年底上线的美团外卖，三年之后，估值已经达到125亿美元。比美团早一年诞生的滴滴打车（2015年9月9日更名为滴滴出行），到了2016年9月，估值已经超过300亿美元。

美团的CEO王兴看到过上线之前的滴滴打车软件，与程维相识的他，在2014年3月就感慨过："我没想到他能做这么大。"程维则说："移动互联网的速度以分钟计、以秒计，不能懈怠，战役一场接一场。"如果说，传统行业公司的发展之路像一部电视剧，有着三四十集的时间长度，那么很多移动互联网公司就像一部电影，只用一个多小时的时间长度就从诞生走向成熟。

变化速度的倍增也表现在移动互联网公司内部的组织成长方面。在传统行业，公司的组织架构比较固定和板结，一家公司增加一个新的事业部需要很长时间，移动互联网公司则大相径庭。滴滴在2015年初与快的合并时，还只有一个出租车事业部，到了2015年底，已经裂变出6个事业部。人们常用"野蛮生长"来形容移动互联网公司的发展速度。很多移动互联网公司的估值，3个月之后就会翻倍。

第二，颠覆式创新的契机增多，被颠覆的危机也大大增加。

在移动互联技术的支持下，我们发现以前很多企业和行业做事方法的前提假设都可以全部被挑战，重新来思考。比如营销可以更加精准，给每个用户推送的广告都可以完全不一样，做到“千人千面”。对于服务来说，从线上搜索产品、下单，到线下交易、支付、评分，可以形成整个闭环，从而出现58到家、滴滴、摩拜单车（Mobike）类似的大量O2O业务模式。

1983年出生的程维，在创立滴滴之初，曾经到街边去找司机推广滴滴。当时一些司机可能还不懂打车软件这种新事物，闻所未闻，甚至以为滴滴打车是骗人的玩意儿，会偷走他们的手机流量。他们根本没有预料到，这个工具不仅仅改变了他们的职业，而且改变了全社会的交通出行方式。

克莱顿·克里斯坦森在他的《创新者的窘境》一书中提到一个“科技泥流假设”（technology mudslide hypothesis）：企业在面对永无止境的科技变革时，就像在泥流上求生存，必须永远保持在泥流上移动，稍一停顿下来，就会遭遇灭顶之灾。

对于程维来说，他抓住了那个颠覆性的机会，创立了滴滴。对于传统出租车行业来说，它们遭遇了一股“科技泥流”，被滴滴挑战和颠覆。也许滴滴日后也会被颠覆，因为科技不断进步，移动互联网只是我们现在所处的发展时期，不是终点。

2016年，“资本寒冬”成为创业圈的高频词，在市场环境被普遍唱衰，甚至很多创业公司相继阵亡的时候，一辆自行车却让整个创投圈都躁动起来，一时间引发投资风潮。一款叫摩拜的单车在2016年4月出现在上海街头，亮橙色的轮胎、银色的车身，科技感十足，受到年轻人的追捧，一时成为沪上的风景。

这并不是一辆普通的单车，它是共享经济下的“蛋”。跟打车软件有相通的原理，摩拜单车是一款主打短途出行的共享单车，租借给人们共享使用。首先，用户在手机端下载App，注册成功之后，用手机扫一扫车身上的二维码，单车就会自动解锁，用户就能使用这辆单车。而归还更是不同于国内从前的固定停车桩模式，只需要将单车停在任一街道画白线区域的自行车停放处即可。锁车的同时，手机端已经自动完成了计费和扣款。要知道，还车不方便极大影响了人们使用市政公共自行车的积极性，也是一般的市政公共自行车很难大范围普及、一直形同“鸡肋”的幕后原因。

并且，摩拜单车也不需要线下办卡，所有的手续都在手机上完成，人性化地考虑到了用户的需求。摩拜甚至还可以提前预约，方便人们在为出行做计划时可以提前做出选择，只需要打开摩拜单车的App，从地图页面上查看周边是否有闲置的单车可以使用，一键预约之后，该自行车会留给用户 15 分钟的待取时间。

一辆小小的单车，却内藏乾坤——充分挖掘了用户使用自行车出行的痛点。这使得摩拜在一经推出之后便迅速走红，占领街头，尤其被年轻用户追捧，从理念上对其深度认同：认为这辆车很酷，很有科技感，并且深具移动互联时代的产品思维的精髓。

截至 2016 年 10 月，摩拜单车已经完成了总额 10.6 亿元的融资，获得了腾讯、红杉、高瓴等诸多投资机构的投资。并且，共享单车领域已经陆续涌入了至少七八家创业公司，这个领域迅速从蓝海转为红海。其中另一家实力代表——获得了滴滴投资的 ofo 共享单车，也迅速为人所知，并在一年之内完成了 5 轮融资，拿到了 12.71 亿元资金。

仅仅不到一年时间，一个崭新的行业就初步形成了。共享单车的使用价格远远低于打车，最便宜的才 5 毛钱一次。并且，越来越多注重锻炼身体的年轻人，对“解决短途出行+顺便运动”这样新鲜好玩的模式自然追捧。当使用共享单车解决短途出行的用户越来越多时，传统出租车、网约车的生意受到影响在所难免。此外，受到共享单车冲击的还有一个群体：在地铁口载客的“摩的”司机。网络上已经曝光了“摩的”司机不满生意被抢，而恶意破坏共享单车的新闻事件……

这就是颠覆带来的力量，一方面推动了进步，另一方面，也让一些“守旧”的行业、企业、人群尝到了奶酪被瓜分的滋味。移动互联时代，企业的经营发展一如逆水行舟，不进则退。你不创新的时候，别人正在创新，等待你的，或许就是被干掉。

第三，人才和产品的竞争更激烈。

衣食住行相关领域的创业公司先后崛起，与中国的消费升级密不可分。过去粗放、野蛮的生长阶段已经告一段落，从过去的供给不足到现今的供给过剩，产业大趋势的变化带来了定价权的转移——当供大于求的时候，供给侧转移到了需求侧。这就让消费者拥有越来越多的选择，产品的竞争日趋激烈。

同时，互联网消弭了信息的不对称，带来信息的透明化。用户通过移动互联网可以及时比较不同的产品和服务，价格更加透明，不管用户买什么东西和服务都可以发送评语，也能借鉴他人的评语进行选择决策。只有给用户真正带去价值的产品才有出路，原来靠广告或者渠道的老套路已经越加不奏效，用户口碑大于一切。

第四，大众创业、万众创新的浪潮下，新的创业公司层出不穷，员工也有了更多的选择机会。

移动互联技术带来大量的颠覆创新契机，而这些机会并不能通过复制过去的做法和模式来获取，只能通过有创意、敢冒险的人才来探索和发现，使得人才竞争，特别是顶级人才的竞争更加激烈。耀客传媒CEO吕超认为，移动互联时代，人才特别是顶尖人才的重要性无与伦比。原先的“二八定律”已经不足以概括现在的格局，对于连接更广、更快、更高效的移动互联网企业来说，可能1%的人创造了99%的企业价值。团队中的人才所具备的创意创新能力，会成为接下来的创业赛场上真正拉开选手差距的核心要素。

如何成为移动互联时代的赢家

面对移动互联时代的来临，企业要持续成功的话，很重要的就是必须更加能够确定和掌握对的战略方向，同时比竞争对手更快地打造匹配的组织能力。

从战略方向上来看，如何充分利用移动互联技术的升级，以全新的产品或服务为用户带去更多的价值，或者更好的体验，能够替代、颠覆以前老的做法，成为企业制胜的关键。

什么是更高的价值呢？以一些卖产品和服务的企业为例，不管是卖产品的电商如淘宝、京东、唯品会，还是卖服务的企业如携程、美团、58、滴滴等，都利用移动互联技术给用户带来四方面的价值："多、快、好、省"。这是京东最先提出来的。多，让客户选择更多；快，更快交付、更快完成交易；好，质量更好，因为用户可以选择哪个店的服务或者产品更好、更有口碑；省，就是更省时间、更省钱。再者就是更好的体验，即如何利用移动互联技术减少用户的痛点。比如滴滴解决的问题就是打车难。以前，刮风下雨的时候都是人等车而不是车等人，但有了滴滴出行的App之后，就可以在出门之前先叫好车，为出行省去许多麻烦。

另外一座压在国人头顶的大山——看病难，也亟待移动互联网的渗透和改造。在中国看病，人人皆知其流程手续的冗杂，到处都是长长的队伍等缴费、等叫号，花大半天的时间看病，其实医生问诊的时间也就几分钟……能不能用移动互联技术缓解看病难这一社会沉疴呢？

2014年被认为是移动医疗投资风口的一个开端，为数不少的移动医疗创业公司获得了融资，比如丁香园、春雨医生、微医集团等企业。这些企业凭借各自的所长，纷纷布局这个领域，希望用技术力量渗透传统医疗。春雨医生是一个移动医疗交流平台，一端连接医生，一端连接患者，让医生利用碎片时间为患者在手机App上进行快捷问诊，既能令患者征询到专业医疗人士的意见，又无须他们花费太多时间和金钱。

在传统金融行业，人们都知道，银行机构臃肿、效率低、排队人多，跟医院一样手续冗杂，也是大家不愿意去但又不得不去办事的地方。而且，传统银行业的借贷难、利率高、速度慢等，一直为用户所诟病，那么互联网银行能带来哪些改变呢？

对于贷款用户来说，速度可能是最为关键的考虑因素。传统银行的信用贷款需要几个工作日审批、放款，还有可能借不到。而互联网银行，申请时间只需几分钟，十几分钟就能通过手机完成贷款操作。没有营业网点、不需要财产担保，而是通过大数据征信来发放贷款。甚至全国首家网络银行——深圳前海微众银行，已经引入了先进的生物识别技术：通过人脸识别来完成远程身份认证，为方便用户在线上完成业务提供了极大的便利，不出门就能搞定银行业务。

当企业能够在商业模式上取得这样的突破时，人们就有理由相信，它的成长空间是巨大的。移动互联时代，企业要持续成功很重要，就要充分利用移动互联技术，以全新的产品、商业模式来寻找更大的获利和成长空间。

移动互联时代，除了上述战略商业模式的思考之外，还要思考组织能力的建设。移动互联时代变化快、颠覆创新机会多、产品和人才竞争激烈的特点带来了两大影响。第一，赢者通吃。如果你打赢了就是第一名或第二名，没有第三名和第四名。第二，变化太快导致时间窗口很短。假如你在某个时点错过一波机遇，那便是永远错过了，一步落后，步步落后。当对手已经取得行业第一或第二的位置，即便你策马扬鞭，也很难追上。

以上影响都会促使移动互联时代的组织能力进一步升级，促使管理者思考如何能够把企业的整个组织能力变得更高效、更敏捷、更快速。而且，我们强调，组织能力和战略方向之间，是乘号的关系。也就是说，如果战略方向有错，即便本来的组织能力很强，也没办法使企业持续成功。

黑莓手机曾经是智能手机市场的领导者，独领风骚多少年，但终究还是跌落悬崖：北京时间2016年9月28日，黑莓宣布关闭手机业务部门。要知道，黑莓曾经作为高端品牌，深受商务精英人士追捧，美剧中的律政精英人手一部黑莓手机，几乎有身份象征的意味，甚至美国前总统奥巴马也是它的忠实用户。

但在苹果手机问世之后，不仅黑莓，还有诺基亚、摩托罗拉，这些昔日的手机巨头纷纷衰落。由于在智能手机操作系统和触摸显示屏的大趋势方面判断失误，黑莓错失了机会。它曾经引以为傲的全键盘设计反而蒙蔽了它的双眼，它并没有意识到，裹足不前会彻底失掉一个市场。当后来它幡然醒悟，推出触屏机时，大势已去，智能手机的市场格局木已成舟，唯有黯然离去。

克里斯坦森在《创新者的窘境》中提到，创新在一个已成功的主体中是多么难以发生——大公司从一个创新点起步，当原来的创新被市场认可后，多数公司会产生路径依赖，被惯性带着走。

也就是说，战略方向错了，组织能力再强也没有用。而往往越是成熟的大公司，越容易犯类似的错误。它们所背负的历史包袱太沉，习惯性地依赖于原来取得成功的路径，而不会像小公司那样敢于颠覆式创新。

但是，在战略方向正确的前提下，如果组织能力不行，结果还是一样：无法获得持续成功。

很多企业其实看到了移动互联时代的商机，也学习到了别人的商业模式，但是自身无法落实这套做法。比如国内有很多银行看到互联网理财的商机，但是假如它们的组织能力没有与战略匹配的DNA（脱氧核糖核酸，遗传物质），即使了解商业模式，也没法和互联网金融企业在一条起跑线上比赛。比如员工都没有用户体验至上的意识，组织内部也没有开放、透明、平等、创新的互联网精神等，这些都会成为阻碍其取得持续成功的致命短板。

博德斯（Borders）曾经是美国书店巨头，当1995年亚马逊开始卖书的时候，博德斯的体量比亚马逊大N倍，对后者不屑一顾。后来，当它觉得要做网络书店的时候，CEO曾经口出豪言："要在一年之内用10倍的资源投入把亚马逊干掉。"最后，它非但没有得偿所愿，自己还破产了。博德斯是个传统起家的书店，而亚马逊是天生的互联网企业，博德斯即使洞察了商机和大趋势，也不具备后者的组织能力，团队也欠缺互联网基因和新时代的用户思维，很难再复制和追赶亚马逊的成功模式。

所以，移动互联时代一定是战略方向乘以组织能力，不是加法，两个方面都要做到。当然，企业在转型的时候，两个方面的侧重点不太一样，但是两者之间是相互约束的，缺一不可，是整体的成功。在移动互联时代，"企业成功=战略方向 × 组织能力"这个方程式曾经受到两个理论的挑战。

第一，风口论。

"找到风口，猪也能飞起来。"这句话曾风靡一时，许多创业者将此奉为圭臬，并且一直在找寻风口，希望自己能成为"飞猪"。风口论的本质含义就是说"企业成功=战略方向"，意指找到风口就行了，哪怕组织能力很弱，"猪"也能乘风飞起。

但近两年，人们已经越来越清楚，单单"风口论"是不行的。当然，找对战略方向是很重要的，但是假如你在风口，风只能够让你飞一阵子。在这个时间窗口内，如果组织能力跟不上，"猪"还是要掉下来的。为什么呢？

风口即是蓝海。要知道，中国的创业者最善于跟风、模仿、打价格战，只要一个新的蓝海被发现，那么其成为红海也不远了。在对手涌入之后，外部环境的竞争会变得更加激烈。此外，内部环境也面临挑战：企业飞起来之后，业务变复杂了，人员规模不断扩张。这时，如果内部效率和管理方法没有改善，组织能力没有提升，一定会令用户体验变差、成本变高、速度变慢、质量变糟。这些都会使你越飞越不得劲，越飞越低，直到跌落。

第二，“烧钱论”。

这波双创浪潮下涌现的O2O创业公司，几乎无一不打补贴战——花钱培育市场和圈用户。比如“打车大战”中的两大枭雄：滴滴和优步（Uber），大约融资了200亿美元，融到的钱不停地用来补贴用户、扩大市场。这场战役的残酷，令人想起一场真正的战争：第一次海湾战争花费了大约600亿美元。如果不是后来滴滴收购了优步中国，这场商业战争还会烧掉更多的钱。

没有融资是不行的，这成为共识。所以，就有人提出，企业成功的方程式应该改成“企业成功=战略方向 × 组织能力 × 融资能力”。

这里，我们要问一个问题，为什么这些O2O企业亏损这么多，还要钱烧呢？最主要的原因就是它们背后都有一些“金主”，都有大的投资者支持它们。为什么投资者给它们钱烧而不给别人钱烧呢？投资者并不是慈善家，之所以把大把的资金送给它们，还是因为他们看好这些创业团队所处的领域在未来有很大的成长空间，也就是说，他们认可创业团队的战略方向。同时，也看好这个企业的核心高管团队具备执行战略的能力。

一个投资者曾经说过，投资者最大的目标就是投人。在过去很多年里，中国发展互联网和移动互联网经济最大的红利是人的成长红利。比如滴滴的程维，28岁离开阿里创业，从亲自去跑街做地推开始，四年时间就变成了一个大型企业领导者，不仅带领团队打败了国内的对手，也征服了外来的入侵者，成长速度不可想象。他带领的团队虽然不是久经沙场的老兵，但短短四年间打赢了几十场战役，消灭掉30多家竞争对手，团队的狼性和韧性之强可以想象。

程维说过，滴滴拿到的融资轮数不是以字母A、B、C、D为代称的，因为融资的轮数26个字母都数不完。这么多的投资者进入，首先是看好滴滴的战略方向，其次是看好它的组织能力：核心高管团队的综合素质和能力，团队整体的执行力和战斗力。

所以，归根结底来说，投资者愿意给钱让你烧，并不是你的融资能力强，而是你的战略方向对，组织能力又很强，这两者缺一不可。所以，我们认为移动互联时代企业能够持续成功，很重要的是：战略方向 × 组织能力（见图 1–1）。

企业成功 = 战略方向 × 组织能力		
能否寻找高获利和高成长空间（用户更高的价值、共赢生态模式）	×	能否比竞争对手更快、更好地执行战略（人才、文化、团队、管理）

图 1–1　移动互联时代的赢家

组织能力从 1.0 版到 2.0 版的迭代

外界经营环境变化速度倍增，竞争更为激烈，颠覆创新越来越多，导致移动互联时代的组织能力和过去工业时代的组织能力存在很大的不同。我们称过去工业时代的组织能力为组织能力 1.0 版本或者杨三角（员工能力、员工思维、员工治理）1.0 版本。

在过去的工业时代，绝大多数大规模企业，比如富士康、通用电气、麦当劳等，一般来讲，核心组织能力都是低成本、高质量、交付速度快、服务稳定等。从员工能力、员工思维、员工治理三个维度来讲，员工能力比较偏向劳动密集型，人员很多。在线下存在大量人员从事制造或者零售服务，企业对于这些人员的能力素质和要求不高。比如，连锁快餐店对于人员的要求不高，只需要简单的服务技能和态度培训就可以上岗。

在员工保留方面，要求也比较低，正所谓“铁打的营盘流水的兵”。昆山、东莞的制造业企业，以及很多零售服务业人员流失率达到50%以上都很正常，并不影响企业的运转。因为在这类企业里，人不是最关键的，最重要的是员工治理这个维度。

员工思维方面，很多企业靠外在的管理和规范让员工执行。企业一般会制定大量严格的考核与赏罚制度，尤其注重处罚制度，有的条例非常详细，比如迟到几分钟扣多少钱、损坏了什么东西赔偿多少钱等。激励措施反而比较简单，当员工完成多少件数或者提前做完产品时，会有一点小奖励。

员工治理方面，很重要的是将工作任务简单化、标准化、稳定化。一般来讲，层级分得比较细，很多动脑筋的决策和流程制度的设计全在上层完成，在中下层尽量简单化、标准化，甚至“傻瓜化”。部门与岗位的分工比较细，每个人所负责的任务很简单，像流水线上的工人，只负责一个固定的分工，操作成熟练工就足够了。各部门之间的沟通协作，是通过上一级的主管来进行。这些是组织能力 1.0 时代最常见的企业管理形态（见图 1–2）。

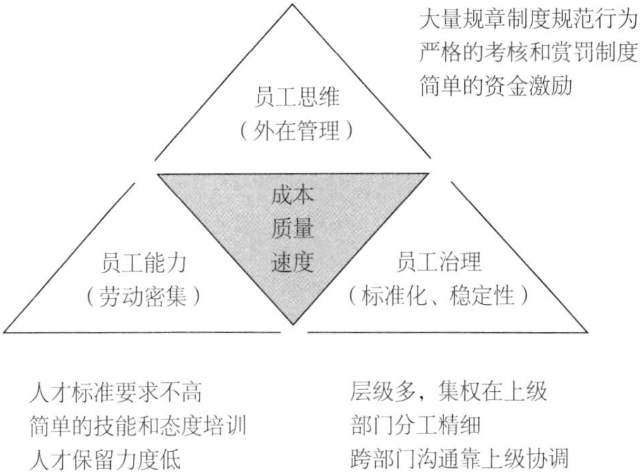

图 1–2 组织能力 1.0 的建设

到了移动互联时代，企业需要打造 2.0 版的组织能力，最重要的就是以下三项组织能力。

因为有很多颠覆创新的机会，所以企业必须很深刻地理解最终用户的需求，而不是下一个环节的直接客户的需求。最终用户的痛点是什么？用户潜在的需求是什么？需要做到“用户导向”，然后不断通过产品、服务、商业模式来展开“创新”，并且这个过程需要“敏捷”，迭代的速度要快，因为没有一个最好的方案，需要不断试错，不断迭代。“用户导向”“创新”“敏捷”

就是移动互联时代最重要、最常见的组织能力。

那么，如何打造这些组织能力呢？第一，在员工能力方面，强调的是精兵强将，不再流行1万人、5万人、50万人、100万人的人海战术。因此，对于人才的挑选非常关键，甚至比人才培养更重要，一定要找到一些非常有激情的、聪明的人才。挑选的时候标准要高，流程要复杂，很谨慎地寻找人才。人才的保留也很重要，因为换一个人才对企业整体产出的影响巨大。一个很牛的编剧、一个很有创意的设计师、一个天才般的产品经理，对于整个公司的影响都可以说是深远或者决定性的。在人员淘汰方面，不适合的人要快速处理。因为移动互联时代的变化速度太快，时间窗口很短，一个不合适的人员留在岗位太久的话，耽误业务发展的代价太大甚至是致命的，绝不只是多支出一份薪水的代价。“Hire slow，fire fast”是来自美国硅谷企业的用人哲学，意指招聘时要慢，但是处理不合适人员的时候要快速。

第二，找到这些很牛的精兵强将之后，在员工思维方面，强调的是自我驱动和自我管理。当员工更多地依靠强烈的使命感，认同公司现在做的事情可以改变这个世界，可以对社会大有好处时，会有很大的激情和共同价值观。在工作目标设定方面，一般只强调要攻打哪个山头，明确这个任务，一般来讲，不会很在意KPI（关键绩效指标）的设定。因为做这件事情的时候有很多不确定性因素。并且，最终的激励是看最终的结果，不是看KPI。同时，应强调过程中的反馈，帮助团队不断成长。淡化年初制定KPI的机制，因为年初很难准确制定KPI。这是整个绩效管理体系的导向。

第三，在激励方面，强调以奋斗者为本的激励。在传统行业，企业最多的回报如利润、分红等，大都归资本方所有，因为他们的资金是最关键的价值创造要素。而在移动互联时代，最核心的价值创造要素是人才和天才。以奋斗者为本的意思是指他们必须能够共同享受或更大部分地享受企业的经营成果。所以，过去几年来，很多企业都开始强调合伙人、裂变、利润共享这类机制，就是为了让这些人才具备小老板意识，从而自我驱动和自我管理。

从员工治理的维度来看，灵活和宽松成为主流，企业越来越注重小团队运作。小团队具备几个特点。第一是闭环。尽量减少跨部门的沟通，关键的职能在一个小团队里都具备，然后给予他们高度的授权，从而可以敏捷、快速地对外部市场做出反应和应对，像特种部队一样。每个小团队之间怎么协调呢？这就要靠第二点——信息透明。小团队之间的协调，依靠公司提供的公开、透明的信息，帮助他们了解目前公司的发展现状和要调整的方向。小团队之间如何协作呢？靠第三点——市场化。以小团队为单位进行独立核算，在企业内部以市场化的形式互相竞争，同样也互利共赢，变成我帮助你成功也是帮助我成功，因为帮助你成功后，我能够获得部分利润。第四，通过数据的验证和反馈进行试错迭代。

组织能力 2.0 的建设，如图 1–3 所示。

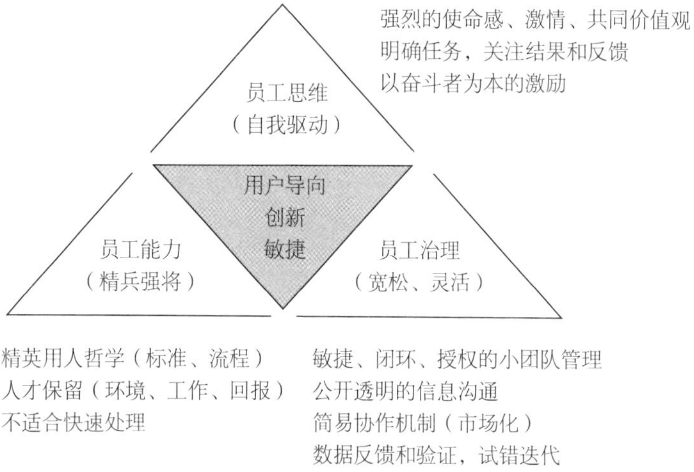

图 1–3　组织能力 2.0 的建设

移动互联时代不同企业的应对心态

根据我们的观察，面对移动互联大潮，企业的态度一般分为四大类。

第一类：以最积极的态度拥抱和利用移动互联技术，以全新的产品和服务、商业模式弯道超车颠覆现有产品、服务和商业模式，重点在于颠覆。在这类企业中，一般以近年新创立的企业居多，但也有一些原有的企业。代表性企业有优步、滴滴、58到家、e袋洗、品友互动等。这些企业几乎都是在2010年之后成立的，属于移动互联时代到来之后的新生儿。当然也有一些企业，比如美国的苹果公司，既不是一个新企业，也不是一个互联网企业，但是我们都看到了它在移动互联时代取得的出色成就。某种程度上而言，苹果扮演了一个推动者的重要角色，2010年问世的iPhone 4成为全世界最受欢迎的智能手机，也正是这个产品的出现，刷新了人们对于智能手机的体验认知，并里程碑式地定义了智能手机，极大地促进"连接一切"的愿景成为现实。再比如特斯拉，虽然是做汽车的，但是整辆汽车就好像一个大的App、一个大的移动智能终端，它的整个商业模式是颠覆传统以机械为主的汽车。这类企业是从商业模式的根本来进行改变的。

第二类：它们所做的产品或服务基本上没有颠覆性的改变，但充分利用移动互联技术把产品、服务、管理进行升级，从而提升营销、研发、生产、服务等环节的效率，重点在于升级。我们称这类企业为"互联网+"企业，代表性企业包括九阳、韩都衣舍、青岛红领等。它们的特点是在原来的业务基础上做升级改造。

以传统小家电制造起家的九阳，在移动互联时代到来之后，既受到了冲击，也受到了启发。作为最早一批开始转型互联网的家电企业，九阳开始筹谋增多与用户交互的触点，而不再把自己生产的产品作为产业链中的一环。具体来说，就是“用户不能只是买回了一台豆浆机，还应买回了一套解决方案”。彼时，小米兴起的“粉丝经济”正当火热，九阳也开始了社群运营，瞄准拥有0—6岁婴幼儿的家庭，将“宝妈”圈定为自己的精准用户，通过与成熟社群宝宝树、豆果、妈妈帮等合作，自建了“爱下厨”社区平台，与“宝妈”们建立了持续、深入的互动交流。

2015年，九阳联合宝宝树以C2B的模式进行了一次成功试水，推翻了以前的研发、生产、营销、销售的老套路。通过社区平台上的调研，九阳先了解到“宝妈”们对电饭煲的需求痛点：功能、小容量、材料安全，其中对材料安全尤为关注。通过邀请活跃度较高的关键意见领袖（key opinion leader，KOL）进行深度参与，最后推出了一款响应“宝妈”们需求的产品“瓷宝煲”，等于是万千“宝妈”亲身参与定制的产品。这个营销活动实现了1.53亿次曝光、560万次互动，取得了极好的销售成绩。

第三类：以更符合移动互联时代组织管理的特点来提升竞争力的企业，通过精兵强将、更加自我驱动、更加灵活宽松的管理创新模式来增强自己的竞争力。典型的案例是本书的海丰国际、玫琳凯、京东和广西北海的利博盛。利博盛虽然是传统行业的手套设计和制造企业，但是它的组织管理方式非常符合移动互联时代的市场化网络组织，具备业务小团队高度授权、敏捷灵活闭环管理、信息沟通公开透明、内部市场化协作机制等管理特点。

第四类：变化太慢、变化太小，最终难逃衰退、被边缘化，进而被淘汰命运的企业。大型企业更容易遭遇这样的困境，也更能引发外界的关注和公众的反思，大象转身，并非易事，而时间和机会稍纵即逝。

2013年，亚马逊CEO杰夫·贝佐斯投资2.5亿美元，以个人名义收购了《华盛顿邮报》。他对外解释称，想借助互联网来挽救逐渐消亡的传统报业。虽然他不懂报纸行业，但是他认为，这份报纸不应该就此走向没落。

创办于1877年的《华盛顿邮报》是美国最负盛名的报纸之一，以揭露“水门事件”“五角大楼越战文件”等爆炸性新闻轰动全球。这份报纸获得过数不清的荣耀：几十个普利策奖、三四百个白宫新闻摄影协会奖。虽然它是如此有名望的报纸，在政治报道领域成为行业标杆，但跟其他传统报业遭遇的经历差不多，《华盛顿邮报》受到了新媒体行业的强烈冲击，发行量滑坡，亏损不断……

如果传统媒体不是那么慢吞吞地看待大环境的变化，早点布局和筹谋转型，就不会在新旧媒体的交锋中如此不堪一击。读者的阅读习惯很迅速地发生了改变，并且不可逆转，传统媒体的反应却太迟滞了。

引发思考借鉴的10个案例企业

移动互联的变革浪潮之下，很多先知、先觉、先行的企业顺应变革趋势，不断进行自我挑战和自我突破，积累了很多宝贵的经验教训。我们从各种类型的案例企业中精心筛选了10个代表性案例企业，有新创企业，也有传统企业，变革类型涵盖颠覆型、升级型、管理模式创新型等。我们期望，无论是传统企业，还是移动互联网企业，都能在本书的10个企业案例中找到与自身可以对比、参照的契合点和借鉴之处。本书将这10个案例企业根据组织能力杨三角的大逻辑框架分为五个类别进行分享。

第一类案例是探析“移动互联时代的战略创新”，就是企业如何通过掌握移动互联时代技术的升级，从而在战略方向、商业模式方面进行创新升级。案例企业是九阳和e袋洗。九阳从传统制造业到智能家电、互联网营销，e袋洗从传统洗衣店模式到O2O洗衣模式、分享经济。

第二类案例是探析“移动互联时代组织能力建设”，就是企业如何打造更符合移动互联时代特点的组织能力。案例企业是58集团和海丰国际。58通过打造内部创业开拓的组织能力不断在内部孵化新的业务，从而抓住行业颠覆创新的大量机会。海丰国际通过打造客户导向和高效率的组织能力，从而有效支持战略方向落地，成为赢利能力最稳定和最强的航运公司。

第三类案例是探析“移动互联时代的员工能力打造”，就是如何打造和培养精兵强将的员工能力。案例企业是耀客传媒和品友互动。耀客传媒通过吸引和服务顶尖创意编剧人才来支持自己三面向、精品剧战略的落地。品友互动因为应用的是全新的互联网技术，行业里面基本上没有现成的人才可用，通过寻找一些潜力比较大的人才并快速培养，打造精兵强将。

第四类案例是探析“移动互联时代的员工思维塑造”，就是打造自我驱动的员工思维。案例企业是玫琳凯和新通联。玫琳凯通过对50万美容顾问和员工的正面认可肯定，让团队拥有使命感和共同价值观，实现自我驱动。新通联通过为员工提供幸福的人生、幸福的生活，令员工更有归属感，更愿意用心利他和自我驱动。

第五类案例是探析“移动互联时代的员工治理改善”，就是打造更加灵活宽松、更多授权的员工治理模式。案例企业是京东和利博盛。当企业规模越来越大、业务越来越复杂时，京东通过“赋能、授权、激活、找边界”令不同的事业群能够更加快速地响应外在市场的竞争和客户需求的改变。利博盛通过业务小团队和内部市场化有力地打造了自己的客户导向与总成本领先的组织能力，成为行销全球的手套大王。

希望通过这10个案例的分享让大家对移动互联时代的管理实践有更深刻的了解与认识。对于企业来说，能够积极拥抱移动互联网这个大潮流，必然能带来新的商机，以及内部组织效率的提升。反之，则必然面临衰退、边缘化、被淘汰的命运，由企业融入的程度和速度而定。“危机”一词中，既有危，也有机。无论是互联网、移动互联网，还是物联网，每一波新的浪潮既带来了挑战，也蕴藏着机遇。

第二章

移动互联时代的战略创新

亮点导读

全世界第一台豆浆机来自这家公司——一个在中国家喻户晓的品牌，九阳。

豆浆机问世第20年，九阳公司就已经诞生了第一亿个用户。到2016年，九阳的年销售额已经突破70亿元。当然，除了豆浆机之外，九阳还开辟了新的战场：大大小小的产品品类，几乎是冲着占领国人厨房的目标而去的。

转型之前的九阳，每卖出一件产品，对其去处、使用的人群几乎没有了解。用户只有在售后维修的时候，才会主动拨打厂家的服务电话，而不好的印象、不佳的口碑已经产生。小米带着它的撒手锏"粉丝经济"像旋风袭来，有觉醒意识的传统企业开始感到又怕又敬，一边观察、学习，一边思考自身的出路。

那么，像九阳这样一家头上顶着光环的传统企业，在移动互联网大潮到来的时候，是以什么心态和姿态面对的呢？从外在冲击之下的焦虑出发，九阳又是如何在阵痛中探索到适合自身发展的新道路的呢？

这篇案例将会呈现给读者的，是一部企业拥抱移动互联转型的宝典——"九阳真经"。

企业发展到一定规模，CEO如果不重视组织能力的打造，就会严重阻碍公司业务的发展壮大。

——王旭宁　九阳股份有限公司董事长

九阳转型：网络时代的变与不变
——打造组织能力的“九阳神功”

1994年，当时还是一名“技术男”的教师王旭宁，在济南解放路58号一间小小的房子里，发明了世界上第一台家用豆浆机，并与合伙人黄淑玲、朱泽春、朱宏韬一起，本着“豆浆健康中国”的情怀，开启了他们的“豆浆机大业”。

20多年过去了，一台小小的豆浆机，将豆浆这个具有几千年历史的传统中国饮品从复杂的作坊生产中解放出来，令其成为普通厨房也能简单制作的日常饮品，不仅开辟了一个新的家电行业，也带领九阳这家企业成为国内小家电领域的领先品牌。2008年5月，九阳在深圳证券交易所上市。截至2014年底，九阳豆浆机的累计销量突破了1亿台。

财报显示，九阳在2015年的销售收入达到70亿元，较2014年同期增长了18.79%。其中，九阳核心的豆浆机品类增长平稳，在收入构成中的占比持续走低。虽然提到九阳这个品牌，消费者会立即想到豆浆机，但实际上，豆浆机在九阳小家电品类中的销售占比下降到了1/3。与此同时，食品加工类、电磁炉类产品稳定增长，营养煲类、西式电器类产品持续快速增长，并新开拓炊具类产品作为公司新的业务增长点。这意味着，靠豆浆机“打天下”的九阳，已经在逐步摆脱对豆浆机单一品类的依赖，产品结构日趋均衡。

更重要的是，电商渠道也已经成为九阳的一个主力增长点。2015 年，九阳的电商业务增长了 47%，成为公司的重要业务渠道。

九阳的发展历程可以用 3 个“十年”来概括。

第一个“十年”，1994—2004 年，用王旭宁的话来说，这个十年只做了一件事情，就是从无到有发明了豆浆机，并且引领豆浆机这个新行业一步步壮大，一杯豆浆打天下。

第二个“十年”，2005—2015 年，九阳把业务拓展到豆浆机之外，向厨房小家电领域发展。第二个十年除了保持豆浆机优势外，把厨房小家电也发展起来了。

第三个“十年”，从 2016 年起步，九阳围绕“定位厨房，升级厨房”的战略方向，推动互联网转型与国际化。

传统家电为什么要转型

在互联网经济崛起之后，伴随着国人消费水平的日益提升，小家电作为传统制造业中的一支，受到了外部经济环境的许多冲击，普遍认为，传统制造业已经遭遇寒冬。

2012 年之后，外来的冲击变得更明显，除了家电行业内的对手越来越多，众多互联网企业比如小米的崛起，给九阳带来更大的冲击：一家横空出世的公司以极短的时间杀入手机行业，血洗国内手机市场，并且将粉丝营销玩到极致，如果它哪天做豆浆机或者小家电了，传统厂商还有活路吗？

从趋势上看，互联网崛起已经非常明显，各类互联网品牌涌现，粉丝经济兴起，跨界成为新名词，互联网成为基本环境因素，80后、90后成为新的消费主体，这是伴随互联网成长的一代。互联网越来越深入地改变生活，必须敢为人先，率先变革，把握互联网潮流，这些因素都促使九阳必须推动互联网转型。

从传播方式上看，早在2008年，九阳就开始进军央视黄金资源招标段，通过电视推广自己的品牌，每年投入超过一个亿的广告费。但是九阳发现，在央视投入的巨额广告费，和实际转化成交量、用户的关注度、企业最终的营收等并不成正比，甚至可以说效果越来越差。

互联网兴起之后，传统电视媒体的广告效果逐渐下降，因为用户群的习惯正在发生改变：坐在电视机前的年轻人已经越来越少了，他们把大部分时间花在手机和电脑上。用王旭宁的话来说是“逼得我们不得不往手机转，往微信、微博转”。并且，核心产品豆浆机的重度用户是以中老年人为主，在移动互联时代，这个群体带来的分享、口碑和溢价均不尽如人意。所以九阳也琢磨在互联网营销的传播方面跟上互联网经济的潮流，互联网时代，传统家电企业必须转型成线上线下结合的双重渠道，找到自己重点聚焦的核心群体，建立自己的粉丝群，与他们在多个维度进行深入的互动和沟通：社群化、立体化。

从产品上看，九阳的产品SKU（库存量单位）虽然很多（最多的一年做了400多款产品），但最终上架的只有1/3，浪费了大量的资源。此外，除了豆浆机外，九阳在电饭煲、电压力煲、开水壶等其他品类的小家电上，缺乏具有竞争力的产品，定价低廉，与美的、苏泊尔相比没有优势，毛利和净利都比较低。与此同时，虽然苹果、小米每年都只出几款产品，但每款产品都是爆品，创造了极大的利润，也极大地提升了企业的经营效率。九阳意识到，转型必须缩减型号，打造爆品，做“百万宝贝”——从机海战术到机王战术。

基于以上这些原因，九阳下决心要推动互联网转型，重点围绕三个层面进行变革：营销传播、产品智能化、用户与企业的有机体。王旭宁认为直连用户是传统企业和互联网企业最大的区别（见图2–1）。

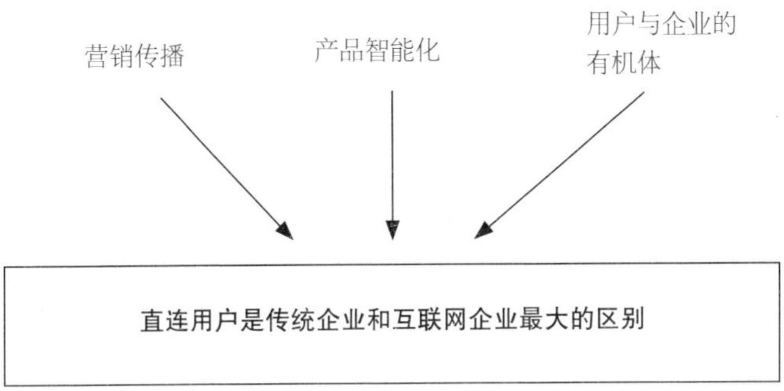

图 2–1　互联网转型的三个层面

组织能力在转型中的进化

企业成功=战略方向 × 组织能力。战略是企业的方向，组织能力包括员工思维、员工能力、员工治理。为了建设好组织能力，企业必须要明确自己的核心能力是什么。九阳从 2010 年开始实施组织能力诊断，确定了公司的组织能力是健康与创新（见表 2–1）。

九阳自 2010 年开始进行组织能力诊断项目以来，每年都进行杨三角的组织能力诊断。诊断报告是九阳制定战略及未来规划的重要依据和指导，为九阳持续的健康稳健发展提供了很有利的支持和帮助。每年的组织能力诊断后，外部杨三角顾问和公司管理层进行深度解读，并匹配相应的提升方案。各部门结合公司战略规划及组织能力诊断发现的问题，继续深入分析原

表 2–1　2015 年九阳组织能力诊断背景

2010 年	2010 年 7 月—2011 年 10 月	2011 年 11 月—2012 年 9 月	2012 年 10 月—2013 年 9 月	2013 年 10 月—2014 年 9 月	2014 年 10 月—2015 年 10 月
• 2010 年 6 月，第一次组织能力诊断	2010 年 7 月至 2011 年 9 月是第一阶段改进	2011 年 11 月至 2012 年 8 月是第二阶段改进	2012 年 10 月至 2013 年 9 月是第三阶段改进，九阳在组织架构、员工思维、人力资源制度等方面开展了诸多工作	2013 年 10 月至 2014 年 10 月是第四阶段改进	2014 年 10 月至 2015 年 10 月是第五阶段改进。九阳在打造互联网思维，提升组织运营效率，加强绩效与激励的可操作性和实效，打造雇主品牌，增加市场知名度与影响力上取得了明显的进展
• 确定了“健康+创新”的组织能力	2011 年 10 月，第二次组织能力诊断，诊断九阳在战略梳理、组织架构调整、绩效和激励方案等方面的工作进展和工作成效	2012 年 9 月，进行第三次组织能力诊断，诊断九阳在战略调整、员工治理、人力资源制度等方面的工作进展；帮助了解 2012 年公司战略与组织能力的匹配程度	2013 年 9 月，第四次组织能力诊断	2014 年 9 月进行第五次组织能力诊断	2015 年 9 月，进行第六次组织能力诊断
帮助九阳制订出 1—18 个月的人力资源解决方案	帮助九阳调整和制订进一步解决方案（1—18 个月内的行动方案）		诊断九阳组织能力打造工作的系统性和有效性		

因，做出各自的提升规划。

“我们每年都会在一级的管理层中分享诊断报告，针对调研结果，发挥强项，弥补短板。每年下来，我们都能看清自己企业的基本状况。令人比较满意的是，每年的结果中各项指标都在发展进步。”王旭宁说（见图 2–2）。

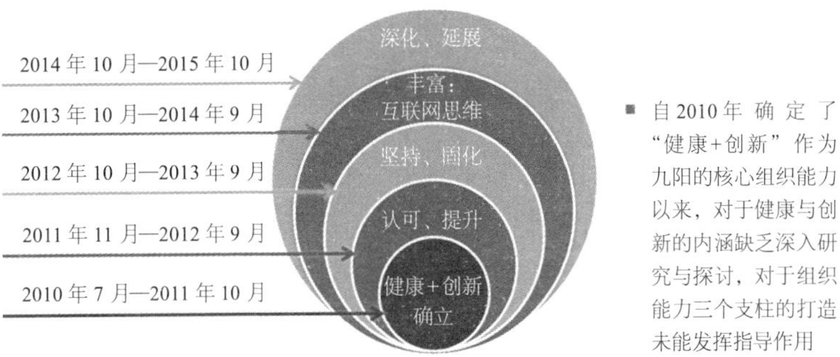

图 2–2　九阳组织能力建设历程与现状分析

九阳的组织能力呈整体提升态势，这是自 2010 年以来持续打造组织能力带来的显著进展，最直观的表现是 2015 年销售额突破 70 亿元的财务数据。在公司内部，有 12 个项目的增幅达到或超过 5%，是历史上整体增幅比例较为明显的一年。其中，“未来 3—5 年我们的业务能持续快速增长”和“公司的信息系统能支持我们高效地工作”两个项目在员工中的得分增幅达到 10%。移动办公系统也获得高度认可，互联网经济下的办公氛围变得更具开放和分享精神。这表明，无论是从财务数据，还是从内部环境来看，打造组织能力对于转型互联网的九阳，起了不可忽视的巨大作用。

九阳引入组织能力诊断报告以来，每年都在高管层、管理层、普通员工各个层面进行分享与检讨，不断闭环整改，针对性改善提升。2015 年初，九阳专门成立了组织能力项目组，结合公司战略和变革需求进行专项组织能力提升计划。九阳明确提出“定位厨房，升级厨房”为战略方向，致力于打造开放的智能中式厨房，让九阳成为厨房的首选品牌，以直连用户为核心，通过营销传播、产品智能化，实现人与家电的自然交互。

互联网时代对九阳的组织能力提出了更高的要求，互联网下的创新、直连用户、赋能与平台、独特的产业链成为九阳新的组织能力方向。

在战略和与之匹配的组织能力确定以后，接下来就是从员工能力、员工思维和员工治理三个方面思考公司需要怎样的人才、文化价值观和组织管理模式。领先企业无一不是在这三个方面有清晰认识和把握的企业。

九阳神功是怎样练成的

“传统企业转型互联网其实是很难的，最主要的是思想意识滞后，公司原有团队老员工怎么看待互联网，和九阳有没有关系，这可能是一个很大的阻力。这就需要领导层很坚定地去推，实在不行再踹两脚，要有魄力去做。”王旭宁坦言，要用一些合适的方式引导员工的思维意识，包括将杨三角的课程和互联网的案例引进来，让员工知道（见图 2–3）。

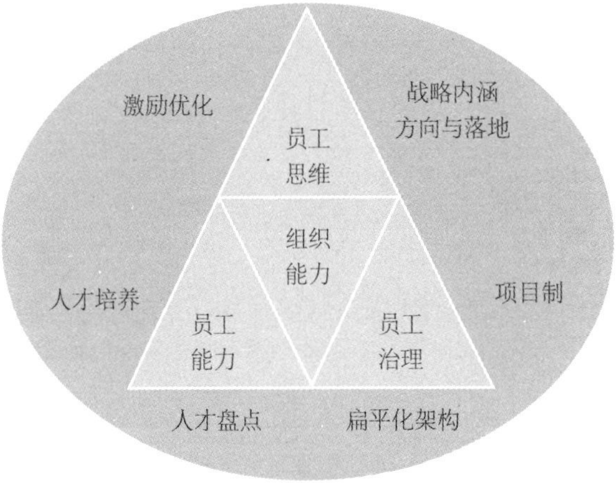

图 2–3　诊断项目：组织能力提升重点（一）

为了鼓动全员带领公司向互联网公司转型，首先就要从思维上进行转变。作为企业的创始人，王旭宁在内部做了三次相关培训，引领大家认识变化、接受变化。王旭宁是学习机电一体化的技术出身，对技术很敏感，他还擅长观察周围的世界、爱思考，除了经常到国外感受互联网最新的发展动态，他对国内的互联网企业也关注颇多。小米的崛起对他是一个巨大的思维冲击。“与其等着被别人用互联网颠覆，我们不如主动以互联网模式发展，让九阳变成一个互联网企业。”王旭宁说。

在传统小家电企业里，九阳转型最早，也是转得最快的一家，这跟领导者的思维是分不开的。恰如组织能力的打造，表面来看是人力资源部门的事情（为数不少的企业确实是这么做的），但事实是，组织能力的打造需要长期坚持并持续努力，特别需要企业“三群人”的共同重视、承诺、投入：CEO和总裁、人力资源团队、直线主管。

九阳从2010年开始根据诊断内容，有针对性地扬长补短。王旭宁本人对于组织能力的重视，在公司内部的推崇，以及人力资源团队多年来对组织能力三个支柱的建设、设计，强化与之匹配的人力资源工具等努力，使得九阳自上而下、高效而成功地建设了公司的组织能力，锻造出超越竞争对手的核心优势（见图2–4）。

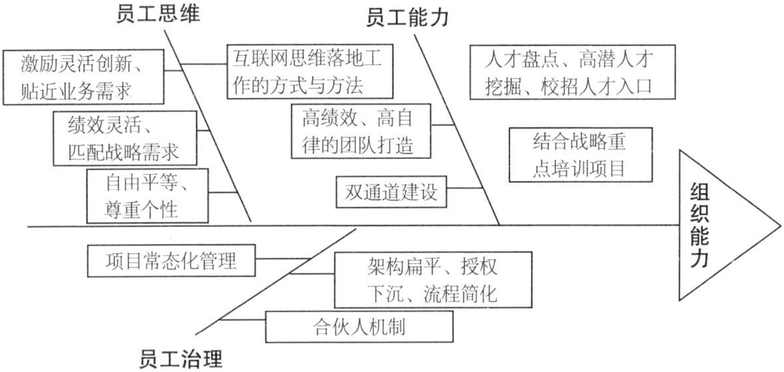

图 2–4　诊断项目：组织能力提升重点（二）

员工能力：任用牛人

员工能力是打造组织能力的三大支柱之一。随着外在经营环境的改变，企业的战略和与之匹配的组织能力需要调整，企业所需要的员工能力随之不断变化。尤其像九阳这样从传统转型互联网的企业，员工能力能否从低成本制造延伸到具备创新能力、品牌管理能力，决定着企业是否能成功过渡。为适应公司转型，九阳对员工能力进行了相应匹配，不同岗位的员工都有一套素质模型，围绕公司的互联网转型和创新来进行人才盘点、搭建培养体系、互联网化以及创新（见图 2–5）。

九阳对于员工能力提出了三点期望：具备直连消费者的意识和能力，具备与粉丝沟通的能力，善于运营自媒体或大数据

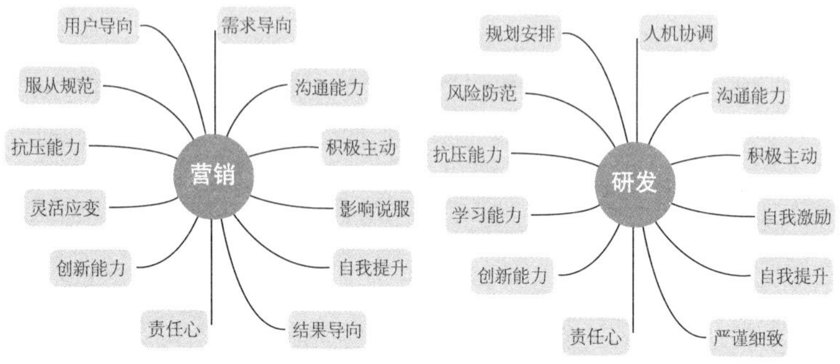

图 2–5 九阳核心岗位能力模型

等互联网工具。同时，需要员工认清这样一个问题：九阳的标准是什么？是老板，还是用户？答案一定是用户导向。每个人的标准不仅是上级告诉你的事情，更重要的是以用户为导向。对于不直接面对用户的员工，公司内部其他的部门、同事就是其“用户”，这也是用户导向。

九阳目前正在推动的用户接触计划，将九阳、产品、导购、消费者紧密地连接在一起，最终可以知道是谁买了九阳的产品，什么时间用了什么功能，然后再由各个相关部门直接联系消费者，与粉丝互动，这些大数据的沉淀将极大地提升后续的产品研发与品牌传播能力。

搭建领导力模型

针对高管，九阳采取的是领导力模式（见图 2–6），从创造

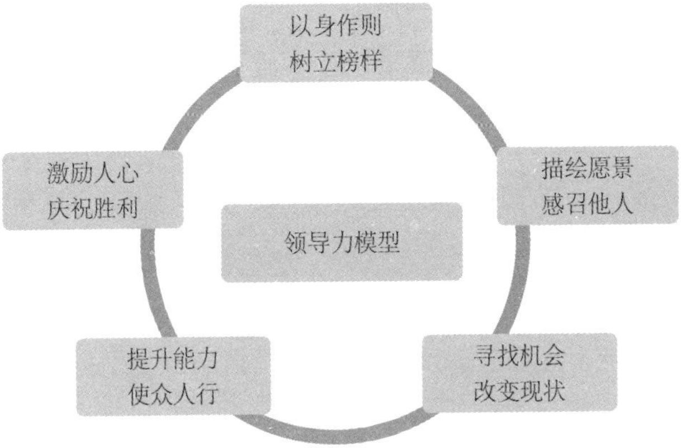

图 2–6　九阳的领导力模型

力、关怀、感染、信念等方面来进行领导力的培养，从而匹配公司互联网转型，主要是战略经营能力和领导力的培养。对中层管理者进行评估，包括认同文化、胜任工作、进取心、激情、激励、决断和结果。在骨干员工层面则包括管理特训营和移动式培训（出国培训）等。

转型之前，九阳并没有领导力模型，只是对高管提出了几点要求：第一，认同公司文化；第二，具备胜任工作的能力；第三，拥有进取心。后来为了打造员工能力，九阳开发了一套领导力模型，主要通过五点来衡量高管团队：以身作则、描绘愿景、寻找机会、提升能力、激励人心。

高管要做的，不仅是激发团队关注和讨论公司的发展现状，还要求他们跟下属一起做好工作战略规划，寻找方向，为员工搭建好平台，并且要知道如何有效激励现在的年轻人。在王旭宁看来，这就是一种互联网能力。

敢用年轻人

为了培养和激发普通员工的互联网能力，九阳请了许多外部教师到公司来培训，教授一些互联网的工具和方法论，包括如何做自媒体营销和传播。

有一位2015年的应届毕业生加入了九阳，她写的一篇自媒体稿件，一个晚上的阅读量就达到了10万次以上。王旭宁听说之后很高兴，就给这位员工发了红包以示鼓励。“在互联网转型方面，我认为最容易做的，也最先需要做的是在营销这个层面。因为传统的媒体不行了，在央视播放广告的影响力在下降，现在随着消费群体的转移，营销转移到网上来了。”王旭宁说。所以，伴随着互联网长大的年轻人，比传统产业出身的老员工天然了解互联网营销的一些手段和传播规律，找到这些会玩的年轻人，是九阳在转型互联网过程中的重中之重。

并且，九阳的人力资源部门分享了他们对于人才的一个观点：“移动互联时代，想要靠传统的模式去培养新业务人才，时间上是来不及的。此外，真正的人才或许不是培养出来的，而是选出来的。比如科学家和飞行员，都是很难培养出来的，并且最终成为科学家和飞行员的人，一定天然具备从事这些职业的能力。所以在招聘这个关口上，首先就要把握这一点——选择人比培养人更重要。那些本身就很优秀的人才，外部培训对他们而言并非决定性的力量，因为他们自身就有不断学习和进步的动力。所以，九阳会加大力度引进优秀人才。”

打造人才的跨界能力

招聘是转型互联网的企业的关键，人才成为一批传统企业和新兴互联网企业的争夺重点。研发作为九阳的重点，是投入非常大的一块。目前，九阳的研发团队有四五百人。九阳的人力资源部门在过去几年里，持续对研发团队投入精力，通过对优秀院校应届生的引入，提升了研发团队的含金量。

九阳一直在学习小米，包括研发人员。从2014年开始，九阳的研发人员每个月、每个季度都有机会走出去，去线上也好、线下也好，都是为了跟消费者直接交流碰撞，洞察和掌握消费者的需求，最终为了达成以用户为中心的创新，而不是关在门里瞎创新。为此，九阳还专门成立了研究院，重点就是关注创新。

此外，核心的研发和设计人员，每年还会定期被派往海外学习，比如日本、韩国以及欧美国家，学习海外的文化和审美。为支持公司转型，九阳在研发创新上加强了培训并贯穿于日常工作中，让大家更好地胜任工作。九阳有一项关于艺术美学的特色培训，目的是提升设计师的整体修养，同时提升产品的形象。

九阳有一个观点：产品的品质永远无法超出人员的基本素养，所以这种熏陶还有赖于跨界培训。比如对设计师和研发人员讲文学、书画甚至篆刻，给他们讲画作的布局、留白，让产品设计人员感受这些美的东西，通过跨界学习体会并提升创新能力。

“组织能力不仅仅是某一个人或者某一个部门具备的能力，而是整个企业的能力。在企业转型过程中，原有的老员工在员工能力上无法跟上新的形势，就要被淘汰，这是无法回避的问题，但是仍然要带领团队往前走。”王旭宁说。

员工思维：弱化层级，激励牛人

在传统小家电企业中，九阳做电商是比较早的，在 2010 年就开始了，2011 年成立了专门的电商中心，虽然并没有到达战略高度，但到了 2012 年，电商业务销售占比已超过 10%，而到了 2016 年上半年，这个数据已经接近 40%。九阳下决心和大力气转型互联网的关键时间点是 2014 年，被称为九阳的“互联网元年”。

员工思维模式是需要不断塑造和强化的，尤其在面临战略转型、体制发生变化、兼并收购或者企业老化的情况下，企业更需要大规模地重塑员工的思维模式，以确保公司能适应内外部经营环境的变化，不断提升竞争力。

王旭宁先从改变高管的思维入手，带领管理团队快速学习，每个季度都会专门请顾问到公司做培训，灌输、强化互联网思维。不仅请外部的人来讲课，王旭宁也会自己谈体会，还常常把总经理、总监层面的人召集起来讨论互联网企业的案例。同时，还将在互联网思维方面表现较突出、善于用互联网传播品牌的一些经理层面的员工进行转岗或提升，做到人尽其才。

对于转型中的传统企业来说，如何做到让员工更有干劲、像互联网企业那样激情洋溢、有更为强烈的事业抱负心，非常重要，因为它决定了员工的思维模式，影响着员工每天大大小小的决策和做事方式。

让互联网文化先落地

九阳是一家在山东创立起来的企业，受传统儒家文化的影响颇深。王旭宁认为，九阳是一家比较内敛的企业。员工思维的打造，首先就要从互联网文化的落地开始：为了使得办公环境像互联网企业一样有宽松、开放、平等的氛围，九阳在一些小细节上改变过去的内敛气质：取消工装，鼓励员工穿着更舒适的服装；为了弱化层级观念，鼓励同事之间直呼其名，弹性考勤，等等。王旭宁还放弃了他个人的VIP（贵宾）停车位，每天早晨到公司之后，他要跟其他员工一样找车位。此外，九阳还设立了“安居工程”，为员工提供免费住宿，塑造一种家的关爱氛围，也为员工置业提供一定帮助。

在假期方面，一般的病假、婚假、产假等相关福利规定都高于国家法律规定。同时，九阳有自己的俱乐部（篮球、足球、摄影、瑜伽、太极等12个俱乐部），通过这些俱乐部，让员工在公司有家的感觉，让员工感受到被认可、被关爱。

其中做得最突出也是最卓有成效的，是将业绩与激励结合得更紧密。

鼓励创新，拉开激励差距

早先，受儒家文化熏陶的九阳，比较重视团队，不喜欢强调个人英雄主义，喜欢强调集体主义，注重“温良恭俭让”的内部平衡氛围。但是互联网时代，一个人可以创立一个企业，一个人也能改变一个企业，比如传奇人物乔布斯，他创立的苹果公司如今已经是全球最高市值的企业；比如“微信之父”张小龙，他推出的这个重新定义移动社交的工具，用户已经突破了8亿……小米的十条用人军规里也说：“用最好的人——一个靠谱的工程师顶 100 个。”要从一个传统企业转型到互联网，九阳必须让真正的牛人脱颖而出，并且让牛人得到认可、激励（见图 2–7）。

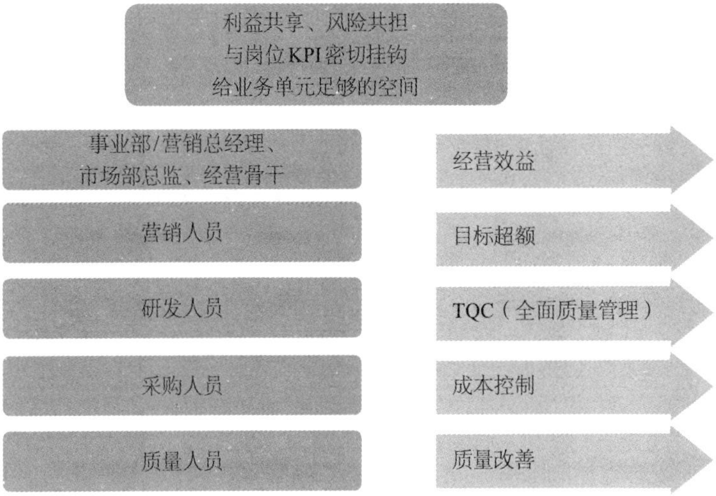

图 2–7　九阳的激励体系

尤其是，如果想要打破过去的惯性思维，打造一个全新的项目，很大程度上依赖于一个牛人的出现，他们可能具备超常的创意，拥有不一般的特质。

因此，把对优秀员工的激励和对一般员工的激励差距拉大，是九阳激励牛人的第一个原则。在奖金方面，前者与后者得到的激励相差最多有 50%，而针对研发人员，差异还会更大。九阳还专门设置了针对优秀项目的奖励，好项目和差项目之间，奖励相差五六倍（见图 2–8）。

图 2–8　九阳的人才激励

九阳还设有创新奖，每年颁发一个奖项。为了激发牛人，九阳将创新奖从 10 万元提高到了 15 万元，再到 20 万元甚至更高，对创新的激励力度越来越大。此外，九阳还专门设立了一些其他的创新奖项，比如创新提案奖，对于那些提出好建议的员工，公司也会颁发奖励。九阳还拿出几十万元设立创新基金，供员工研究一些超前的产品，每个项目提供几万元的资金支持。这些举措都使得九阳内部创新的氛围越来越浓。

末位淘汰，重视态度

九阳在传统时期，每个季度都会对绩效考核进行正态分布。到了转型时期，九阳意识到需要简化过程，就改成了“活力曲线”，实行10%末位淘汰法则。这套理论由通用电气公司前CEO杰克·韦尔奇提出，他将员工分为三类：20%是A类员工，70%是B类员工，10%是C类员工，通过竞争淘汰来发挥人的极限能力。

在九阳，人力资源部门对10%的C类员工又进行了两种分类：对于态度好但是绩效不好的员工，公司会给予机会；对于绩效不好并且态度不好的员工，马上淘汰。相比态度不好的员工，态度好还会得到公司给予提升的机会，工资可以适当上调，但是没有奖励。

九阳的绩效管理角色搭配，如图2–9所示。在员工思维的转型上，王旭宁认为，当移动互联网的潮水袭来，企业必须从焦虑中快速反应过来，审视自身的长板和短板，最重要的是看清楚当前新兴业态的优势，必须主动转型。管理团队更需要在实践过程中不断组织内部提升变革的凝聚力。实际上，企业的内部研发人员有非常大的变化，他们必须是具备适应消费者导向思维去做产品研发的一群人。

王旭宁分享了两点心得：一是用年轻人，二是让大家尝到甜头。“当他们创造了一点点成就，就要及时鼓励，比如微博粉

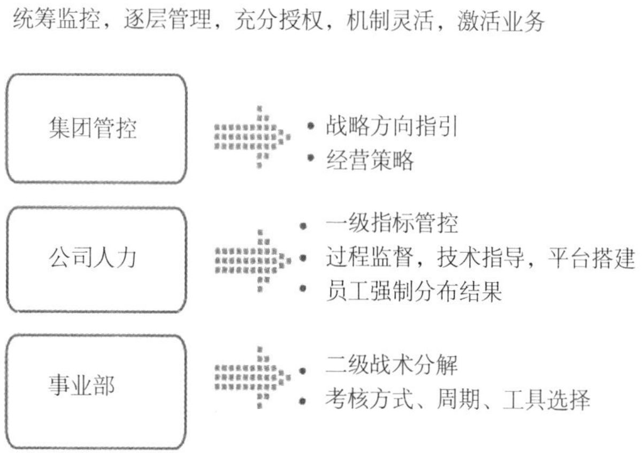

图 2–9　九阳的绩效管理角色搭配

丝超过 50 万、80 万、100 万，就要给他们庆贺。”王旭宁说，每次当大家取得了一定的成绩时，比如在面条机首发成功之后，他会开庆功宴请员工吃饭，激励员工。

从企业文化上，尊重人性，鼓励个性，鼓励英雄和担当意识，成为九阳在员工思维层面的新风向。相比以前，团队氛围更加开放、活泼，打破了以往中庸的内部气氛对创新意识、突破能力的阻碍，也有利于互联网思维在九阳落地，并且持续营造创新氛围。

推行合伙人机制

为创业而生的九阳有一种特别的精神，即合伙人精神。

20多年的创业路上，九阳聚集了一批想做事、想成事的人。

合伙人机制源自九阳的创业阶段，1994年，王旭宁、黄淑玲、朱泽春、朱宏韬四位创始人创业之初就形成了合伙人机制，且有分工，有协作，避免董事长一个人单打独斗，奠定了九阳发展的根基。后来，随着企业慢慢成熟和壮大，不断有骨干成员加入股东行列中，成为新的合伙人。

2008年九阳上市的时候，已经有100位股东。这100位股东基本涵盖九阳各个层面的业务骨干，所以也不用担心大家没有责任感或动力，成为股东不仅仅是身份的象征，也会带来薪酬以外的实际利益。“发展到今天，整个企业文化还是正向且充满动力的，这个和合伙人机制是有关系的。”王旭宁说。

2016年又有一批同事成功拿到期权激励，这种合伙人精神产生了巨大的能量，推动九阳一路前行，不管是顺境，还是逆境。并且，九阳今天的股权激励已经机制化，旨在让更多的骨干加入股东行列中，一起分享企业的发展红利。

合伙人机制的设置，其实很重要的是一种文化意味：是对员工的信赖，鼓励他们在平台上能够放开手脚去做，最终也有利于促成以用户为导向的员工思维的建立。

员工治理：组织扁平化，实行项目制

九阳大概花了两年时间从传统企业转型成互联网企业，变得更倾向于平台化，提供赋能的平台。在原来的管理决策流程中，存在部门间责权不够明晰、跨部门协作困难、组织架构调整频繁等问题。而多层级带来的上下级沟通，导致信息传递的链条拉长，不利于企业对于快速变化的外部环境做出反应，且执行层面也容易出现问题。

组织架构扁平化

在员工治理层面，九阳首先推行的就是扁平化的组织架构，“最大程度地压缩组织的层级，尽可能地让公司扁平”。九阳将组织架构调整为总经理—经理—员工的三层架构，也就是说，公司所有的事务都是三级决策。这样一来，上传下达的效率得到提升，减少了不增值的管理工作，企业对于市场的反应变得更加灵活。

此外，现在的九阳内部，员工提出一个申请到审核完成的审批最多三级，其他人分阅即可，每个审批就一个责任人，以前最多时需要 4—6 层，流程精简之后，审批过程更快了。从 2013 年开始，九阳审批流程的平均周期从四天左右缩短到了一天。移动互联时代，瞬息万变的节奏让科层制组织的企业很难灵活应对外界变化，迫使传统企业不得不抛开流程冗长、层层审批那一套，轻装上阵。

项目制：打造“特种小分队”

九阳推行项目制主要是借鉴百度、腾讯以及谷歌这些大公司的做法。项目制与一个企业的开放程度正相关，如果九阳不进行转型，则很难在内部推行项目制。

用项目制来击破部门与部门之间的壁垒，是九阳的目的之一，以此打破边界，激发创新。这是机制的创新，同时也需要激励的机制护航才能发挥更大的作用（见图 2–10）。

图 2–10　九阳的项目制

比如，在2015年，九阳成立了智能项目组——一支专攻智能化的小家电产品研发的精锐小部队。来自不同部门、承担不同职务的员工聚集在一起，采取项目制运作，由来自事业部、市场中心、电商中心、销售中心、品牌部、新闻部六大事业部以及各个一二级部门的员工组成，选取了一些更具有进取心和活力的年轻员工共同推动这个项目运作。团队的目标是布局更多有智能场景的智能单品，以抓取最早的一批极客用户，让极客对九阳智能有品牌认知度。同时，通过产品的广泛布局，抓取更多的用户使用数据，以便做出C2B反向定制产品。

目前，项目制已成为公司常态，针对公司重大事项、困难事项，九阳不断深化项目制（见图2–11），除了智能项目部这样的大项目组，还有O2O项目部、粉丝社群项目部，甚至新产品首发也会设置项目组，涵盖产品首发、营销、销售等部门的员工。鼓励牛人充当项目经理，给予更大的授权与激励，为牛人提供更广阔的平台。

九阳的明星产品铁釜电饭煲就是项目化运作团队的杰作。这个项目团队并没有采用过去产品打入市场的老方法，而是想出了新的点子，通过“白送一万台，有胆你就来”的创意，将一万台铁釜内胆送给了九阳的核心用户，虽然花了不菲的真金白银，却将这台电饭煲打造成了行业内的第一单品，零售商纷

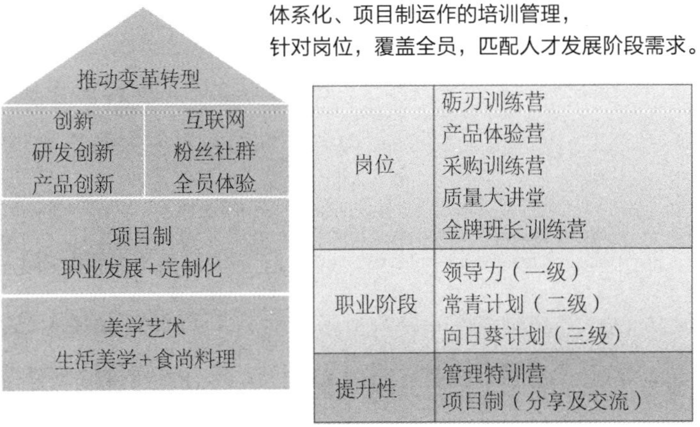

图 2–11　九阳的项目制培训与培养

纷主动找到九阳要这款电饭煲……

“虽然我们会权衡风险和价值，但是在企业能承受的情况下，创意最终得到施行，组织的创造力得以激发。每个部门都在用自己的力量支持这个项目，甚至连财务部的同事也会为这个项目吆喝。这种力量超出想象，也令人感动。”九阳副总裁杨宁宁说。

组织与人的关系向来是企业转型中的重点和难点，金字塔结构的传统企业与网状结构的互联网企业之间存在巨大的差异，而前者已经越发不适应移动互联时代的快节奏和新玩法，传统的汇报机制会越加与时代脱节，九阳则明确了坚定地实行项目制和去中心化的道路。

转型收获：一个不一样的九阳

一边聚焦战略、坚定转型，一边通过打造组织能力修炼内功，九阳文化正越来越适应互联网环境，从内敛走向开放、创新。2015年的组织能力诊断报告显示，公司的组织能力呈整体提升态势，达到了历史最高点84%，“员工对公司的未来充满希望”，这不仅是当年的努力，更显示了六年来九阳持续打造组织能力的显著进展（见图2–12）。要知道，2010年的时候，这个数据只有63%。

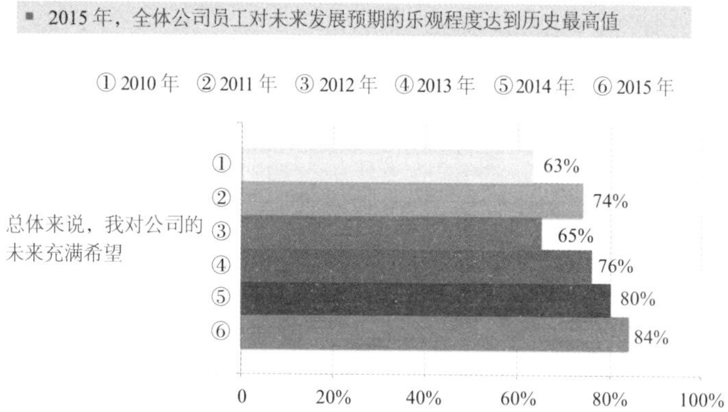

图2–12　对九阳的总体感觉：在线问卷数据

其中，未来业绩快速增长、公司信息系统有效性、优胜劣汰机制、晋升与奖励机制、学习与发展环境等12个项目的增幅超过5个百分点，是历史上整体增幅比例较为明显的一年。

2015 年，九阳再获全国最佳雇主，互联网氛围下的九阳更加开放和坚定。

现在的九阳，员工人数从原先的 7 000 多人降至 3 000 余人，人数不足原来的一半，销售收入却从 50 亿元上升到 70 亿元，净利润保持良好的上升势头。并且，骨干员工的离职率从 2011 年的 12%降至 2015 年的 5%左右。

眼下，小家电的市场竞争已经是一片红海，上有象印、松下等日系高端品牌占据价格高地，中有九阳、美的等国内一线小家电品牌鏖战终端，还有一系列不知名杂牌电饭煲以低价吸引低端消费者。经历过一系列转型的九阳，在营销传播、产品智能化、直连用户三个层面，是否已经真的与互联网企业顺利接轨了？且看九阳如何将一款铁釜电饭煲玩出小米的花样来。

在通过对“什么是好电饭煲”做了深入研究，并有了自己的产品之后，九阳并没有用常规的铺天盖地砸广告的形式去做推广，而是通过自媒体引爆市场。在持续一个月的推广期间，微博、微信先后启动了三波活动。首先启动微信端的“助力赢铁釜”活动，要求参与者转发朋友圈，邀请好友“助力”，并根据“助力量”排名。紧接着，九阳官方微博开展“你的胆够分量吗”主题活动，要求用户上传图片并“@九阳官微”，发自家电饭煲内胆的照片，吸引用户热情参与互动（见图 2–13）。

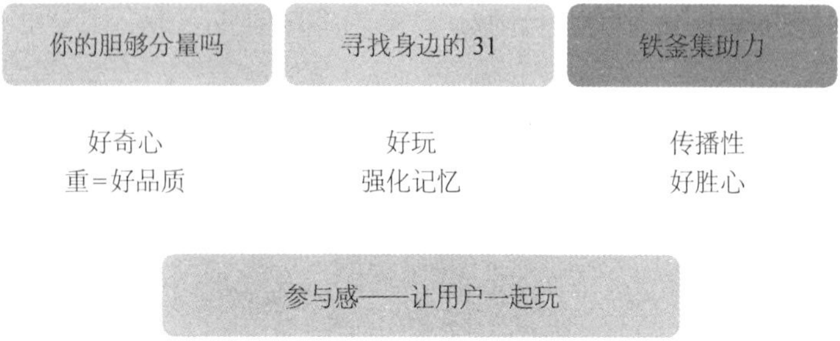

图 2–13　九阳用自媒体创造低成本的话题传播

经过1个月的自媒体推广，九阳不仅收获了热议的传播效果，还引爆了宝宝树等育儿、美食类的网站，成功将铁釜电饭煲打造成了“网络红人”。仅微信就有40多万用户参与，社交网络平台上的曝光量超过2亿次、评论转发10万余次，也使得这款电饭煲仅用了两个半月就冲到了行业畅销单品的第三名。

铁釜电饭煲首发推广的成功，让九阳有了两大收获：一是对用户痛点的思考，这是最难的一部分，也是传统企业以往忽略的部分；二是“少即是多”，与其生产几百种销量平平的普通产品，不如打造极致单品，再用互联网思维将其变成爆款。

目前，九阳在产品上已经落实了“型号缩减”计划。

- **“百万宝贝”计划。**每个产品线要有几个主打产品，每个产品至少要有100万台的销量，使企业所用资源更为集约化。

• **产品“准生证”制。**每款产品只能给出20—30个型号，必须在拿到产品的“准生证”之后才能投入研发、生产。

• **单品极致。**型号减少之后，每款产品所获得的关注是不一定的，自然对于产品的要求就更高了。

那么，如何能保证每出一款新产品都是爆款呢？或者说，如何将爆款产品的概率大大提高呢？这也就是社群的意义和价值凸显之处：对用户和渠道的精准了解、分析、判断，给产品的最终销售带来了保障。并且，营销、供应链、内部技术研发等环节的用户体验已经打通，从而形成了产业链的生态闭环。用九阳的话来说，做到“线上有速度，线下有温度”。

九阳转型启示

消费升级和移动互联网普及是九阳两个最大的商机。这几年，九阳的对策是产品升级、体验升级与供应链升级。在互联网转型方面，九阳已经有了一个良好的开端，组织能力的打造，则是九阳顺利转型的保障，对此，九阳的案例有三点启示。

第一，整个组织能力的打造，不仅是人力资源的事情。组织能力提升，40%靠大老板，30%靠人力资源，30%靠一线业务部门，这一点一定要达成一个共识。

第二，想要提升组织能力，一定要坚持。周期性地诊断、提升、复盘，绝对不能期望一蹴而就。不是今天做了什么，明天就达到一个什么效果，这是一个长期的事情。所以九阳做了六年，现在还在继续。

第三，组织能力提升永远没有终点。它始终会根据市场和管理的需要进行迭代，也许今年需要做这几项，也许过几年要有变化，还会再调整，但必须像变色龙一样适应环境和市场。

亮点导读

张荣耀是“全中国最会洗衣服的男人”，他在这个行业坚守了27年。

不炒股，不炒房，事业最艰难的时候，连吃一顿超过30元的饭，张荣耀都觉得奢侈。

1990年，他放弃大学里的工作下海，创立“荣昌洗染”，从门店做起，依靠洗衣服务加盟连锁以及直营的模式快速壮大，发展成为全国连锁的洗衣服务企业。

2000年，有投资意向的高盛集团，经过调研，给张荣耀带去了“考问”，致命问题包括重资产，现金流不集中，依赖房东和大客户，跟加盟商博弈的砝码不够多，房租上涨等不确定性因素太多，招标团体大客户没有优势等。

一句话：荣昌的模式并不是服务业的连锁公司，实际上是个卖干洗设备的贸易公司，公司的收入主要靠卖设备。

张荣耀顿时觉得公司病了，而且已经到了“浑身都是癌细胞”的地步。

不转型，必死无疑。转型，是一场艰难自救。

张荣耀在不惑之年开始了他的移动互联网转型之路，不断学习新知识，敢于逆水行舟，而老员工成天被他拖着跑，觉得很累。

e袋洗的诞生，宣告荣昌真正进入移动互联时代。e袋洗的O2O模式的落地，背后是重重的探索和试错，也是一边转型、一边打造组织能力的内外兼修。

张荣耀和e袋洗的案例将会解答这个问题：一只青蛙是如何从温水里跳出来，并重获新生的呢？

移动互联带来的绝对不只是技术的革新，更多的是思维观念的革新，是平等、开放、透明和自由，是一切以用户为中心。传统企业的老板只有先革自己的命，才能真正拥抱和融入移动互联时代。

——张荣耀　e袋洗创始人

e袋洗：一个老牌干洗连锁企业的互联网转身
——打造组织能力，回归商业本质

“创业27年里，当别人都在倒卖批文、炒股票、炒房地产、炒资源时，我却一直只专注一件事情：研究如何把衣服洗得更好，如何让用户更满意。”e袋洗创始人张荣耀这样总结自己27年的创业经历。

1990年，张荣耀从北京轻工业学院（现北京工商大学）毕业，留在校办工作，但不久他就决定放弃铁饭碗，与兄弟一起，下海做起了洗衣服的生意，创办了荣昌洗染。下海创业的起因很简单：一方面，一个月工资70多元，自己要吃要喝，湖北仙桃老家还等着寄钱，实在不够用；另一方面，他很想帮助老家的乡亲们通过学会一技之长，解决生活与就业问题。“我自己想过很多次，为什么会选择洗衣店。因为这是个手艺活，我把技术教给家里人，不管未来我干什么去了，他们都能靠手艺活下去。”张荣耀说。他确实做到了，在北京打拼的27年间，荣昌解决了上千乡亲的就业问题，培养了一批洗衣行业的技术行家里手。

来自高盛的商业模式考问

张荣耀创办荣昌洗染之时，正值 20 世纪 90 年代初的“皮衣热”，张荣耀的生意越做越大。但他没有随波逐流“凑合洗洗”，而是主动寻找专业洗皮衣的技术和设备。意大利是皮衣之都，他就想，意大利肯定会有洗皮衣的技术，总不可能把皮衣当成一次性的衣服。于是，他就给意大利驻华使馆写信、打电话，用很笨拙的方法联系到意大利的洗衣企业伊尔萨。到了意大利后，他才发现，当地人不仅有技术，关键是有洗衣设备。

1996 年，荣昌洗染率先引进了意大利伊尔萨品牌的设备及洗涤技术，为中国洗衣行业注入了新的技术及环保标准。这 27 年里，张荣耀和他的团队只做了洗衣服这件事情，他被趣称为“全中国最会洗衣服的男人”。

至今，荣昌洗染已从最初的单个门店，依靠洗衣服务加盟连锁以及直营的模式快速壮大，发展成为全国连锁的洗衣服务企业。截至 2016 年，荣昌集团在全国已经拥有 1 000 多家门店，是国内最大的洗染连锁企业之一，旗下拥有“荣昌”“伊尔萨”和“路迪”三大品牌。

但是，传统洗衣行业遇到了越来越多的难题：店面和设备资产过重，人工成本和房租成本日渐提高，洗衣设备资源过剩，环保要求越发严格，以及人们的消费观念转变等。互联网时代的到来，洗衣服的老生意在新浪潮的冲击之下，被倒逼出了新的商业模式。

早在1998年，张荣耀就意识到互联网搜索的力量。他和几个清华大学出来的人合作创办了一个“中华洗网”，想在网上卖洗衣技术、设备甚至洗衣液等。

2000年3月，高盛集团有意投资荣昌，但对荣昌旗下门店进行调研后，最终放弃了这个打算。高盛认为荣昌存在几个致命的问题，包括重资产，现金流不集中，依赖房东和大客户，跟加盟商博弈的砝码不够多，房租上涨等不确定性因素太多，招标团体大客户没有优势等。一句话，高盛的投资人认为，荣昌的模式并不是服务业的连锁公司，实际上是个卖干洗设备的贸易公司，因为公司的收入主要是靠卖设备。

张荣耀被这些问题问倒了，他觉得公司的商业模式遇到了问题，还不是感冒发烧的小毛病，是严重到了浑身都是癌细胞的地步。张荣耀苦苦思索着解决之道。

荣昌在PC互联网时代的转型变革

带着这些疑问，张荣耀在2002年去读了中欧国际工商学院。课堂上他就把问题全都抛出来和大家一起讨论，在教授和同学们脑力激荡的启发、帮助下，在2004年推出了一带四和联网卡的业务模式，就是在一家洗衣设备店周围开四家收衣店，只负责收衣和取衣，同时顾客办理了联网卡之后，可以在全国任何荣昌的洗衣店洗衣。其中，洗衣设备店是加盟的，收衣店是荣昌总部直营。

这个新模式把高盛问的几个问题基本都解决了。第一，不再是重资产了。开一家洗衣设备店需要上百万元投资，开一家收衣店只需要3万元。第二，现金流集中了，因为收衣店集中现金流，联网卡集中了现金流。第三，和房东博弈的砝码加大了，因为收衣店没有干洗机、没有动力电、没有上下水，对场地的要求不是洗衣店必须承重一两吨了。如果房东涨价，可以很方便地搬到其他地方，不像原来要投上百万的设备和工程，房东涨价只能被动接受。第四，找房子容易多了，在长安街的写字楼里面都可以开店，顾客感受好了很多。在原来的模式下，为了保护加盟商的利益，可能损害顾客的利益，而新模式首先是保护顾客的利益，而不是加盟商的利益。有了顾客，不愁加盟商不合作，相反，如果不能服务好顾客，只为加盟商提供服务，加盟商早晚要离你而去，还把顾客给伤害了。本来荣昌的计划是，和意大利公司合资，一起生产干洗剂、洗衣液。但思索之后，张荣耀决定推翻计划，开始转型变革。

张荣耀把公司所有的高管都集中到北京的郊区宣讲新业务模式，随后在北京开了个很大的新闻发布会，这在当时的洗衣业是没有过的。张荣耀就是想告诉团队，这将是一个基因的转变，尽管那时候很少有高管明白张荣耀到底要做什么。完成产业链的再造，需要很长的时间。转型变革是充满挑战的，在之后的十年里，充满艰难，也充满诱惑，张荣耀自己身心疲惫，公司的短期收益大受影响。那十年，公司总部变成了一个卖联网卡和关注用户满意度的地方，对加盟商进行严格的动态考核。

转型需要钱，但投资人对此完全不理解。原来卖设备时现金流是正的，现在却要赔本做市场投入，家人开始质疑张荣耀的选择，提出不同的发展方向：动用一下关系，拿块地炒房地产，至少可以发笔小财，总比钱越做越"抽抽"的好。最后，就连张荣耀的司机也忍不住给他"洗脑"，给他讲大家都怎么赚钱。

"最艰难的那几年，我吃一顿饭超过30元钱，就觉得太奢侈了。有时候会觉得很绝望，没有办法的时候，真的是掉眼泪。"那几年张荣耀头发白得很厉害。"尽管这次尝试效果不是特别满意，但它让我意识到，最有价值的是庞大的用户群和消费频次，而不是洗衣技术。技术和设备是公司的优势，但不是核心竞争力。"

e袋洗开启洗衣服务O2O模式

微信的面世，让张荣耀无比兴奋。他要求所有员工立刻学习使用微信。同时告诉所有人，他的梦要实现了。“真的，我太兴奋了。我曾经在黑暗中撞得头破血流，很苦闷绝望，联网卡没有解决的支付和取送问题，微信一下子全解决了。”

张荣耀迫不及待地开始向移动互联网探索和转型。“2011 年，我们在 798 开会。张总在墙上挂了一条很大的横幅，写着O2O转型口号，当时我们看不懂。公司一位管理层领导悄悄问我，横幅上的零二零是什么意思。”老员工李林丽说，当时公司管理层的想法都还偏于传统，几乎是被张荣耀拖着跑，“他每天都有很多点子冒出来，不断试错，其实挺累的。”

如果说之前的一段时间，张荣耀一直在蛰伏，那么e袋洗的推出，让他的事业又一次登上高峰。e袋洗的董事长秘书介绍，e袋洗的名字是张荣耀想出来的。当时张荣耀去香港考察，发现香港有的洗衣店按重量收费，他深受启发，回来就想到了按“袋”计费，一袋衣服多少钱，又想到要和互联网相关，便定了“e”，谐音“一”。当张荣耀给高管团队分享e袋洗的设想时，没有得到高管团队的立刻认同。开会之后，他在高管微信群里发了一条很诚恳但是很坚定的长信息，再次阐述为什么要做e袋洗的新模式。最终，张荣耀得到高管团队的认同和支持。

张荣耀自己说，e袋洗这个点子，其实不是突然蹦出来的，而是绞尽脑汁为用户想的时候琢磨出来的。“长衣服和短衣服的洗衣成本没有多大区别，但是我们的客户和员工经常为长短问题打架，顾客说是短的，我们说是长的，因为价格不一样。后来我们就设计了这么一个袋子，不管衣服长短，全部99块钱一袋。”用户装满了一袋，取件的人收袋时，帮用户再塞进去两件。这个段子曾经一度刷屏，成为e袋洗的经典案例。

张荣耀认为，PC互联网对零售制造业进行了颠覆，移动互联网也将会颠覆服务行业。在思索如何解决支付和配送问题时，他发现，洗衣服的配送问题很麻烦，怎么办呢？香港是按照重量来计算的，可是要解决取送的问题不可能让收衣服的人身上带着一杆秤。那么，按重量不方便，就按体积，所以就琢磨出按照袋子计费，不管装多少衣服，都是99块钱一袋。价格简单了，取送方便了，省得在楼道里面跟顾客啰唆。

可以看出，在产品设计层面，一定要用移动互联网的方式使得产品更加简单，同时让顾客有参与感和决策感，让员工有参与感和决策感。移动互联网的产品设计上要体现三要素：第一，便宜，或者免费；第二，方便；第三，有趣、有参与感。可以说，e袋洗的创新产品设计解决了这个行业的很多用户痛点。

传统的洗衣店里一般是朝九晚九的固定营业时间，如果家附近没有洗衣店，许多用户白天忙于上班，下班之后也来不及去洗衣店送取衣物，往往要等到周末。并且，传统洗衣服的价格类目较多，有100多种，定价还都是人工定价，不同洗衣店的价格既烦琐又不透明。这种行业现象出现的原因在于国内目前在家庭服务领域缺乏知名品牌，行业集中度非常低，规模排名前十的品牌合计市场份额仅为10%。市场中存在大量的区域品牌店甚至夫妻二人店，不规范、不专业的作业，导致因洗衣质量问题产生的投诉屡见不鲜。

张荣耀在和公司高管经过一系列商议、推翻、重新制定策略之后，e袋洗最先推出了99元一袋（43cm × 34cm × 7cm）的洗衣产品。用户只需要通过微信服务号就可以完成预约下单、在线支付、查询进度、服务评价等一系列交易流程。预约好取送时间和地点之后，再由服务人员上门取送衣物。在取件时，取送人员当面将装好衣物的洗衣袋进行铅封。现场不做衣物检查，待送回清洗中心后，在高清视频监控条件下去掉铅封，对衣物进行洗前检查和分类，全程高清视频监控，保证洗衣的全流程品质。

虽然e袋洗的方式颠覆了按衣物类型、按件收费的传统方式，但在后期，e袋洗根据用户需求对产品进行了调整，袋洗的单价做了上调，设有按件收费的清洗服务类目，如洗衣家纺、洗鞋、奢侈品养护、窗帘清洗等。截至2015年6月，在销售收入方面，按件收费和按袋收费的两类产品的占比大约为6∶4。

在物流配送的“最后一公里”方面，张荣耀从优步得到了启发。盘活社区的闲散劳动力，成为e袋洗的又一个创新，也就是属地化就业。让社区里有空闲时间的居民成为e袋洗的服务人员，在接到用户订单后，由后台分发给各个社区中的众包小e管家，这些管家都是经过e袋洗严格筛选和培训过的候选人，通过率只有11%。目前小e管家在全国的注册数量累计超过12万人，每个小e管家经营个人网上虚拟洗衣店，负责其住所范围两公里内的上门取送服务。

之所以强调属地化就业，打造邻里经济，是因为e袋洗很注重服务本身，取送衣物这件事不能仅仅当作物流来做。张荣耀不断地强调，O2O是人对店的服务，将散单批量化，具备规模优势，而C2C（客对客）是人对人的服务，虽然没有规模效益，但很适合分享经济。小e管家不仅是快递员，他们更像是有温度的邻居，取送衣物的时候，甚至会帮用户把垃圾带下楼，或者帮忙从楼下便利店捎带点东西上来。

2015年8月，e袋洗宣布完成了由百度领投，经纬中国、SIG跟投的1亿美元B轮融资。在此前的2014年7月和11月，

e袋洗分别获得腾讯2 000万元天使投资，以及经纬中国、SIG共2 000万美元的A轮投资。连续注入的资金，显示出了投资人对e袋洗的模式、团队以及服务能力的看好。目前e袋洗的日均订单量超过2万，高峰日订单量超10万。

e袋洗的创新业务模式，和张荣耀对洗衣行业的多年行业洞察以及对移动互联网创新的深刻理解不无关系。张荣耀多次谈到他和谷歌亚太区总裁进行互动交流带来的收获。真正的创新需要具备三个要素：第一，灵感，创新要经得起朝代的更迭和历史的变迁；第二，要高度关注个体的人性；第三，在前两个基础上进行10倍的效率改造，要么成本是原来的1/10，要么把效益提高10倍。

从一个传统行业转型到移动互联网，不仅仅是商业模式和发展策略发生了变化，企业的组织能力也应做出相应的调整，才能支撑新战略的落地。“光喊口号、梦想、价值观肯定不行，你总得有系统的打法。思考业务模式怎么和组织能力匹配，我觉得是非常重要的。”张荣耀认为，e袋洗一方面要在竞争对手环伺的激烈竞争中挖好自己的护城河，另一方面要找准商业模式和战略定位。组织能力是必须与前两者相匹配的内部运营管理机制，也是最终保障企业能够平稳转型的隐形力量。

用心打造“用户导向，品质为王”的组织能力

张荣耀表示，虽然他洗了27年衣服，最大的感悟依然是，能把衣服洗好很不容易。把人力、物力、财力聚焦到这一件事情上，每做一件事都要有跟这个行业相匹配的资源和能力，并不是那么容易做好。“使命感”“人性化”“效率提高”“创新而不是改良”，是他常常挂在嘴边的几个关键词。

“我原来是服务加盟商的，也就是服务我的客户，现在开始服务我的终极用户。甭管怎么着，如果我跟终端用户产生关系，那就会是一片蓝海。”张荣耀说道。但在2000年那个阶段，荣昌洗衣跟终端用户没有联系，因为在北京直营的店只有4个，绝大多数都是加盟店，荣昌只跟加盟店产生关系，实际跟用户不沾边。

现在的业务模式是，用户下载并安装e袋洗的App，然后从App直接下洗衣的订单，小e管家看到App的下单信息之后，上门收衣服，送到附近的洗衣店，洗完之后再送回用户家里。在这整个过程之中，用户并不知道或者并不太关心后台具体是哪一家洗衣店在洗自己的衣服，用户认的是e袋洗的品牌，而不是其他洗衣品牌。一旦洗衣过程中出了问题，用户直接找e袋洗申诉。所以，对于e袋洗来讲，与其说是提供了一个洗衣服务的交

易平台，不如说是用户心中的一个洗衣消费品牌。所以，用户导向和品质为王是e袋洗的核心组织能力，也是能够为用户创造价值并得到用户认可，且帮助公司超越竞争对手的关键所在。

在明确了组织能力之后，就需要着手打造组织能力来支持公司战略的落地了。

60后的董事长和85后的CEO

在转型之初，张荣耀就很坚定地要启用新的团队来运作e袋洗这个新业务模式。虽然张荣耀本人是60后，但是他平常就喜欢跟80后、90后玩在一起。他认为，生活服务类的移动产品受众，往往是现在“懒人经济”中的主力代表——年轻人。要想了解自己的年轻用户，就要跟年轻员工一起做产品，为的是避免自己不自觉地把互联网当工具的思维冒头。张荣耀认为，让正确的人做正确的事是最重要的，移动互联时代，年轻人才是主流。

当张荣耀遇到刚刚离开百度的陆文勇时，他的眼前一亮，这位出生于1987年的年轻人，在跟张荣耀第一次见面时就让他觉得找对了合作伙伴。两个人第一次见面就长谈了七个小时。情怀、使命、价值观，是张荣耀个人很看重的特质，也是他眼中匹配e袋洗员工能力的基本素质。加上陆文勇有创业经验和团购业务的背景，形成了用户导向的思维习惯，与e袋洗用户导向的组织能力不谋而合。

“我请百度来的陆文勇同学来做我们的CEO，是经过慎重考虑才决策的。虽然只是几个小时的事情，但实际上是我经过多年思索，在人海之中搜索多年的结果。”张荣耀这么描述自己的决定。让陆文勇和其他高管意外的是，张荣耀没有让陆文勇像他当初预期的那样做移动电商负责人或者副总裁，而是直接当CEO，并且在他担当起这个角色后，张荣耀全权授权。同时，在陆文勇正式报到之前，张荣耀特意召开所有总监以上干部的会议，要求高管团队全力支持陆文勇。同时，安排一位很有影响力的创业老员工做陆文勇的助理，帮助协调公司内部的工作，全方位地支持陆文勇。

对于授权，张荣耀有自己独特的看法。“我不是特别喜欢‘授权’这个词，我认为权力本来就是大家的，公司本身就是大家的。”在张荣耀27年的创业历史上，财务、人事、采购三个部门没有他的任何一个亲戚，哪怕是在个体户时代，因为他从骨子里就认为公司是大家的，大家没必要上班时太谨慎、太纠结。同时，一旦选定团队和人才，让团队和人才产生参与感的核心是拥有决策权。

有了以张荣耀为代表的传统洗染行业的品质把控能力和以

陆文勇为代表的移动互联网的用户导向思维，e袋洗在B轮融资后希望更加飞速发展，就急需引进具有大公司管理经验的高级管理人员来搭建管理体系，进一步落地固化“用户导向，品质为王”的组织能力。从2015年至今，e袋洗的运营规划部、用户服务部、产品研发部、人力行政部、财务采购部、市场营销部、供应链服务部等关键部门的负责人，均来自国内外各行业顶尖公司的管理层，如腾讯、百度、京东、美团、滴滴、乐视、宝洁等。同时，e袋洗从海外吸引了多名数据科学家加入，以提升基于数据的用户分析能力。他们大多是被e袋洗的发展前景、业务模式和创始人的使命、价值观感染，从而愿意平薪或降薪加入这样一家创业公司，和一群志同道合的人干一件有意义又有趣的事。

打造高品质洗衣的专业能力

在打造高品质洗衣的专业能力方面，e袋洗成立了专业的洗护研究院，并从某跨国公司挖了一位专门做洗涤研究的北大博士。这位博士是一位做了16年洗涤产品研发的科学家，对工艺、化学和材料很有研究，他制定标准和流程，然后再通过运营团队规范各个加盟商。

同时，e袋洗在全国范围内找特别牛的专业洗衣公司开展合作。2016年7月6日，e袋洗与智能洗衣工厂第一品牌衣贝洁在北京正式宣布战略合作，e袋洗对衣贝洁进行战略投资，占股20%，并计划以“城市合伙人”模式推动洗衣工厂建设。衣贝洁的创建人李净锦被称为“全台湾最会洗衣服的男人”，于1989年开办台湾第一家智能化洗衣中央工厂，并逐步设立了上百家收衣门店。2008年衣贝洁进入大陆市场，迄今已建设超100家洗衣工厂。未来e袋洗的订单将逐渐交由线下体系的工厂执行，从而有效保证洗衣的高品质。

在组织能力的杨三角的管理体系中，员工能力、员工思维、员工治理三只角都需要聚焦在组织能力上，从而支撑战略落地。2015年，e袋洗在放慢区域扩张速度，减少其他部门人员招聘的同时，全力加大洗护研究院的人员招聘和团队建设，同时战略入股衣贝洁，使整个公司的资源向品质为王的组织能力聚焦倾斜，支持组织能力落地。

复合型创新人才的招聘和培养

这么多背景迥异、经验互补的管理层加入e袋洗，同时需要搭建他们各自的专业化团队。在此背景下，统一招聘标准，梳理招聘流程，明确面试决策权就显得尤为重要。招聘标准分为核心能力和专业能力两部分，专业能力依据各岗位不同而设定，由部门面试官评定，核心能力则是全公司统一的标准，基于企业核心价值观而设定，不因岗位不同而不同，这样做的好处是最大程度上避免了由于面试官的主观判断而带来的面试偏差。

同时，由于涉及多轮面试，面试流程梳理和决策权明晰也迫在眉睫。针对不同职级和岗位，e袋洗制定了招聘管理流程，如表2–2所示。

表2–2　e袋洗的招聘管理流程

岗位级别	负责人				
	HRBP①	直接主管及上一级主管	招聘经理	HRVP②	CEO
总部主管及以下级别	√	√			
总部经理/高级经理	√	√	√		
总部总监及以上级别		√		√	√

要满足庞大的招聘需求，除了传统招聘渠道（如招聘网站、猎头渠道、RPO③等），e袋洗的人力资源团队还另辟蹊径，精心开拓了其他几条途径。

校园招聘是很多公司都会抢占的高地。由于e袋洗的业务

① HRBP，即人力资源业务合作伙伴。

② HRVP，即人力资源副总裁。

③ RPO，即招聘流程外包。

模式有极高的创新性，兼具O2O和电商的特质，需要既懂业务运营，又懂供应链管理，还要擅长市场营销的人才，很难从市场上直接获取。因此，从2015年秋季起，e袋洗开始了真正意义上的第一次校园招聘，旨在提前吸引高潜质应届毕业生加入，作为管理培训生接受公司精心设计的“袋鼠成长计划”轮岗训练，为日后成为城市负责人做准备。共有7名管培生从近5 000名应聘者中脱颖而出，他们均来自“211”“985”名校，具备学生会等社团组织的管理经验，且有优步等互联网公司的实习经历，属于大学校园里的精英分子。

除了校园招聘，e袋洗还充分最大化内部员工资源，推出了鼓励内部员工推荐候选人的“伯乐计划”和鼓励内部员工竞聘到新项目的“活水计划”，大大提升了招聘满编率和员工积极性。

“品质为王”作为e袋洗的组织能力，必须在员工能力的打造中加以强调。由此，e袋洗邀请资深洗衣技师在内部给全员做关于洗涤常识、衣物材质、洗衣工序等方面的培训，不仅参与，还需要通过培训后相关的考试，旨在将全员打造成洗衣服的专家（见图2–14）。因为e袋洗作为一家洗衣服的公司，希望不管是销售还是财务，不管是否直接接触业务，都必须懂得相关的基础常识，这样才会对洗衣服这件事感兴趣，同时对公司的洗衣品质有信心，知其然，也知其所以然。

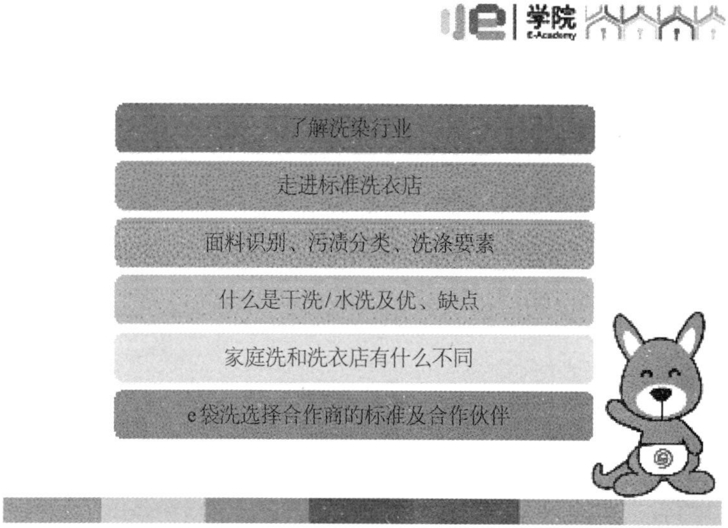

图 2–14　e袋洗培训目录

同时，由于组织高速发展，人员规模不断扩张，e袋洗在不断思考如何将最基本的了解一线业务的能力融入每一位新员工的血液里，从而在做任何岗位前都先做个好商人。由此，e袋洗迭代了新员工入职培训计划，通过“闯关积分”等游戏化的方式，让新员工在入职半个月内快速亲身了解众包、外包、营销等一线业务模式和痛点，为投身各岗位做出更大的贡献做准备，同时增强了新员工的体验感和趣味性（见图 2–15）。另外，在每年的三四月份业务旺季，e袋洗总部的员工会投入一线业务中，通过部门团队竞赛的方式参与帮助售卡、拉新和推广活动，他们还给它取了一个很好听的名字，叫“春雷行动”。

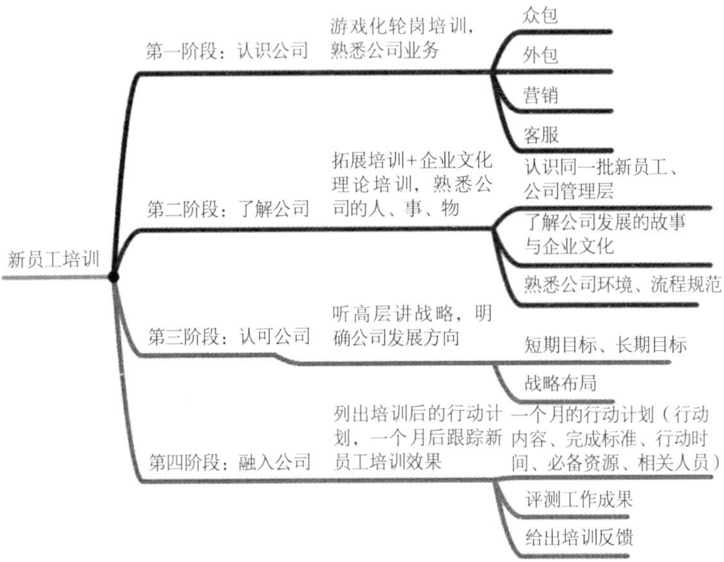

图 2–15　e袋洗新员工培训计划

员工思维：虚实结合打造高品质管理

对于一家创业公司而言，最主要的有两件事：一是不断更新迭代战略和商业模式；二是做好人才激励和梯队建设。为了打造“用户导向，品质为王”的组织能力，强化员工的思维方式，e袋洗一直从虚（企业文化）和实（薪酬绩效）两方面建设体系。

建立职级、薪酬与晋升体系

在马斯洛需求层次理论和赫兹伯格的双因素理论中都已经反复被验证，要想改变或强化思维方式，得先解决物质需求或者说保健因素。对于员工而言，通过各种招聘渠道进入公司是第一步，接下来还需要通过各种体系被培养和激励，明确“我现在在哪儿”以及“我想到哪儿去”。e袋洗花了四个多月的时间，梳理出一套适用于现状的职级框架，并且把全公司1 000多名员工一一匹配进各职级。这个匹配是基于各职级能力素质要求和各员工业绩表现的不同，通过部门负责人和人力资源部门一起做出的。这对于一个创立两年多的创业公司而言非常关键，只有有了职级体系，招聘时才知道应该如何将外部候选人客观地匹配到内部，培训时才知道各职级最缺乏的能力素质是哪些，应该提供什么样的培训最符合需求。同时，为了突出“用户导向，品质为王”的组织能力，e袋洗会专门搭建“用户服务部”和“供应链服务部”的职级体系，而不是照搬其他互联网公司通用的职级与能力模型。

有了职级体系和每个员工对应的具体职级之后，e袋洗通过专业的第三方调研报告，就可以和市场岗位对标，客观了解每个岗位和每位员工在市场上的薪资竞争力水平，同时结合该员工的绩效表现及上一次调薪时间，做出有理有据的调薪规则，真正做到“多劳多得，少劳少得”的薪资杠杆作用。这就彻底改变了以前员工自发提出涨薪要求和幅度的流程，既增强了员工的体验（公司主动加薪对比员工要求涨薪），又做到了客观公平、有据可依（基于市场数据、业绩表现、上次调薪时间、公司或部门整体调薪预算包）。

同时，考虑到建立“用户导向，品质为王”的组织能力，e袋洗会对例如用户服务部、供应链服务部、洗护研究院等和用户及品质息息相关的部门给出倾斜性的薪资政策，在与市场数据对标时，会匹配相对平均值更高的分位值，从而确保真正吸引、保留和激励最优秀的人才在这几个部门持续贡献。

搭建好职级与薪酬体系之后，晋升机制就能相应建立起来，鼓励员工横向（内部轮岗）或纵向（职业晋升）发展，让员工清晰地知道在公司的发展路径及所需要求，一切才都有了执行的依据和目标（见图2-16和图2-17）。

将绩效考核与服务品质挂钩

企业要打造组织能力，实现战略目标，不仅需要员工具备胜任能力，还必须有朝公司希望他们努力的方向奋斗的意愿，这一点影响着员工每天大大小小的决策。所以，e袋洗专注在绩效考核机制上，通过设立合理的指标来充分激励员工。

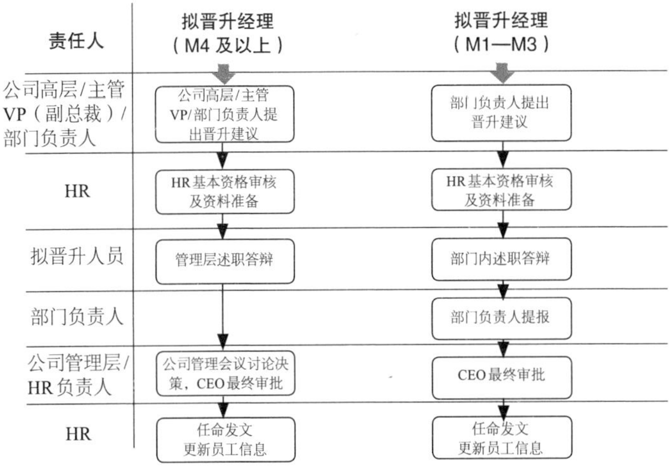

图 2–16　e袋洗管理序列晋升管理方法

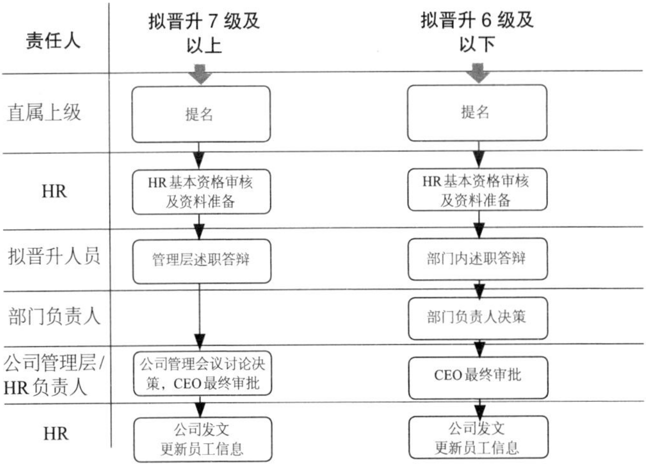

图 2–17　e袋洗专业序列晋升管理方法

序号	组织范围	部门	岗位范围	绩效方案
1	职能部门		一级部门负责人	e袋洗绩效考核方案
2			各级员工	e袋洗绩效考核方案
3	业务部门	总部供应链服务部	全体员工	e袋洗绩效考核方案
4		总部业务运营部	全体员工	e袋洗绩效考核方案
5		总部业务运营部	全体员工	e袋洗绩效考核方案
6		营销线	全体KA（重点客户）和营销组员工	销售提成和绩效考核方案
7		城市发展部	全体加盟人员	城市发展绩效激励方案
8		分城市	区域、城市负责人	区域城市负责人绩效激励制度
9		分城市众包组	众包负责人、片区经理、片区主管	直营城市绩效考核方案　分城市众包提成方案
10			众包支持	直营城市绩效考核方案　分城市众包提成方案
11		分城市外包组	外包运营	直营城市绩效考核方案　分城市众包提成方案
12		分城市营销组	营销负责人	直营城市绩效考核方案　分城市众包提成方案 销售提成和绩效考核方案
13			营销组员工	直营城市绩效考核方案　分城市众包提成方案 销售提成和绩效考核方案
14		分城市支持组	客服、HR等	直营城市绩效考核方案 分城市众包提成方案
15	奢侈品项目组	总部	全体员工	e袋洗绩效考核方案
16		分城市	城市负责人	奢侈品项目组城市负责人绩效方案
17		分城市	全体员工	暂无

已经完成

正在推进或调整

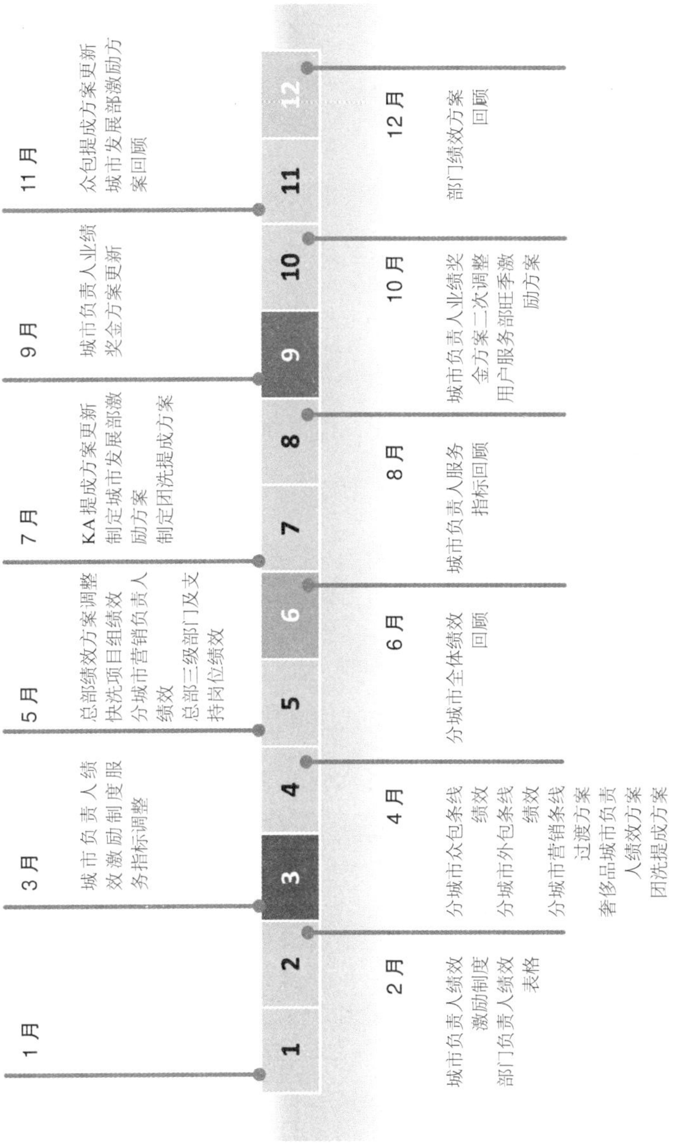

图2–18　e袋洗新的考核指标

由于组织规模较大（上千人），组织结构较复杂（总部和分城市，职能线与业务线等），e袋洗人力资源部门将公司所有员工按照绩效机制的优先级做了分组，一个群体一个群体从无到有地推行绩效方案，让绩效好的员工比以前收入更高，绩效差的员工的收入则自然下降，实现有奖有惩的目标。同时，在整个推行过程中，由于业务模式不断变化，具体考核指标随之变化，基于互联网时代快速迭代的精神，e袋洗的人力资源部门还需要随时了解业务变化，监测指标变化，模拟新绩效方案对员工收入的影响，聆听员工和业务负责人对绩效方案的反馈，不断迭代。

此外，为了让员工思维能够与“用户导向，品质为王”的组织能力牢牢挂钩，e袋洗的人力资源部门还调整了考核绩效的指标，将以前各个城市负责人的订单达成率指标，调整成了“真钱额+服务质量”的考核标准，让各个城市的负责人真正重视服务指标，且有切实可行的计划来提升指标（见图2–18）。

将用户与品质写进企业文化

作为一家年轻的创业公司，企业文化和核心价值观在全公司300人的时候还是非常积极正向、深入人心的，但当员工数量增加到1 500人的时候，如何保持创业时候的初心，并且将核心组织能力通过企业文化深入到每位员工的骨髓，就是一个不小的难题。e袋洗采用的方法是将用户与品质写进企业文化手册，并且通过具体行为规范和全方位传播渠道落地。

企业文化顾名思义就是企业统一的行为标准，是基于企业的战略需求和业务模式确定的。早在e袋洗成立一年的时候，创始管理团队就制定了1.0版本的企业文化内核，并且通过全员宣导深入人心（见图2–19）。随着公司不断发展、战略不断更迭、人员不断更替，e袋洗管理层需要思考是否启动企业文化迭代。

图2–19　e袋洗企业文化的3个核心价值观

于是，在公司成立两年多的时候，人力资源部启动了企业文化迭代项目。首先，通过定量问卷调研初步了解全体员工对于当前企业文化的认知度和认可度。随后，通过不同员工人群的定性焦点小组访谈，挖掘更深入的用户需求和用户洞察，比如对每一个核心价值观背后所代表行为的理解。最后，通过管理层头脑风暴，制定出企业文化内核的具体内容。在这个内容里面，“用户体验”“极致品质”被清清楚楚地写了进去。

2016 年 3 月，e袋洗对全体员工发起了企业文化相关调研，分别从“对公司认可度”“对企业文化认知度”“对企业文化认可度”“对公司文化期望”四个方面，针对全国近 1 200 名员工进行调研。从结果来看，有超过 80%的员工对企业文化愿景、使命、价值观是认可的。同时，在核心价值观“简单、体验、梦想”的基础上，梳理出员工的行为价值观“6 个敢于”（见图 2–20）——学习、担当、变化、信赖、痛快、极致。最后，

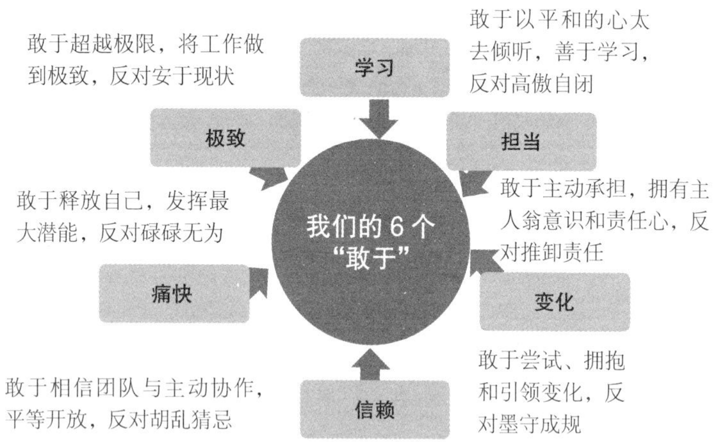

图 2–20 e袋洗企业文化的 6 个“敢于”

每个行为价值观又具体诠释成了3条行为标准，比如对于“学习”的诠释为：“心态归零，时刻保持向他人学习的谦虚态度；主动学习行业知识，提高专业技能，并做到持之以恒；乐于分享专业技能、心得体会、工作经验，做到善为人师。”

为了不让企业文化停留在书面上，让团队每个成员可借鉴并践行企业文化，将企业文化更为具象化，e袋洗开展了评选企业文化代言人的活动，通过身边具体的人和行为去感受和感知应该如何做人与做事的标准。通过“部门提报和线上海选”两种方式，全国共推荐近100名身边的伙伴，经过层层选拔筛选出30位提名入围名单，最终通过专业评估和投票，产生了8位企业文化代言人，授予专有标识（如土豪金工牌绳）和期权激励来彰显他们的荣誉地位，同时大规模进行内部宣传（见图2–21）。

企业文化在落地的过程中，不仅需要具体行为，还需要保障机制，特别是放大对行为的表彰更为重要，为此e袋洗HR专门梳理出一套内部表彰机制，分别从结果、行为、时长3个维度奖励公司的员工和团队，从产品思维和员工导向的角度设计奖项，遵从简单、好操作、能持续的原则，设立了12个奖项，分别是：e马当先（优秀团队奖，见图2–22）、e枝独秀（优秀个人奖）、e脉相承（企业文化代言人）、e瓣心香（最佳新人奖）、

图 2–21 e袋洗评选企业文化代言人

图 2–22 e袋洗e马当先奖

e往情深（年限服务奖）、e言九鼎（金牌创业导师）、e鸣惊人（CEO特别奖）、e路高歌（成长晋升奖）、e见倾心（推荐人才伯乐奖）、e字千金（金点子奖）、e举成名（员工命名奖）、e心e意（实时点赞）。

值得一提的"实时点赞"是公司推出的员工实时认可激励项目（见图2–23）。为了发挥90后的创造力，关心90后群体成长的"调性"，让所有优秀的人，有"被关注"的尊享感，公司每月会赠予员工e币积分。所有员工都可以参与，当发现周围小伙伴的行为符合"6个敢于"时，就可以为他点赞并送出e币积分。所获得的e币积分，可以到积分商城消费使用，也可以用于手机充值、生活缴费，帮助员工解决这些生活琐事，还能购买公司内部的洗衣卡和获取与CEO共进烛光晚餐的机会。

图2–23　e袋洗为你点赞

员工治理：用户才是最大的老板

e袋洗CEO陆文勇表示，e袋洗在员工治理层面有四大举措。第一，用户至上是唯一的考核标准，在用户满意度有所提升的情况下，员工才能共享奖励。第二，采用合伙人制，e袋洗拿出大量的股权和期权与员工分享，激励优秀员工。第三，信息透明化、组织扁平化管理，内部倡导开放平等，不存在领导和下属的等级关系，任何人都可以对产品、对服务提出建议或意见。第四，向一线员工充分授权，因为一线员工直接与用户打交道，是公司形象的窗口。

组织架构：一切基于用户导向而设计

在e袋洗，一切跟用户和品质保障相关的部门都被提到非常重要的地位，比如用户服务部（客服部）在公司是一级部门，属于核心管理层，直接向CEO汇报。再比如，公司特意设立了洗护研究院来保障品质管理。

抱着工匠精神的信念，张荣耀希望将品质融入e袋洗的每个用人环节。洗护研究院的设立，就是为了引入专业化的人才。如前面介绍的，从业16年的洗涤科学家的加入，为的就是使洗护品质和服务标准有更为标准化与国际化的诠释，他不仅负责洗护研究院，还负责整个供应链的运营管理，有全公司“品质第一人”之称。同样，他的团队里还有多名在洗染行业鼎鼎有名的资深专家、从重点高校招来的化学专业毕业生，以及知名互联网企业中专注于品质把控的资深人士。如之前提到，即使在资本寒冬的大环境下，e袋洗收缩了招聘计划，但为了将企业有限的资源聚焦在支持战略的组织能力上，对于洗护研究院的招聘依然大开绿灯，坚持找到对的专家。相比起传统的作坊式洗衣技术，e袋洗洗护研究院侧重于专业化和标准化，直接与用户对接，能够更清楚地知道用户的需求。并且，专业人士能够对特殊污渍或者特殊面料的洗涤进行深入研究，比如在清洗一条牛仔裤的时候，如何保证裤子不变形、如何不将破洞款牛仔裤的洞洗大等难题，从而不断提升用户体验和满意度。

另一个组织架构调整得很好的例子表现在对小e管家的管理上。e袋洗采用独创性的“众包”模式，通过属地化就业吸纳小e管家来上门服务用户（取送衣物）。截至2016年8月，e袋洗小e管家在全国的招募已达10多万人，平台上活跃的小e管家60%都是当地居民，其中90%以上为社区常住居民。管家主要分为三类人群：一是退休后的大爷、大妈，占40%；二是赋闲的全职妈妈，占30%；三是为兼职赚钱而来的工薪阶层居民，占30%，可以说小e管家是e袋洗的核心竞争力之一。在e袋洗内部，接触和管理小e管家的则是每个分城市的一线员工。在2015年，分城市分别有三条业务线管理着小e管家，分别是营销线带领小e管家做各种地推活动和售卡推广，众包线管理着小e管家的招募培训和激励政策，物流线规范着小e管家在上门取送以及物流接驳时的行为规范。这样的后果是，对于小e管家而言，存在多头管理，容易混淆不清，不知道哪些行为对于用户体验是最重要的。所以在2016年初，公司做了架构调整，取消营销线对于小e管家的接触，同时将物流线和众包线合并，由统一的片区主管来带领小e管家实现业绩和服务指标，从多头管理变成了清晰的单线管理。

决策权：谁离用户最近谁决策

e袋洗的决策机制有一条不成文的规定就是，谁离用户最近谁决策。为了提高用户满意度，e袋洗充分向一线员工授权，推行“第一责任负责制”，一线员工无须请示，有权力当场处理客户投诉，在最短的时间内让用户得到满意的解决方案。此外，e袋洗还执行“先行赔付”的售后服务策略，即当有用户投诉时，e袋洗先授权给一线员工2 000元以内的权限赔付给用户，解决后再和加工商确认责任，并给予客户“7天内解决”的服务承诺。

互联网讲究灵活敏捷，分城市离用户比总部更近，所以在

e袋洗总部和分公司的关系是赋能与实际运营的关系，而不是管控与执行的关系。总部赋予了更多的决策权给分城市的负责人，让他们可以更加敏捷、更加快速地在自己的闭环小团队范围内，决策很多事项。总部将自己的决策定位在支持而不是管控的目标上，作为各地分公司的后台支持部门，负责整合内外部资源和探索e袋洗的发展模式。

谈到转型中组织能力遇到的挑战和经验，张荣耀认为，首先要分担责任并分享钱、权、名、利。他一直认为，参与感的核心是决策感，不是领导讲话然后让员工鼓掌，就是员工参与了；真正的参与是拥有决策感，决策感是“我”说了算。在e袋洗，有关公司财务的事情，张荣耀是不签字的。CEO陆文勇虽然是一名85后的年轻领导，但是张荣耀却真正敢于把方向盘让给年轻人。“我觉得离用户越近的人权力越大，越是有权力的人越应该透明和被监督。”张荣耀表示。

信息流：没有秘密，公开透明

张荣耀在公司里被称作“老妖”，85后、90后的员工都这么叫他。最初是他在中欧国际工商学院的校友这么叫，后来他索性把微信名改成了老妖，“一下子我也觉得自己变成85后、90后了，我也感到轻松”。

作为一个想跟年轻人打成一片的创始人，张荣耀为公司的开放平等以身作则，既没有司机，也不设保镖。在荣昌时代，原本公司还有20多辆汽车，但到了互联网时代和共享经济时代，公司已经没有一辆汽车。在公司搬到现在的新办公区域时，张荣耀只提出了两大要求：厕所要尽量装修得舒适些，因为员工每天使用的频率高；董事长办公室不能超过10平方米。

在这样一个平等开放的环境里，张荣耀和陆文勇的办公室经常被员工征用，用来开会或者见客，因为他们的办公室都不设门锁，员工可以自由出入。张荣耀回到公司，经常发现办公室被员工占用开会，他就在外面办公。除此之外，公司还设有CEO邮箱，开放给每一位员工提各种意见和建议，总裁办会对每封来信进行一一回复和跟进。

除了CEO邮箱，e袋洗还充分利用各种微信群来实时解决用户痛点。比如专门的用户投诉反馈群、全国核心小e管家群、全国核心加工商群等，董事长、CEO以及其他核心高管都在这些群里，一旦有用户相关的投诉和需求信息，各部门都会在第一时间了解，并迅速进入查找原因和解决问题的流程。

此外，e袋洗还设有传统的三个开放日：用户开放日，小e管家开放日，加工商开放日。每个分城市会定期举行这三个开放日，邀请当地用户、小e管家和加工商代表与公司管理层面对面进行访谈，让公司高管们聆听用户的声音。同时，在总部每周都会由用户服务部组织语音会议，将过去一周用户的反馈录音都呈现给各部门，使各部门相关人员能直接听取用户的投诉和建议。不仅如此，e袋洗的高管包括CEO陆文勇，每个月必须花半天到一天时间，去用户服务部轮岗当客服人员，直接接听用户电话，了解用户在抱怨什么、需要什么。在e袋洗开各种会议时，会特意留一个空位贴上“用户”的标签。当会议过程中有争执不下的问题时，大家就换位思考，想想用户的真正需求是什么，如何选择才能提升用户体验，避免了很多会议讨论的无效性和偏离方向。

最后，在员工沟通上，e袋洗尝试着搭建透明信息流，打造双向沟通机制，比如开通了企业文化的微信公众号“e家e事”，定期全国直播的员工大会，每半个月的“问诊e袋洗”员工论坛等。同时，在提升团队合作的有效性方面，e袋洗有目的性地加强团队建设机制，通过生命地图、MBTI（迈尔斯–布里格斯）性格测试、团队反馈等专业工具加强团队内部的充分沟通，不断将团队有效性提升到新的高度。

e袋洗的转型启示

虽然资本寒冬的说法甚嚣尘上，O2O行业确实已经倒下一波公司，但张荣耀对局势仍表示乐观。寒冬面前，所有行业和身处其中的企业都会面临挑战。e袋洗在急速扩张和发展之后，进入了一个减速慢跑的时期。这个时期的e袋洗，不再进行粗放型的大举扩张，而是更加关注收入和利润，更为聚焦目前所展开业务的城市，同时练好内功——打造组织能力。企业的战略模式清晰之后，跑马圈地带来市场占有率的提升和人员的不断扩张，这个时候如果不在内部明确组织能力，并且从员工能力、员工思维、员工治理三方面形成合力支撑商业模式，那么在下一波经济浪潮来临时，就会因为没有练好内功而抓不住新的发展机遇。

对于传统转型，张荣耀认为，首先就是明确组织能力，然后是建设团队，最后是找到价值趋同的股东。尤其是刚开始天使轮和A轮，一定要找到共同价值观且同样关注用户和品质的股东。刚开始，e袋洗拒绝了很多传统企业的投资人，因为有些投资人一开始跟张荣耀谈得很好，但是不多久就会追问利润，这让张荣耀觉得双方价值观并不趋同。“这要真做了股东，以后吵架会吵到什么程度呀。”坚定的用户思维，想改造传统行业的决心，是e袋洗的商业初心。

同时，还需要公平、平等、开放、自由的透明机制来保障。张荣耀一边呼吁“拆掉管理臃肿的组织架构围墙，打破企业组织的边界，确保信息透明化，对员工充分授权，赋予员工参与感和决策感”，一边实践自己的理论，比如他把权力最大化地授予给年轻的CEO，比如公司里任何一个员工都能像称呼邻居大叔一样叫他老妖。

“我们需要时刻关注用户，绞尽脑汁地用价值观、公司治理、绩效考核和科技手段满足用户的极致需求，日夜兼程，加快步伐，去完成我们邻里共享的梦想，我们有信心让世界级服务型企业诞生在中国。要实现这个梦想，需要的不是老板、企业家和领导的日理万机，而是把舞台共享给所有关联方，是钱、权、名、利的共享，而不是刻意制造人与人之间的冲突和矛盾。让股东、董事、高管、员工、小e管家和我们的用户都有参与感和决策感，让关联方真正体验到舞台共享的成就感才是我们必须要做的。”这是张荣耀在创业25周年时做的自我复盘总结。

数据显示，虽然在2015年底，O2O行业已经进入冬天，但e袋洗的业务发展却保持了高速迅猛的增长势头。过去六个月的月度复合增长率仍然超过20%，年度收入同比增长10倍，晋升为当之无愧的洗护O2O第一品牌，这也是O2O服务价值的体现。2016年11月28日，e袋洗宣布完成B+轮融资，由立白集团领投、润都集团等机构跟投，融资总金额达数亿元人民币。

第三章

移动互联时代的组织能力建设

亮点导读

2005年，姚劲波创立了分类信息网站58同城。原来的“豆腐块小广告”被渐渐搬到了互联网上，小到火车票、二手自行车、保洁阿姨、维修工，大到二手汽车、房产交易，58慢慢成为城市生活里的“毛细血管”，连接了人们日常的各种需求。

生活服务类O2O在几年前到达了一个风口，受到资本的热捧乃至追逐。但姚劲波和他的高管团队都知道，在他们刚起步时，这些都是脏活、累活、别的互联网创业者不愿去干的活。

即使到了今天，58在美国纽约证券交易所上市，合并劲敌赶集网，成为行业里的霸主，也仍然在干脏活、累活：“很脏”的事情才不会有很多人跟你抢，“很脏”就是你的竞争壁垒。

姚劲波判断，生活服务领域还存在许多颠覆的机会。

58的下一步，是思考如何通过持续的“创业开拓”的组织能力，抓住这些颠覆的机会。

但是，一家行业第一的上市公司要鼓励创业创新，必然面临这样的问题：如何保持创业初期的狼性和干劲？如何还当自己一无所有，去为面包奋斗？

对于人才，58又如何甄选：是要做意外落入山洞，学会了九阳神功的张无忌，还是要做天资乏善可陈、全靠勤学苦练成才的郭靖呢？

企业之间最终比拼的是战略和组织能力，二者缺一不可。在移动互联时代，这二者的重要性日益明显。

——向明慧　58集团副总裁

58 集团：一家 25 000 余人的上市公司如何创业创新

很多人对 58 集团产生深刻的印象，可能是从女明星杨幂那句“一个神奇的网站”的广告语开始的。

58 集团的创始人姚劲波，1999 年毕业于中国海洋大学，获得计算机应用及化学双学位。2000 年，姚劲波创办国内最大的域名交易及增值服务网站易域网，同年 9 月被万网收购。此后，在万网历任产品部经理、产品规划总监、华南区总经理、营销副总裁等职务。

2005 年 7 月，姚劲波在研究了美国排名前 100 的网站之后，被Craigslist吸引，这个只做分类信息服务的简单平台，流量竟然和eBay一样大，这让姚劲波不禁眼前一亮。“直觉上认为这个方向可以，我本身就是北漂，也曾经因为租房被骗过钱，深知异乡人生活的不易，所以就很想做一个为老百姓的生活服务的平台。”于是，姚劲波离开万网创立了分类信息网站 58 同城。阿拉伯数字 58 寓意“我发”，是“我发布，我参与”的意思。

58 愿景：人人信赖的生活服务平台

不管人们是否明确意识到这家公司的存在，58 同城在过去十多年里，的的确确改变了日常生活中的这些细节：街边的传单少了许多，电线杆上的广告也越来越少，餐馆、企业等场所用大字报形式贴出来的招聘广告越来越少，原本报纸上的二手房、二手车交易广告等也已消失不见……这些信息，最终都流向了线上，成就了58同城这样的信息分类网站，也改变了现代人的生活方式。

2013年10月31日，58同城正式在美国纽约证券交易所挂牌交易，首日开盘价21.2美元，较发行价17美元上涨23.5%。上市以后，58同城作为分类信息领域的领头羊，展开了一路高歌猛进的投资或并购行动，投资或并购了分布在多个领域的10多家企业，其中就有震动2015年互联网行业圈的那场著名的合并，分两个阶段全面合并赶集网，使其成为分类信息领域的绝对霸主。

截至2016年第二季度，58同城在全国范围内共设立30余家分公司，并在465个城市建立网络平台。这都凸显出58同城本地化、覆盖广、更专业的商业优势，进一步获得客户和用户的认可，季度活跃本地商户达到1 700万，已认证商户达430万。

虽然是由分类信息网站起家，但58的业务范围正在不断外延，目前已经划分成以下多条业务线：黄页及车事业群、房产事业群、人力资源服务事业群、平台生态事业群（二手单独品类转转）、58中华英才网事业部、渠道及海外业务事业部。旗下拥有

58 同城、安居客、赶集网、中华英才网、58 到家等多个品牌，拥有 2 万多名员工。至此，58 同城从一家单一化的公司变成一个多品牌的 58 集团，一举成为中国最大的生活服务平台。

58 集团将公司愿景明确为“人人信赖的生活服务平台”，使命是“通过互联网，让人们生活更简单”，品牌定位为“58，让生活更简单”，并且将“用户第一、主动协作、简单可信、创业精神、学习成长”明确为公司的核心价值观。58 集团立志在使命和愿景的驱动下，通过追求技术创新以及服务品类的纵深发展，为用户提供“本地、免费、真实、高效”的生活服务。

从信息到交易再到服务，从 PC 到移动的行业发展趋势

姚劲波在谈及他的创业初衷时说过，他就想搭建一个平台，让整个社会在平台里面更容易地分享信息、找到信息，不管是房子、火车票，还是二手物品。一个劳动者，有可能是一个保洁阿姨，也有可能是一个按摩师，还有可能是厨师等，通过 58 这个平台，能把服务提供者以及需求方连接起来，用户通过信息查找，就能找到他们需要的保洁阿姨、按摩师、厨师等。

技术发展的浪潮使得连接效率得到了难以想象的改变。有谁能想到，一个网络平台带来的流量，远比线下的实体店铺更能吸引大量顾客。

“我的判断是，几乎所有的生活服务品类的领域里都会发生这种颠覆，只要这件事情真的能够提高效率，真的让用户、客户两端更加满意，那么是没有什么东西可以阻止它的。”姚劲波认为，生活服务领域里还存在许多的颠覆机会。

2012年，58的内部产品经理培训课程上，58高管团队就对行业趋势有了清晰的认知，那就是当劳动者和客户的平台建立之后，在移动互联时代，一定是从信息走向商品交易，一定是从商品交易走向服务，一定是从PC走向手机。

在PC时代，一个客户发一个信息后可能就下线了，所有的连接不是实时的。在58发一条信息，比如你找一个代驾需要发一条信息，然后要通过打电话联系。一个人发信息，一个人看信息，发的人跟看的人还不是同一时间。用户看没看平台不知道，打没打电话平台不知道，交易多少钱平台也不知道。有了移动互联网之后，移动互联网第一次让劳动者、平台、客户三者同时在云端，任何一个动作三人都知道，任何一个结算平台都知道，三方形成了信息闭环。

“平台+垂直”的战略选择

多年摸爬滚打带来的对行业趋势的洞察，让58集团逐步确立了未来的发展战略。从战略角度来讲，58集团永远是一家致力于生活服务的平台化公司，平台是它的核心优势，并在平台优势的基础上选择一些有潜力的类目做垂直，形成58集团“平台+垂直”的商业模式，并在集团大平台上做到集团协同。

具体做法是：第一，内部创业，孵化类似58到家这样的生活服务类的移动端产品，形成一个产品线矩阵；第二，投一些公司，协同发展，不被发展趋势淘汰掉，不让可能出现的竞争对手把后路堵死；第三，五到十年以内不会被潮流覆盖的，比如房产、招聘、汽车等，58集团坚决要做到在这些品类中的行业绝对领先地位。

58集团内部创业的58到家是其中一个典型的垂直平台，也被姚劲波称作“2015年的现象级公司”——创业不到一年达到了10亿美元的估值，让服务变得可控，并且为平台赢得了口碑。

经过多年努力，在58的平台上，不仅提供了房屋租售、招聘求职、商家黄页、二手物品、二手车交易、宠物票务、旅游交友、餐饮娱乐、团购等多种生活信息服务，更是给出了360度贴身管家式解决方案。不仅为数亿用户提供便捷、高效的生活信息服务，58更为各类商家提供了一个高性价比、高效的整合营销推广平台。58平台可以为商家提供广告发布、开设店铺、人才招聘、会员管理、在线预订、发布团购信息、打折促销等服务。58 成功将用户形形色色的需求充满智慧地融汇在自己广袤的平台上。

创业维艰和简单的伟大梦想

58 创业的故事一波三折。2005 年，58 同城一出生就面临着残酷的市场竞争。当年的创业者和投资人纷纷看到Cragslist的美国神话，短短几个月就冒出几百家类似的公司，在高峰期甚至达到 2 000 家之多。惨烈的厮杀之后，为数不多的幸存者都开始了艰难的转型。58 同城也不例外，和所有初创的互联网公司一样，也经历过烧钱—不知所措—弹尽粮绝的曲折经历。

当时，姚劲波见了二三十个投资人，恰逢金融危机，没有人愿意投资。到了后来，58 同城账上真的一分钱都没有了。姚劲波卖了个域名，换了几十万元给大家发工资。在最艰难的时候，有些员工动摇了。

“有些员工会走，但最重要的人都留下来了。这种情况下说服大家很难。我的做法就是每天让财务把现金流发给所有员工看，每天收了多少钱，每天花了多少钱，还有多少余额，一清二楚，就是把真实的状况分享给大家。58 再苦的时候，也没有拖欠过员工的工资，有的时候是我拿家里的钱来发，从老婆的卡上取钱发工资。”姚劲波回忆说。

那么，58 为什么能够在几千家同类公司中脱颖而出，能够在新浪、淘宝等超强实力竞争对手的高压下生存并发展壮大？最重要的原因就是姚劲波对业务方向的自信和顽强的坚持，以及 58 团队“用户导向”“敏捷创新”“创业开拓”的组织能力。特别难得的是，即使 58 集团现在已经是 25 000 余人的超大型公司，这三项组织能力特别是“创业开拓”能力依旧没有被稀释，已经成为这个组织的重要基因之一。

“平台+垂直”的战略定位决定了 58 集团一定要做到“用户导向”和“敏捷创新”，不断创新迭代自己的服务和产品，不断提升用户体验，对行业、用户的变化能够敏捷应对。同时，为了能够做到在平台上不断孵化出新的垂直应用，58 集团还必须具备强大的“创业开拓”的组织能力，能够不断从公司内部裂变出一个个创业项目，在集团大平台上孵化和成长。

可以说，58 集团强大的“创业开拓”组织能力很大程度上源自公司创始人姚劲波本人。姚劲波被称为国内互联网行业的连续创业者，在创办 58 同城之前，他还参与创办了学大教育。学大教育创立于 2001 年 9 月，一直以来专注于利用优质的教育资源和先进的信息技术，服务于中国教育服务领域，是目前国内个性化教育的领导者，于 2010 年 11 月在纽约证券交易所正式挂牌交易。

学大教育上市那天，敲完钟，公司几位创始人在联合国大厦河对岸的小酒馆里喝酒，一直喝到涕泪俱下。第二天看到公司的股价才意识到，他们居然有了上亿美元的财富。但回到北京后，生活没有任何变化，依然是工作、再工作，然后和团队一起吃盒饭。“我曾经以为上市后的生活会变得不一样，但实际上，学大上市那次我就发现，上市前后并没有本质的区别。如果你本来是痛苦的，上市之后会更加痛苦；如果你是开心的，上市之后会更加开心。那时候我开始反思，这一生的追求究竟是什么？那就是我想把眼前这个事情做成，让大家都认可我的服务，把58同城做成一家伟大的公司。我希望可以改变每个人的生活，使普通老百姓的生活更加便利。我希望做一件可以影响每个人的事，对每一个人都有帮助的事。公司上市并不是目标。相反，上市的那一刻过去就过去了。最重要的是，享受你做的事情，享受每一天。”学大上市给姚劲波带来的深刻体验和反思让他顿悟了自己人生的追求与意义。正是这种顿悟让他在持续创业的道路上心态更加平和，一旦选定创业方向，要能够耐得住寂寞，能够长期坚持，并且能够脚踏实地地执行。并且在这个过程中，享受创业带来的人生感悟和乐趣，让自己内心创业的发动机永不停歇。这表现在即使58同城获得巨大成功之后，也持续在58集团这个大平台上引领团队持续创业开拓，不断孵化出一个又一个新的创业项目。

“如果你把注意力放到你所做的事情上，而不是个人的成就、地位等身外之物上，坚持和成功就不是一件特别难的事。”这是姚劲波的人生真谛。

可以说，不断投入到创业开拓的工作中几乎是姚劲波生活的唯一。当有人问到姚劲波有什么业余爱好时，他苦苦思索之后，竟然想不出自己除了陪家人还有什么其他爱好。姚劲波工作中特别崇尚简单，生活中也是一个极其简单的人。“不是在工作，就是在想工作，或者为工作做准备”，这就是姚劲波日常的状态。

持续创业开拓的精神同样体现在公司其他高管身上。“老姚一直说我们选择了一个干脏活和累活的行业。十年的苦难会让你变得更坚韧，也会让你的理想变得更远大。”58 到家CEO陈小华谈道。在 58 集团，姚劲波被团队亲切地称呼为“老姚”。2008 年，58 的高管团队就想明白了，“很脏”的事情才不会有很多人跟你抢，“很脏”就是你的竞争壁垒，而通过持续“创业开拓”的组织能力把“很脏”的事情做好，正是公司真正的核心竞争力。

58 人才观：像郭靖一样的实干苦干者

要打造“创业开拓”的组织能力，员工是否具备“创业开拓”的能力很重要。58 到底需要什么样的员工？既然 58 选择了一个干脏活和累活的行业，那么在 58 的字典里就没有“侥幸”这两个字。其实，58 需要的是郭靖这样的人物。郭靖从小就想着要为父母报仇，从小就是肩负着家仇国恨，所以先在江南七怪门下学武，又在全真教学习，跑到草原上天天挨骂，找个女朋友黄蓉天天做烧鸡给洪七公吃，才能向洪七公学习降龙十八掌。郭靖虽然有些笨，但他不停地学，他对目标的坚持、极好的人品、诚恳的学习态度感动了很多老师愿意帮助他。郭靖就这样简单而坚定，扎扎实实，一步一个脚印不断提升，没有任何侥幸和水分，终成一代大侠。

那么，如何才能找到并打造这些实干苦干者呢？第一，在员工招聘方面，58 注重找到有共同愿景的人。对于一定级别的岗位，设置文化面试环节，由 HRBP 和工作三年以上的老员工共同组成，评估应聘者的价值观与公司价值观的匹配程度。价值观的评分项，可以对面试结果一票否决。第二，所有员工入职后，都会参加企业文化培训，并且在一定期限内通过考试。第三，在晋级方面，会对能力和价值观两个维度进行评测。第四，在培训方面，对于高管，有“白头鹰业务带头人培养计划”，对于基层员工，有“信天翁”和“蜂鸟出击”培训计划。此外，还有“领导力”“产品技术”“营销”三个维度的系列培训课程。第五，和很多公司相似，随着企业成立时间越来越长，58面对人员逐步老化，需要进行人员升级的问题。对此，58有一个“火线人才”计划，会给予老员工成长突破的学习培训机会，每个人会有VP以上的领导辅导和管理，并且每个月审核项目的进展。如果项目结束的时候不行，就一定要下课，通过这种方式实现人员升级。

此外，58集团还会提供给主管大量的轮岗机会，以提升他们的综合管理能力，为可能的创业孵化项目做能力储备。因为创业有一个潜质偏科肯定不行，创业是说你可以有一方面特别擅长，但是绝对不能偏科。很多公司很难从内部孵化出新创业项目，可能和主管能力太偏科有关系，特别是在一些大公司，更多培养的是某个领域的专才，而不是适合创业开拓的综合性人才。

在58集团，除了少数创始的核心高管之外，其他很多高管原来都在其他大型互联网公司干过。在其他大型互联网公司工作的时候，得到的就是专业训练、技能训练，就是某个领域的专业能力。比如做产品只懂产品，做数据分析只懂数据分析，是专才，而且不会面临激烈的竞争。到了58以后，从高大上的专才到通过摸爬滚打接地气，要搞明白苦的工作怎么做，怎么做地推，怎么卖广告，从而从高大上的大公司专才转换成接地气的创业型人才。

员工思维：深入血液的赢

在 58 做事，高管们有个共同的感觉，就是很难得到姚劲波的认可，好像做什么事，他永远都不满意。姚劲波是一个勤奋的创业者，从公司起步到上市，再到大举并购，他个人从未松懈过，一直保持着创业者的心态和姿态。58 的核心高管团队都是这样一群人。担任 58 集团资深副总裁、58 房产事业群总裁，一起打下江山的元老庄建东也是如此，在关键时刻挑下 58 安居客房产事业群的担子。陈小华在毕业之后有两次创业经历。

实际上，58 这家公司从第一天起从来就没有对自己满意过。58 集团的愿景是成为人人信赖的生活服务平台，成为中国互联网行业前几位的集团性公司，这是 58 一直没变的目标。在上市之前，58 核心高管团队的心目中就没有只做到几十亿美元规模这个选项。即使在穷困潦倒吃不起饭的时候，只有 50 万元营收，58 核心高管也这样认为。换言之，这粒充满远大抱负的创业种子一旦埋下去以后，整个团队在内心里对自己取得的成就从来是不满意的。不像很多其他公司，上市以后就会觉得我们公司已经很成功了，该退出了。58是真的把上市当作一个新的起点，在和赶集合并以后，在上市以后，还在持续的创业状态中，这是很不寻常的。58团队就是像郭靖一样，自我驱动特别强，不断挑战突破自己。

58集团的核心价值观是“用户第一、主动协作、简单可信、创业精神、学习成长”。体现核心价值观特别是“创业精神”的案例非常多。

2015年姚劲波参加事业部会议，由于有1 000多人参会，会务人员只能订了当地最便宜的有大会议室的酒店——深圳罗湖香格里拉。姚劲波听闻此消息的第一心理反应是：我们的团队是否失去了创业精神？实际上，58集团虽然公司大，但仍然保持像创业时期那样的低成本运营。有一次姚劲波去上海参加投资人组织的活动，会后活动的组织方安排专车送他回酒店，问姚劲波住哪里，他说“汉庭”，组织方感到不可思议。事实上，包括姚劲波本人的58所有高管出差，都是坐经济舱、住汉庭酒店。姚劲波还经常会在飞机上被人认出来，姚劲波从来没有说因为他是一个名人就要求怎么样。在58集团，只要是工作方面的差旅，高管跟普通员工标准一致。有些从外企来的高管觉得自己有其他需求，就会自己去满足，不会跟公司提出来，因为整家公司的文化就是这样厉行节约。

对此，陈小华有自己比较深刻的感受。他认为，公司高管用自己的钱私人出去旅游可以选择好的舱位和酒店，但如果是公司的事情，就要和员工一个标准。这不是喜不喜欢，也不是说有特权，而是觉得如果代表公司和员工出去，这样做心里才会舒服，如果不这样做，会觉得特别难受。陈小华记得2014年和姚劲波去上海开了一个战略发布会，因为会议是在上海一家五星级酒店开的，就在这家酒店订了房，两个人住一间标间，因为没时间到餐厅吃饭，工作人员就订了一桌餐到房间。姚劲波批评了工作人员，工作人员十分委屈。姚劲波说："我们只是在这里开会，为什么一定要住这么贵的酒店呢？"这就是真正深入内心的企业文化的力量，一旦深入骨髓以后，如果和文化不一致，自己的内心就会难受。

举例来说，庄建东曾经给员工留下这么一件印象深刻的事情。当年58在全国开分公司的时候，一家分公司只给20万元的预算，包含了一年的房租和其他物业费用。他叮嘱员工："窗帘、桌子之类的都不要买，拿58的产品和商家去置换就可以。这样一来，商家还能成为58的客户。"

当年腾讯投资58之后，58集团一众高管去深圳开会，住的是腾讯大厦附近的如家酒店。在58的办公室大楼，晚上10点之前，高管们的办公室往往都还亮着灯，而早上9点之前，很多高管办公室的门已经开了……迄今为止，58集团的第一批创业元老，还保持着“不管拿多少工资都认为自己是公司的老板这种心态”，无论公司的什么事都很关心，发自内心觉得这就是自己的公司。

以身作则，把自己当一名创业者而不是打工者——这是58高管心态和思维的集体写照，而这种风格，也会通过日常的点点滴滴逐步影响其他员工。例如，河南一家分公司大晚上停电了，但是员工的工作电话还没有打完，于是他们用手电筒当照明继续打完电话才下班。类似体现创业精神的例子不胜枚举。

我们不谈“狼性”，因为已经太“狼性”

2016年第一季度，58总营收达到2.313亿美元，同比增长165.6%。58已经连续10个季度实现营收超市场预期，平均同比增长速度超过100%。营收的增长来自58的强劲发展。在很多其他公司拼命提倡“狼性精神”的时候，在58内部，已经不太把“狼性”挂在嘴上谈了。因为这么多年历练下来，已经太“狼性”了，“赢”的基因已经渗透到了58人的血液之中。

销售团队占到58集团人员约70%的比例。这支狼性十足的团队，可以说是58制胜的关键，“内部PK（对决）”和“加指标”

是最能体现内部竞争激烈的企业文化的典型事件。每年年初分配任务时，如下两个场景会频繁地在各个事业部发生。

“加指标”：一开始说好的某某团队 1 亿元，团队上去向大家宣誓时会自动地改为 1.1 亿元。各个团队纷纷立下军令状，以加指标更多为荣。姚劲波报一个指标到其他高管那里，新的挑战指标只会比原指标更高，不会比原指标更低，同时要求的成本只会更低。这一切只有当每个人都把自己当成公司老板一样思考时才会这么去做。

“内部PK”：上海和北京大区PK，房产事业群（HBG）和分类信息事业群（LBG）PK，各个团队之间PK。在 58，不PK，无乐趣。不仅要赢，还要赢得PK的奖金带团队去一起“飞”。

正激励、负激励和个性化激励

在 58 集团内部，最高奖项是CEO亲自颁发的创新奖。每年都会有一次评选，但是近几年这个奖都没有被颁发出去，虽然涌现的创新项目并不少，但显然姚劲波对于创新的要求还是非常高的，这驱动着各个创新创业团队继续精进业务，努力“摘星”。

关于正激励，58 内部有一种观点：内在激励比外在激励更能激励团队。外在激励是指以奖金为主的物质奖励，内在激励是指职级的晋升，领导和同事的认可，管理业务范围的扩增，更多的学习机会，甚至把个人提升到参与公司战略层面对话的高度等，更能激发员工的斗志。

所谓负激励，就是令创业者最后坚持到底的激励。在创业过程中，也许多数人的努力并不是由于正激励，而是出于对“沉船”的恐惧——深刻的危机感。处在58这样一个庞大的集团里，如何不让内部创新创业者因为自己处在资源丰富的大环境从而掉以轻心，是58高管们一直在思考的问题。最好的办法是，从机制上做到“彻底的荣辱与共”。拿58集团内部孵化的58到家业务来说，58到家成立第一天，CFO（首席财务官）问要不要给58到家的人全发58集团的期权，姚劲波和陈小华说不允许。原因是，如果58到家的人都有58集团母体的期权，那么员工在58到家干三年，就算58到家公司死了，员工也没有太大问题，因为都持有58集团的股票期权。负激励的意思是58到家的员工必须和58到家这艘船在一起，拿58到家的股票期权，并且不准带救生艇，船沉人就沉。并且，在办公地点方面都和58集团总部在地理位置上分开，彻底改变员工思维，彻底荣辱与共。

所谓个性化激励，是指挣钱多的部门不一定投入最大。比如58现在对于市场成本卡得很死，却依然在资金上支持创新项目转转团队，当时计划在2016年下半年给它投入3亿元。因为转转是个创新产品，也是公司内部看好的一个项目。其他创业创新的团队比如“招才猫”等，享受到的销售激励政策也跟别人不同，这种有针对的资源倾斜就是一种个性化的激励政策。相反，对于那些挣钱多的部门，58集团反而逼着它们去思考如何进一步压低成本，间接促使它们去创新，只有创新才能争取更多的资源。正是这种个性化激励进一步保证了58集团创业开拓组织能力的切实落地。

在58，还有一个和激励有关的“怪现象”——奖金发不出去。集团的激励规则是按照实际业绩来提点作为奖金，供月度、季度、年度往下发放。比如某个事业部或者部门一年算下来有1 000万元奖金，但是实际只发出去700万元，剩下300万元会退还给公司。奖金发不出去有两个原因：管理者对于团队的要求高，就算得到了既定任务的结果，过程不够好也不行；保持适度奖励的原则，团队领导者把自己当作整家公司的经营者来思考。这也是58到今天还能保持低成本运营状态的秘诀之一。

在58集团内部有一句话：要求业绩不是为了业绩，是为了组织能力，正所谓“借事修人”。

容忍内部试错的企业文化

2016年中，58集团决定将58同城上的二手品牌升级为转转，一把将转转推到二手交易市场上数一数二的位置。与此同时，58集团高级副总裁、转转CEO黄炜成为公众的关注对象，也成为58内部人人羡慕的“创新明星”。

实际上，黄炜曾遭遇过多次失败的创业经历：番茄快点、消费者保障计划、违章查询等。原来番茄快点是100%的“体制内创业”，是一个线上点菜平台。从2012年这个时间点来看，智能手机和移动网络的条件还远远不如现在成熟，最终没能撬动商家，没有将这个产品打造成闭环——只能点菜，但是无法将订单派到餐厅。

从心态来看，番茄快点的创业团队并不认为自己在创业。在最后的经验总结会中，团队的人坦承，即使这个项目可以独立出去，他们也不愿意做，那说明这个项目是必然会失败的。当初番茄快点就像一个小组，在架构、期权、激励、采购等方面都没有政策去支撑，这些都为失败埋下了种子。虽然做了一些失败的项目，但是积累了用户和产品方面的宝贵经验，正因为这些宝贵经验，团队才找到了新的创新项目转转，黄炜因此获得了晋升，从无线事业部总经理一路升到了集团高级副总裁以及转转的CEO。实际上，在讨论黄炜第一次晋升的时候，58内部存在争议，有些高管说他在传统业务上并没有明显的业绩表现。但最终团队达成共识，公司更看重和鼓励他带领团队进行的不懈创新，因为这代表着公司的未来。

如果一个产品不代表未来，即使投入再多，也没戏。创业公司的资源是有限的，创业者要永远把精力放在未来。姚劲波介绍说，转转的增长非常快，日活峰值一度达到近100万，每周的新增用户和订单数都保持20%以上的增速。“不管转转能吃多大的蛋糕，这都会成为58的下一个流量平台。”

在绝大多数公司里，哪个部门挣钱多，说话声音就大，但58集团允许犯错，给予创新的人试错的机会，不会因为创新导向的错误而扼杀员工的积极性，这是58引以为傲的企业价值观之一，也为58集团创业开拓的组织能力奠定了坚实的基础。

允许内部试错的企业文化和姚劲波的性格有关系，因为姚劲波本人是一个相对比较民主、比较放权的领导者。姚劲波对创新和试错的容忍度比较高，如果一位CEO对创新试错的容忍度太低，创新是出不来的。

鼓励内部创新和孵化的员工治理平台

在58集团，创新被分为三个层面：公司级创新、事业部级创新、部门级创新。对于内部孵化的项目，一旦立项，就会走单独的绩效激励。单独孵化的项目不管是部门层面的、事业部层面的，还是公司层面的，只要立项，都要评测投入产出比，单独看业绩给激励。

因为刚起步的创新项目前期可能就是什么目标都达不成，如果按照常规的KPI来做，就行不通，所以集团单独给项目负责团队制定绩效激励的政策和方案。比如58内部做的违章查询App，其实就给他们单独匹配了这个团队的绩效，年底业绩达到什么目标就会授予他们多少期权。

为了鼓励内部创新与孵化，58集团还规定，关键的管理者可以出资参与创业项目，由公司划定个人的出资上限。除此之外，公司方面还会按照个人出资额加码出资。在项目的选择上，58集团专门设立了“独立委员会+集团顾问团”的决策机制，以确保公平、公正、客观地筛选出值得投资和孵化的潜力项目。如果项目进展顺利乃至取得大的成功，公司方面只会按照银行利率来计算收益，总投资收益中扣除公司收益后，都是个人投资收益，有力保障了最大受益者是在项目中扮演关键性角色的出资员工。这不仅能激励现有的管理者更好地支持孵化、投资项目，更能够分享成长机会，使个人收益与公司共同成长，并保留住核心管理者。

在这种鼓励创新的氛围以及激励机制的推动下，创新项目争先恐后地出现，涌现了58到家、瓜子二手车这样的公司级项目。据艾瑞咨询2016年7月的数据显示，瓜子二手车7月的月度覆盖量达到518.4万人，成为二手车交易领域月度覆盖量最大的平台。事业部级的创新出现了58心宠、主打O2O招聘的58速聘等项目。部门内的创新则在近期出现了两个代表项目，一个是招聘方面的内部创新——招才猫，主要是面对都市服务业小商户（如饭店或SPA[①]会所等）提供的移动招聘工具，为服务类型的招聘者和求职者搭建了一个能直接在线沟通的平台，目前此项目已经开始全面推广。

在内部孵化创业项目的选择机制方面，58集团是基于自身业务优势进行筛选的。58集团在整体的战略角度讲，一定是一家平台化的公司，因为一旦失去平台优势，就会失去核心优势。58是在平台优势的基础上选择一定的类目做垂直，这些类目一定是足够大的。在这个类目里面，58还是一个平台，只不过是

① 水疗。——编者注

一个纵深化的平台。其中，58 到家是例外，是垂直到底的模式，已经到了C端用户。所以，58 到家最终独立运作。

举例来说，58 的招聘，现在是一个独立事业群，但它依然是一个平台型的服务。58 是一个提供服务的信息平台，通过第三方再为客户服务。在这种情况下，可以让整个 58 大品牌的优势发挥作用。同时，这些垂直纵深的平台业务可以通过 58 集团的大平台进行内部协同，通过全网信息，看到人的消费行为。比如选择招聘产品的人，会不会同时选择二手房。当用户注册后，他的消费行为就被平台观测到了，用户到底会浏览哪些网站、哪些类目，都可以被平台关注到。举例来说，58 金融和其他纯做金融的公司是完全不同的，58 金融是基于前台业务的场景去做金融，比如 58 金融会做 58 房产的月付业务，就是客户通过 58 房产租房，如果跟中介谈好要交三个月或者六个月房租，那么 58 金融可以提供月付业务，58 金融会为客户提供支持。

58 集团目前的架构是前台、中台和后台。前台就是所有的业务群，它们基于小的竞争环境。中台是看大平台上有哪些东西是大家可以协同的，有哪些数据可以在横向维度流转，客户的哪些消费习惯可以被应用。后台是所有的职能团队，全部都是以垂直方式支持所有的业务。

此外，58 集团在治理机制方面的信息特别透明，并且凡事都会用集体决策的方式去做决定。比如对于一个新产品如何去做市场、选哪个明星当代言人，都是大家一起讨论出来的，而不是仅仅由市场部的负责人说了算。这种信息透明、集体决策的机制不仅可以有效降低创业项目的风险，也可以不断提升高管团队每一个人的综合能力，有力支撑了创业开拓的组织能力落地。

对于一个像58这样比较成熟的企业，怎样做内部创新和内部孵化？怎样提高内部创业的转化率或者成功率？姚劲波给出了两点心得：第一，内部创业要派最好的人去做，而不能派闲人，派最好的人去做才有一线胜算；第二，一个阶段，至少一年之内，这个内部创业者只做一个项目，不是二级部门，直接向董事长、董事会汇报，保证内部提供足够的支持，保证资源供应，保证所有部门提供有力支持。

允许人才带领项目独立发展

对于内部认为有潜力的项目和能挑起团队重担的人才，会分别获得更多的资源倾斜和晋升机会。前面提到的二手交易服务品牌转转现在就独立成一个事业群，虽然还很小，但是集团会向它投入大量的人力、物力和财力。

陈小华带领的58到家就是公司级的创新产品，作为之前的

58 集团首席战略官，陈小华掌管着整个 58 集团的战略和投资。原先的 58 同城是一个横向的网站，关键点在于信息量足够大，这种模式可以轻易地被复制到中国其他任何一个城市，而 58 到家的特殊在于，它在横向的平台上进行了纵深拓展，用陈小华的话来说："如果有一天我们要被革命，我们期望自己革自己的命。"

作为 58 集团内部孵化出的 O2O 项目，用户可以通过 58 到家的 App 使用月嫂、美甲、搬家、日常保洁、维修等生活类服务。目前为止，58 到家已经在 40 多个城市开通了约 30 项不同种类的上门服务，其中家政、美甲、速运是 58 到家的三大自营业务，掌控了整个服务流程、定价以及人员的招聘和培训等，其他业务则是以平台模式运营，由平台上的第三方提供服务。

在普遍认为已经进入资本寒冬的 O2O 领域，58 到家仍保持着高速发展的状态，已经把这个领域的许多中小创业型公司甩在背后。截至 2016 年 8 月，作为核心业务的保姆业务营收月度增长 70%，季度增长 4—5 倍，单月营收比行业内一线竞品高了近 70%。同时，58 到家还在不断扩充其他垂直业务，完成了包含洗车、按摩、月嫂等业务方面的多笔投资。

58 到家在争取到完全的话语权的同时，也经历了一些波折，但是结果却被证明当初这一决定的无比重要。姚劲波后来承认，让58到家独立，是一个很正确的决定。在公司管理结构层面，58到家改变得较为彻底，58到家的员工被要求放弃了58集团的期权，与母公司的合作以协议形式展开，80%的员工都是重新从外部招聘的，财务也是独立核算。从形式上，58到家变成了一个从母公司脱胎出来的独立个体，沿用58的品牌，但和母公司保持着相互独立又有合作的关系。58到家在58同城页面上的入口位置是前者融资完以后才加上的，双方还签了合作协议。

陈小华认为，独立是制定自己的战略，走自己的路，自己对自己的成败负责，从员工思维上，独立与不独立存在巨大的差异。在一家已经取得成功的母公司里，不独立的创业容易让团队从意识上产生“含着金匙”的安逸感。

打造核心组织能力的价值所在

从某种角度来说，公司可以分为两类：一是以产品或技术见长，靠创始人把握时代机会，在风口迅速崛起，但是组织能力未必是最强的，时间久了，不是从风口摔下来，就是一直长不大；二是依靠团队的组织能力，最典型的案例就是华为，从交换机代理商起家，再到卖设备、电信运营、解决方案和终端。华为靠的实际上是团队的组织能力，今天把华为任何一个业务砍掉，五年过后华为还是千亿美元的规模。

这就是组织能力的价值所在，即使把主业砍了，有这群人在，有团队的组织能力在，还能再把产品做出来。58 集团坚信做事情靠的是组织能力，而不是靠某一个创始人、某一个天才，因缘际会抓住某个风口，瞬间崛起，他们认定了自己没有那种好机会。58 选择的是“脏活、累活、苦活”，这就像打造组织能力一样，需要逐项克服困难，一步一个脚印地前进，这同时成为公司真正的核心竞争力。

2005 年组建团队的时候，58 同城基本以姚劲波本人决策为主，没有其他合伙人。直到 2007—2008 年，分类信息市场竞争日渐激烈，姚劲波开始寻找公司发展所需要的牛人——每个领域最好的人，做产品的、做技术的、做销售的等。当他找到那些牛人时，就用未来的愿景、创业理想来打动对方，陈小华就是被姚劲波三顾茅庐，直接到陈小华办公室楼下约到见面机会的。58 的其他高管也是在那两年陆续加入团队，并进一步吸纳财务、技术、设计、HR 等专业人才。

直到 58 同城 IPO（首次公开募股）之后，姚劲波看着照片回忆这些人当初是如何进来的，当初见了多少面，每个人背后都是一个故事。虽然 58 已经获得了成功，并且完成赴美上市，但姚劲波一直在反思，他认为当年犯了一个错误——没有在一开始就打造一支相对全面的团队。若是到了现在这个创业环境里，优胜劣汰加速，再犯这样的错误，基本上是没机会了。就O2O行业里的公司来看，晚一个季度、早一个季度，死的可能就是你，你能够融到资，订单量超越对手，就能更快地进入更多城市，而这些对团队的要求是极高的。

如果没有当年彻底反思之后引入人才的那一步，可能就没有今天的58。“为什么‘个人战斗’这个词见不到了？就是因为个人战斗有天然的局限性。”姚劲波认为，个人战斗能真正把公司做到比较大的规模、做到上市，还依然活跃的公司不多了，很多都在一波一波的创业浪潮里消失不见了。

2016年是58集团关键的一年，在一连串大幅度的投资并购之后，人员数量的骤增带来的挑战，成为一个必须要谨慎、长远考虑的问题。2016年开始，58的人员要再次升级，因为58已经从一个单一品牌的分类信息网站，变成一家拥有多个品牌同时运营的集团化公司。企业文化和价值观被冲淡和稀释已经在所难免，所以从员工思维着手去打造整个集团的组织能力，是当务之急的目标。

“未来还会有变化，58唯一不变的就是对未来趋势的把握和一支很强的团队。”姚劲波说。

亮点导读

过去几年中，全球集装箱海运市场前景不甚明朗。航运运力过剩、全球贸易量下滑成为常态，被称作航运物流业“西南航空”的海丰国际却实现了逆势上扬。2015 年全球经济航运处于低谷之时，海丰国际的业务量增加了将近 5%，净利润增加了 20%，达到 1.42 亿美元。2016 年更成为全球盈利最多的航运公司。

如果说“海陆一体化”的独特业务模式是海丰抵御外在风险挑战的撒手锏，那么一个高管队伍 6 年仅 1% 的离职率的大型组织，显然有其修炼内功的要诀。

以高效率和客户导向为组织能力的海丰，如何通过选才、荐才、留才来降低人才的重置成本，让企业减少前进的阻力，像灵活的机器一样顺畅运转不掉链子呢？

孟子曰“无恒产则无恒心”，新加坡国父李光耀提出过“居者有其屋”的口号，海丰又是如何做到以恒产换恒心的呢？

一个大企业的老总，如何能做到每个月在外飞行 20 次，公务电话寥寥不说，回到公司之后，也没有成群结队的副总和员工排队汇报、送批文件呢？

当员工犯了错，为什么海丰的高管们不责罚反而要奖励呢？

……

提高企业的组织能力，没有做不到，只有想不到！

——杨现祥　海丰国际董事局副主席兼首席执行官

海丰国际：打造航运物流业的“西南航空”——通过“留才”塑造高效组织

“海丰国际不是一家传统意义上的航运公司，也不是一家传统意义上的物流公司。”这是海丰国际董事局副主席兼首席执行官杨现祥对海丰的定义。这是一家全球唯一的，将陆地业务和海上业务结合起来的航运物流公司。

成立于1991年的海丰国际控股有限公司，是目前中国最大的非国有航运物流公司。2010年，海丰成功在香港联交所主板上市。目前，海丰国际下属航运集团和物流集团两大业务板块。

2008年金融危机以来，全球范围内的传统航运公司都处于低迷状态，受美国经济复苏缓慢、欧债危机等影响，全球航运需求疲软，运力过剩导致市场竞争激烈，运费收入面临压力，加上燃油成本一直高位震荡，航运公司普遍在艰难的环境中运营。传统意义上的物流公司也面临类似的窘境，物流难做、做不大，且赢利能力很弱。

在这种对比之下，海丰国际上市以来，每年的业务量不断增长，净利润也呈上升趋势。2015年全球经济航运处于低谷的时候，海丰国际的业务量增加了将近5%，净利润增加了20%，达到1.42亿美元。

2016年5月，在由Capital Link主办、哥伦比亚船舶管理有限公司和上海森海海事服务公司协办的首届中国航运论坛中，唯一的一个奖项“中国航运论坛杰出领袖奖”颁发给了杨现祥，是对海丰国际出色的赢利能力和卓越的企业管理水平的认可。

海陆一体化的独特业务模式

那么，是什么因素使海丰国际在这种大的经济背景下能够取得这种业务上的突破?

“归根结底，我觉得第一个是赢利模式，第二个是效率。这一切实际上都来自组织能力，组织能力坚强的后盾使我们的效率得到了提高，使我们的赢利模式得到了保障。”杨现祥如是说。

航运公司通常的赢利模式是花钱买船或者租船，并通过运营创造价值。这种模式依靠资本驱动，钱多就多买船、租船。这种模式的缺点是周期性很强，市场好就跟着赚钱，市场不好就会严重亏损。物流企业也一样，物流企业拥有仓库或者车队，要有好客户当然就能做得好一些，客户不好就做得差一些，一般是量身定做。如果仓库是危险品仓库，那就只能找危险品客户，做服装纺织则要找服装纺织客户，而大宗商品铜铁矿就只能做大宗商品客户。

一般的航运业务是分开的，海上只做海上，陆上只做陆上。海丰是全球唯一把陆地业务和海上业务相结合的一家企业，打通了海上业务和陆上业务，互为辅助，互相服务。

海丰“海陆一体”的业务领域涉及集装箱班轮运输、船舶管理、船舶经纪、国际货运代理、拼箱、项目物流、物流配送、报关、仓储、集装箱堆场、码头、船舶代理、散杂货等，是一套关于航运物流的整体解决方案。

海丰业务模式的第二个特点是聚焦，业务聚焦在亚洲区域，持续精耕细作。作为“中国—日本航线”领先的集装箱航运服务供应商，海丰于2003年开辟了中国到东南亚国家的集装箱班轮服务。如果以运力计，海丰也是“中国—越南”“菲律宾—越南”的市场领先者。

业务模式听起来或许不复杂，难点在于把海陆两块打通。陆地所有的地面设施都得自己持有，或者自己掌控，才能做到门到门服务。“对于企业而言，这种业务模式要靠很强的组织能力来做保障。”杨现祥表示。

为什么高效率和客户导向是海丰国际的组织能力

传统的海上运输业务，通常只有一周一个航班或者一周两个航班。但海丰追求的是在亚洲区域内“做到极致”，即满足客户对于“方便、快捷、安全”的需求。

一般而言，航运或者物流企业以为客户最需要的是低价，但海丰通过一年多的客户调研以及内部讨论，得出客户需要的是“方便、快捷、安全”。

因此，海丰摒弃了传统意义上航运公司“一周一班”的惯常做法，力争高密度、高频次提供服务。例如，从上海到日本，海丰每周二十多个航运班次，平均每天至少三班，颠覆了以往的低频运输模式。如此一来，一旦客户选择了海丰，就很难再易主，因为当整个供应链都按照海丰的模式来安排时，更换服务商的成本会越来越高。

比如，一家在中国生产汽车的公司需要从日本进口零配件，企业生产的商品每周运往日本一次。在过去“一周一班”的运输频次下，企业需要找到足够容纳一周零件用量的仓库，而且要一次支付一周数量的资金，进出库费用支出也相对庞大。但每天有三个航运班次之后，就能实现零配件随时生产随时运输到中国，连仓库也可以避免，两端的成本都被压缩，不仅节省了成本，也节省了资金。一周一运的资金量与一天一运、一天一清相比，劣势太多，对于需要资金流转的企业很不利。

尤其在可能遭遇气象灾害的海上航运中，还存在不稳定因素，万一台风导致货船无法靠岸，那对急需货运物资的生产企业来说，将会带来可怕的连锁反应，收不到货或将面临停工。

但实际上，不是任意一家航运物流公司简单通过增加航运班次就能创造同样的成功。

第一，需要打造海丰的“海陆一体化”业务模式。船靠岸之后包含船舶代理、货运代理、通关代理等，都是海丰独立完成。这就好比，不能想象光有飞机而在陆地上没有卡车的UPS（联合包裹）公司如何能够空陆一体化。

第二，需要统一的船型。廉价航空的鼻祖美国西南航空，是全美乃至全球航空业学习和借鉴的对象。从1973年开始，这家航空公司连续赢利四十多年，创造了全球民航史上的奇迹。航班频繁、票价低廉且所有飞机都只有一种型号——波音737。这是全球运营效率最高的航空公司之一。

恰如西南航空，海丰的船舶几乎都是同一型号，可以互相替代，一旦有船舶出现意外问题，其他同样型号的船舶可以迅速替代上来，不会带来诸如“能装1 000只集装箱的船和能装500只集装箱的船互不匹配”的问题，让客户感觉到服务的稳定和有序。

清晰的战略定位和持续打造匹配战略的高效率、客户导向的组织能力不仅为海丰，也为海丰的客户创造了巨大的价值。杨现祥认为：“如果说一家公司对于自己能走到今天的原因都不清楚，那对于未来如何发展、道路怎么走，也是不会有清晰规划的。组织能力就是企业持续、高效的赢利能力。不同的企业有不同的商业模式，不同的商业模式需要不同的组织能力。”

人才管理的第一步是先“建模”

组织能力指的不是个人能力，而是一个团队发挥的整体战斗力，是一个团队（或组织）竞争力的基因，是一个团队在某些方面能够明显超越竞争对手、为客户创造价值的能力。

明确了组织能力，就等于有了共同的目标。如果领导和下属之间的目标不一致，就好比有人向主峰进攻，有人向侧翼进攻，最后主峰和侧翼都攻不下来，因为组织内部像是一盘散沙，这在中国的公司里其实是很常见的问题。但是在海丰，各项管理工作的焦点都是围绕海丰的组织能力而进行的。

打造组织能力的第一个维度就是员工能力，通过员工胜任能力模型、招聘、培养、人才保留、淘汰、外借等方式来打造支持战略的组织能力。

在海丰，为明确各岗位所需的知识、技能和素质，保证人才的各项能力与其所服务的岗位相匹配，海丰在每个岗位都建立了胜任能力模型，经评定符合该岗位能力模型的人才方可就职该岗位。

海丰通过核心高管团队一起讨论制定了每个岗位的员工胜任能力模型。曾经有一次，海丰内部的报单员岗位出现了人员不稳定的状况，杨现祥和高管经过讨论，将学历要求从本科降为大专，这是因为，考虑到报单员岗位有许多重复性工作的特点，本科学历的员工从事时间一久就会心态不稳，而大专学历的员工也能胜任这个岗位。

如果仅仅是让HR以原来的标准不断补充新人，而不是从设计好合理的员工胜任能力模型入手，那可想仍会重蹈覆辙。

员工胜任能力模型的创建也帮助海丰理顺了人才招聘的集团管控问题。当海丰还在成长初期的时候，招聘事项由总部统一处理，后来慢慢发现这存在一定的弊端。海丰下面有100多家分公司，每家公司的实际情况都不尽相同。当分公司都声称缺人的时候，总部是否应当一一去满足需求呢？

对于这类问题，海丰的解决之道是将所有分公司进行横向比较，计算出每家分公司的人均产出效益，人均产出效益低的公司自然不好意思再提招人，而会参照其他分公司的效益“倒逼”自己内部的调整，包括调整流程、工作量、岗位分工等，总部需要做的仅仅是宏观上的把关，就是建立起一个“岗位职责和员工胜任能力模型”。

有了统一的工具之后，招聘的成功率就有了相对科学的保障。海丰的招聘理念是，保证招聘的人百分之百合格不现实，但是通过运用工具可以保持80%—90%的招聘合格水平。

集团管控是困扰很多集团性公司的问题。集团总部和分公司之间常常会产生大量扯皮、推诿、过多文牍汇报工作等管理上的内耗，而海丰通过各分公司人员管理效率情况的对比排名，以及统一的员工胜任能力模型等人才管理工具，有效地解决了管理内耗问题，做到了集团人才招聘的高效率。

留才有方：六年1%高管离职率的秘密

自2010年到2015年的六年间，海丰的前100位高管的离职率为1%，只有一位高管离开了海丰，而且这位高管是因为回到自己的家族企业接班而离开。1%的高管离职率在目前人才流动这么频繁的社会环境中实属少见。除了高管人员，海丰的中基层人员也很稳定。那么，海丰到底做了什么留才措施，才有如此好的人才保留效果？

有些企业领导者认为，人员流失不可怕，大不了到市场上重新招聘，换人就可以了。但杨现祥对此有不同的理解，他提出了“人才重置”成本的概念。

理论上人才是可以被替代的，但是人员的流失和替换过程，会给企业带来“人才重置”成本，影响企业运营的效率。一个岗位培养合适的人才需要一定的时间，换一个外部招聘的新员工来接任需要花时间从头熟悉公司、业务和流程等，这就带来了人才重置成本。同时，人才频繁流失，会导致产品服务链上每一个环节的内耗增多，就如同机器一样，加了油也跑不快的车一定是某个零部件出了问题，要么是传动系统，要么是发动机系统，要么是轮胎有状况。当价值链条上的人才磨合工作导致的摩擦力增大，一家企业会不知不觉被拉低效率。所以，员工的离职率高虽然看起来不是致命问题，因为人员可以替代，但实际上会降低企业的效率和整体竞争力。

根据杨三角理论，留才的关键在于防范，决定员工是否留在公司的因素主要有以下四点。

（1）对现有工作的满意度：在目前的岗位上我做得满意不满意？

（2）未来的发展空间：我未来在公司的发展前景如何？值不值得留在公司3到5年？

（3）离开公司的代价：如果我离开需要付出什么代价？

（4）竞争对手提供的待遇：对方公司提供的薪酬待遇是否足够吸引我？

除了第四个因素是企业不能控制的，其余三个都是公司留才的关键因素。

提升员工满意度：海丰稳定军心的第一步

杨三角理论认为，有两类因素影响员工对现有工作的满意度：基本因素或者保健因素（hygiene factor）和激励因素（motivation factor）。如果公司处理不好基本因素，员工会非常不满，而激励因素可以激励员工在工作中做得更多、更好。

组织能力的建设过程中必须使从上到下的所有人都切身感受到带来的益处，才会积极响应并自发去推广。在基本因素的层面，海丰在许多看似细枝末节之处为员工做了以下一些事情。

班车

以海丰在上海的公司总部为例，公司前些年在现在所在的地理位置购置了办公楼，而此前公司位于交通发达且便利的陆家嘴一带。为了解决办公楼距离地铁较远、员工上下班不方便的问题，海丰为员工设立了专门的“摆渡车”，专门在离公司最近的地铁站与公司之间，以固定时间的班车接送员工上下班，既能解决“最后几公里”的交通问题，刮风下雨天为员工带来方便，最重要的是，员工为了赶固定发车时间的班车，也会自发地调整上班时间：要么准点到，要么晚到后自己想办法去公司。打车或者走路都会带来经济成本、时间成本，权衡之下，员工自然会做出对自己有利的选择，而这恰恰在一定程度上为公司减轻了员工迟到问题带来的烦恼。

食堂

不仅为员工解决交通问题，海丰还想到了早上的就餐问题。大城市里的员工通勤成本较高，早晨一般都是匆匆忙忙出门，考虑到员工没时间买早餐、地铁禁食等原因带来的吃早餐不便等问题，海丰为员工提供免费早餐，但前提是赶上班车才能赶得上餐点，对就餐时间设了限制，迟到的员工无法享受免费早餐。

可以看出，在人才保留的保健因素方面，一方面，海丰站在员工的实际情况出发，给员工提供了很不错的工作环境。并且，在员工思维导向上，正面引导和正向激励。只有准时上班的员工，才能享受免费班车和早餐。在员工上班不迟到这件日常管理工作上，通过正面引导和正向激励，大大简化了日常管理工作，提升了员工的工作效率。

另一方面，在和员工相关的事情上，海丰把员工当作“内部客户”来看待，高度重视员工的参与，做到内部客户导向。很多管理制度都广泛征求员工的意见，比如定制统一商务衬衫，发布问卷调查，这些举措都能增进员工的参与感和认同感。

史蒂芬·柯维博士在《高效能人士的七个习惯》中讲到了员

工参与的价值。他在书中说，“唯有参与，才有认同；唯有认同，才有执行”。移动互联时代，企业应高度重视员工甚至用户和粉丝的参与感。比如，小米公司把帮助公司成长的最早一批100名用户粉丝称为小米的“梦想赞助商”，并为之拍了一部非常感人的微电影《100个梦想的赞助商》，同时把他们的名字放在第一款小米手机的开机界面上，就是一个打造参与感的极佳案例。

薪酬和奖励

相较于保健因素，激励因素可以激励员工在工作上做得更多、更好，包括上司的鼓励、关心、信任、授权，以及最为直接和实际的奖励认可等。相对于很多公司视员工薪酬体系为避而不谈的敏感话题，海丰在薪酬体系方面设立了调查问卷，以便更直观地了解员工对薪酬的满意程度，便于进一步建立完善的绩效薪酬体系。

海丰的薪酬结构主要由岗位工资（基本工资+绩效工资/计件工资）、补贴、绩效奖金、利润增长奖金四部分组成。其中绩效工资、绩效奖金、利润增长奖金均与绩效挂钩，体现了员工利益和公司利益相一致的理念。公司利润增长得越多，员工拿到的奖金就越多。

除了奖金体系之外，海丰还设立不同维度的奖项。比如，海丰设有项目奖励和里程碑奖励，项目奖励指某项目在团队共同努力下圆满完成，给予团队成员的奖励，如海丰上市项目、系统上线项目、业务拓展项目等。里程碑奖励指某团体（部门、公司、业务集团）共同实现或完成里程碑式的目标，给予团队成员的奖励，比如员工成功地让某一艘航运轮船实现了前所未有的装货量，海丰也会给予激励，不断地鼓励员工发现、到达里程碑的心态。总之，只要公司业务上有好的进展，关联的员工就会得到奖励。

在员工出勤管理方面，不同于有些公司热衷于扣减缺勤员工的工资和奖金的做法，海丰的做法是设立全勤奖，打造正面导向的激励氛围。

另外，还有各个层级的年度优秀员工评选，除物质奖励，还有公司内部公示、年会接受颁奖、培训晋升等优先奖励。对于有创新或表现突出的员工，海丰还设立了“年度董事长特别奖励评选”。每年一度的“海丰奥斯卡”颁奖典礼也让优秀员工感到荣耀。

海丰还有各种各样的员工补贴。当员工被调驻外地，会给予调驻补贴，在这个基础上又衍生出眷属补贴和探亲补贴，既方便驻外的员工维护和谐的家庭关系，以专门的名义来发放补贴也是一种提醒，当员工领到眷属补贴和探亲补贴时，会想到用这笔钱去做相应的事情。如果有子女的员工带子女一起被派驻海外，海丰还专门给予其子女海外上学补贴，以此鼓励那些年轻员工能够在海外安心无忧地工作。

给人才赢得更多的未来发展空间

除了对现有工作的满意度之外，影响人才去留的第二个重要因素就是未来的发展空间：我未来在公司的发展前景如何？值不值得留在公司3到5年？对自身要求越高、越渴望成长的高潜力人才就越是看重公司是否能够提供高速发展的事业平台。

而且，越是出色的人才在人才市场上越抢手，越会有相对多的外部选择机会。所以，海丰意识到，想要留住人才，必须给予他们在企业内部的未来发展方向的引导和规划，提供提升能力的具体方法及好的发展机会。

培养后备梯队人才，打开晋升通道

海丰首先成立“海丰国际梯队建设管理委员会”，由委员会成员讨论确定“主管、经理、总经理”三个级别为关键岗位，并针对该三个岗位，讨论确定了“梯队后备人才选拔和培养模型”，通过模型进行后备梯队人才的选拔和对后备梯队人才进行定向培养。

当一家企业变大之后，管理者就很难认识、深入了解每一位员工。而且越来越多的中国企业向海外扩张，如果要选拔人才去开拓海外市场，就很难采取小企业时期的做法，能够迅速让公司足够了解员工的特点和才能，“人才梯队模型”工具的重要性和科学性就体现出来了。很多企业在做大之后，领导容易犯一种想当然的错误，让秘书去做管理或将亲近的从属任意安插到自己认为合适的岗位。为此，海丰制定了周详的模型来避免这样“一叶障目”式的人才选拔制度。

通过选拔模型来选拔人才，不能保证100%的决策准确，但是能够使决策准确的概率最大化，并且能够保证不犯低级错误。

内部荐才

为了充分挖掘企业内部的人才，除了利用“人才梯队模型”这样的工具，海丰还非常鼓励内部荐才。当人才被疏漏，或不被委以重任时，个人价值得不到发挥，就会变相迫使其另谋高就。在企业里，往往有些领导者不喜欢举荐手下的贤能，或出于好员工舍不得贡献出来，留作自用的心态，或出于不想让手下人在职位上高过自己的私心等。这些都是企业中导致人才流失的一些普遍现象。

在工具出现之前，海丰就已经用奖励的形式鼓励荐才了，有了工具之后，就有了更稳妥的保障。一旦内部形成这种氛围，会对人才的选拔带来极大的便利。比如海丰在上海的总部就举荐出了不少人才去外地轮岗，担任总经理级别领导的平级甚至更高级别的职位。

大到整个企业或者小到一个部门，如果人才济济，效益也高，那必然是领导有方。如果领导还愿意把手下的人才推荐给其他新部门或者分公司，那不仅说明这样的领导本身是帅才，同样会有更高的晋升空间。反之，一直压着下面的人才，不给他们成长的机会和空间，导致人心涣散，因此所创造的价值和效益不尽如人意，那领导本人很难有多好的晋升机会。在制度和氛围的作用下，形成良好的内部荐才通路，对企业而言是一种内部生态系统的良性循环。

轮岗

在海丰内部，轮岗是提升员工能力的一大特色，也为人才保留带来帮助。轮岗的目的是让员工更全面地了解公司业务，养成换位思考的思维习惯，且培养起胜任不同岗位的能力，而不仅仅是了解局部。尤其是海丰这样有冗杂流程的行业，强调每一环节的精准和无缝对接，如果员工只考虑自己那一环节的工作，而没有兼顾整个流程的全局意识，就容易拉低效率，因为一旦某一环节出现问题，会带来多米诺骨牌效应般的麻烦。

为了鼓励对员工进行多岗位和跨地域轮岗，以使员工的知识和能力结构经过多岗位学习后连点成线、连线成面，成为拥有多方面能力的全方位人才，海丰对于跨地域轮岗会给予相应的调驻补贴（住房补贴、眷属补贴、探亲补贴、子女教育补贴、一次性搬迁补贴等），以解决员工异地工作的后顾之忧。

敢用年轻人

企业的发展要依靠员工的斗志，尤其是年轻人的斗志。自豪感和成就感，对年轻员工而言都是不可忽视的驱动力。海丰在 20 世纪 90 年代刚起步时，就敢于派遣 20 岁出头的人去海外做总经理，而杨现祥本人 24 岁就已经成了部门经理，掌管着公司的主要业务。相比之下，现今一些企业在任用年轻人才方面显得过于谨慎，更倾向于任用那些年龄和阅历比较资深的员工。海丰在任用年轻人才方面显得不拘一格，即使是毕业才三年的员工，也敢于外派独当一面，对于工作时间更长的员工，也不吝于给予他们任用机会。看人看优点，用人用长处，不以年龄和阅历论才能。

无恒产则无恒心

海丰从青岛发展壮大而来，早期从青岛往上海扩张时，一些年轻领导被派往上海长期工作。正如海丰的业务特点，陆上有仓库，海上有船舶，基于这些恒产做服务经营，长驻的人才要保留下来，无非是在当地置业安家，孟子说过“无恒产则无恒心”。海丰为了留才，通过给予员工补贴的形式协助他们在上海购置房产，而对于派驻海外的员工，同样会提供类似的置业建议。在海丰，秘书和司机都被劝说买了几套房，在房价攀升的近些年里，这些员工都已经实现了资产的快速升值。

历史上，新加坡刚建国时面临严峻的“屋荒”，李光耀提出了“居者有其屋”的口号，旨在让国民拥有恒产，并向低收入者提供廉价房屋。这个计划留住了人，也确保了工业所需的劳动力。仅仅几十年的时间，李光耀就把国家从一个贫困的渔村建设成“亚洲四小龙”之一。

海丰的员工除了拥有本地房产这个“恒产”之外，也拥有公司股份这个和公司命运更关联的“恒产”。海丰在改制的时候，实行了全员持股机制。由于海丰这些年的业绩不断攀升，2010 年上市之后，每年两次分红，持股员工都实现了财富倍增。

通过以上种种留才措施，不管是对当前工作的满意度，还是打造未来职业发展的空间，以及通过恒产促成大家绑定在一起发展的恒心，海丰成功实现了卓有成效的人才保留局面。持续稳定的海丰团队，大大降低了“人才重置”成本，有效支持了海丰高效率组织能力的落地，使得海丰的高效率可以不断优化，做到极致。

以人为先的PSVD价值观

海丰对员工非常重视，价值观——PSVD的第一条就是People（人）。

有了人，才能够提供Service（服务），才能做好产品。然后才能有Value（价值）创造，创造了价值才会有Development（发展）。个人要发展，公司要发展，客户要发展，大家多赢后再回馈给员工，形成一个良性循环（见图3–1）。

在这个“以人为先”的价值观的指引下，公司任何管理制度都不能违背价值观，都不能违背“以人为本”的原则，就可以避免犯错误。什么叫作以人为本，除了优先考虑人之外，海丰也非常强调人的参与感。公司很多管理制度的出台都会先做员工问卷调研。

就连定制衬衫这种“小事情”也会做问卷调研。杨现祥解释，这是为了对管理战术进行查漏补缺，看看是否还有管理层没有注意到的问题，更重要的是给员工更高层面、更深层次上

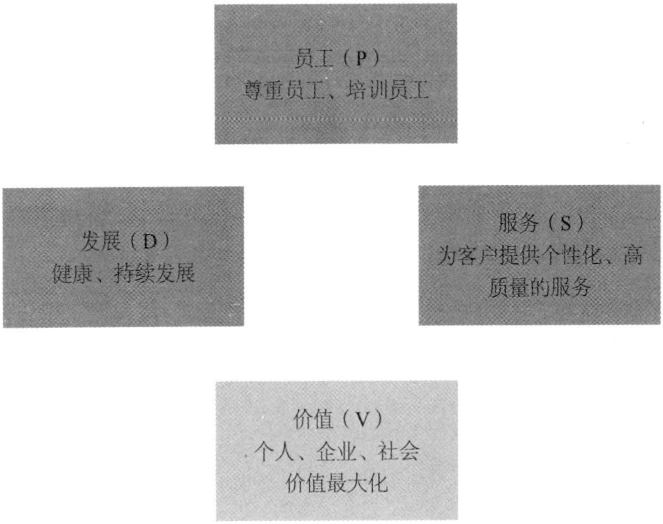

图 3–1　海丰的PSVD价值观

的参与感。任何一项涉及员工的新制度的出台，都需要有一个与员工协商和沟通的过程，而不是直接将新制度扔下去执行。

当员工出错之后

“任何人都可能会犯错，作为领导团队，要允许员工犯错，没有员工是存心想把事情弄糟的。”杨现祥认为，在员工所犯下的形形色色的错误中，企业要追溯到管理制度和工作流程等方面的提升与改善，系统性彻底解决问题，而不是简单地苛责员工个人。

例如，由于海丰的海外业务繁多，企业报价涉及美元、日元等不同币种。曾经有一名员工，在给日本客户报拖车费用时少写了一个小数点，把700美元当作7 000美元报了出去，造成了不小的经济损失。在建议处理这名犯错员工的声音中，杨现祥组织大家开了一场会，分析她为什么犯错，类似的错误是否会有其他员工再犯，是否企业对于新员工的培训不到位，能否彻底解决这样的问题……由一个无心之失的错误开始，回溯企业的内部制度并倒逼调整措施，比将犯错员工拉来处罚一通来得更有意义。

类似的事例还有很多，某次一名员工在管理一条航线的过程中好心做了错事。一艘从日本开到国内的船舶正着急赶班期，这名员工自作主张撤下了一只本来要一起搬运上船的空集装箱，从而节省时间，让船准时到了国内。结果这只空集装箱是特地要运到上海另作他用的，这名员工的好心对其他部门的工作造成了影响和损失，因此企业内部提出对其进行处理。

但杨现祥认为，这名员工的出发点是让船舶准时到达，服务好客户，在不损货的前提下撤下空集装箱，是一种责任感的体现，只是制度流程中的灰色地带使她的好心造成了糟糕的局面——没有人告诉她这只空箱子是有用的。可见，这是跨部门协同方面出现了信息不对称的漏洞，也说明公司的治理存在问题，需要优化管理体系，不能一股脑儿归咎于员工。最终，这名员工非但没有被批评和处理，反而受到了通报表扬。

管理大师德鲁克说："管理的本质是激发员工的善意。"试想，如果那名抱着关心企业利益初衷的员工因此而受到责罚，以后会独善其身，不再多管"闲事"。

高效精简的员工治理体系

为了打造高效率的组织能力，员工治理中的组织架构设置必须支持高效率的组织能力。不同于很多其他公司设置了复杂的组织架构，设置了很多副职的岗位，海丰的组织架构非常精简。

海丰没有副职的岗位设置。每家子公司只有一把手，没有副职。在改制以前，海丰大概有8个副总裁，每一个副总裁分管的企业有3到5个，每一个副总裁的想法和管理的严格程度都不一样，在业务开展层面容易导致不平等，也容易产生子公司或者部门之间的壁垒。由于海丰的业务链条非常长，涉及海上和陆上的航班、拖车、仓库、报关、船舶代理、货运代理、船包管理、法律等，一旦内部"打架"，那么整个业务链条就会乱套。

于是，海丰取消了副总级别的设置，并且严控人员编制。一般像海丰这样规模的上市公司，可能需要三五十到上百人的人力资源团队，而海丰总部人力资源部门只有十几个人，包揽大小事务，也能做到井井有条。

用杨现祥的话说，人多了会制造事情出来，不符合高效率原则。经过多年积累和不断迭代优化，海丰制作了300多页的《管理制度汇编》，详细明确了企业管理的各项规定、职责和权限，让各位负责人在自己管辖的范围内自己决策，各司其职。

很多中国企业更多是靠“人治”来管理，所谓“管理靠吼，业绩靠酒”。老总出差在外时电话响个不停，甚至连备用手机都用到没电。逢出差回来，副总在门口排队，逐一进来汇报审批……在这些常见的场景中，老板没有意识到的是，他们自身或许就是企业高效运营的瓶颈所在。如果说，在企业规模小的时候，这种影响还不明显。随着企业规模扩大，企业暴露的负面问题越来越多，后劲也会渐渐不足，老总会被迫越来越勤奋，但即使每日审批到深夜，也许对于带领企业突破瓶颈仍无效用。

正是因为公司治理得井井有条，所以杨现祥现在可以放心地在外面寻找更多的商机。即便一个月要在外面飞20多次，也不会担心公司“着火”。

“很多时候，领导是因为干了很多不该干的活，所以使得自己很忙。在管理中，不要把真正属于CEO的本职工作忽略掉，扔了西瓜去捡芝麻。”杨现祥对此深有感悟。

除了组织架构、权责、业务流程，信息系统也是员工治理的一项关键组成部分。移动互联时代，海丰的业务跨区域、跨国际，单项业务的运营可能涉及全球几十个国家，几十个城市、上百个点同时在为一个客户或者一个产品运营，没有强大可靠的信息系统根本无法实现。

在杨现祥看来，中国企业在打造信息系统时最常犯的错误是“买买买”，有些企业甚至不惜花费几亿美元重金去买国外的系统。独有的海陆一体的业务模式决定了海丰无法买到各方面都符合自身特点的信息系统，所以海丰为自己量身设计了一套系统。

过去，从印度尼西亚发起一项需要海丰最高决策者审批的文件，需要流经不同的业务体系和国家，造成效率低下。而现在，一部智能手机就能帮助杨现祥即时处理完几乎所有事务，包括审批和签字。

虽然海丰的业务量一直在增加，但实际员工数量反而在减少，信息系统带来了生产力的释放，效率随之得到提升。

企业的突破实际上是CEO的突破

一家企业能够从1亿元做到10亿元，从10亿元到100亿元，企业的蜕变突破实际上是企业家本人的蜕变突破。经历了海丰从一家名不见经传的小公司到百亿上市企业，杨现祥对此感受很深。他认为，作为企业家，要想带领企业突破成长瓶颈，第一，要大处着眼（Think Big）。就是要想大的事情，想未来的事情，五年以后、十年以后会是什么样子，不能只关注今天。今天的一切都源自几年前的努力。仅拘泥于今天，几年后哪有什么未来。

第二，要小处着手（Act Small）。脚踏实地，从一点点开始做。组织能力的打造是一件精细活儿，领导一定要重视，亲自参与。少和客户吃一顿饭并不一定会影响公司的业务，可以把和客户吃饭的时间用于公司内部的组织能力打造上。

第三，要敢于用人。用人要扬其长，而避其短。要清醒地认识到，领导并非最聪明的人，决策未必最正确。术业有专攻，要相信员工的潜能，而不是既想要结果，又要抓过程。恰如上了战场的士兵，该专注于战斗，而不是时时刻刻向将领汇报。

在全球航运业一片狼藉的背景下，海丰还能一枝独秀，保持增长趋势，一方面是找准了自己的商业模式定位，创立了独特的海陆一体化物流服务；另一方面，是经过多年努力，打造了强大的“客户导向”和“高效率”的组织能力，才使得今日能够逆势飞扬。

附录　海丰的工具箱

海丰的DNA

起初，为了找到与海丰相匹配的组织能力，海丰在公司内部发动员工进行了"寻找企业DNA"的活动，先后进行了三轮讨论，最终确定了企业的六项DNA：聚焦战略、团队、执行力、高效率、风险控制和客户导向（见图3–2）。

海丰为什么会成功？请按重要度从高到低进行排序

项目	高管专题会排序	员工调研排序	最终讨论结果
聚焦战略	1	1	1
团队	2	2	2
执行力	3	3	3
高效率	4	4	4
体制	5	5	删除
风险控制	6	6	5
补充内容		客户导向	6

图3–2　海丰的企业DNA问卷

在这六项DNA中，聚焦战略是战略层面的定位，高效率、客户导向是海丰关键的两项组织能力，有效支撑战略落地。同时，通过组织能力的打造，得到有战斗力的团队和超强执行力的结果，而风险控制是企业生存的基本要求。

海丰国际岗位职责和胜任能力模型

在表 3–1 中，除了面试是人工打分，绝大多数是计算机进行系统打分，海丰总部所做的就是先为不同的项目设定“合格分”。也就是说，通过计算机考试之后，只有超过“合格分”的人才能进入下一轮，能适合岗位模型的人才能进入面试环节，起到了筛选作用。

表 3–1　海丰的员工胜任力

<table>
<tr><td colspan="3">岗位名称：</td><td colspan="2">所属：体系—公司—部门</td></tr>
<tr><td colspan="3">直属上级及考核人：</td><td colspan="2">直属下级人员：</td></tr>
<tr><td colspan="3">协同考核人：</td><td colspan="2">岗位定员：</td></tr>
<tr><td colspan="3">岗位聘任：</td><td colspan="2"></td></tr>
<tr><td colspan="5">岗位职责</td></tr>
<tr><td colspan="5"></td></tr>
<tr><td colspan="5">胜任能力要求</td></tr>
<tr><td>学校：</td><td>学历：</td><td>专业：</td><td>专业/资质证书：</td><td>外语水平证书：</td></tr>
<tr><td colspan="3">网络测评</td><td colspan="2">面试</td></tr>
</table>

（续表）

潜能	事业驱力		感知与偏好			能力			职业素养		
其他：											

绩效考核					
考核项目	具体考核指标	分值	打分标准	完成情况	考核分数
业务量/工作量/营业额		指标分值权重由各公司自行确定			
效益/效果					
效率					
尽职尽责					
协同增效					
绩效考核总分数： 满分 100 分					

海丰的薪酬结构调查表（见表 3–2）

表 3–2　海丰的薪酬结构调查

---

1. 请问您目前在海丰属于以下哪一级别人员？

□工龄 2 年以内的普通员工　□工龄 2—5 年的普通员工

□工龄 5—10 年的普通员工　□工龄 10 年以上的普通员工

□主管　　　　□经理（含经理助理、副经理）

□总经理及以上（含总助、副总）

2. 请问您在海丰工作期间，是否为能够成为海丰大家庭的一员而感到骄傲？

□是　□否

3. 请问您目前是否有离开海丰，另外谋求新的发展机会的想法？

□是　□否

4. 请问您目前是否愿意接受轮岗，更换到一个新的工作岗位？

□是　□否

5. 针对海丰国际目前实施的薪酬体系，包含薪酬结构、发放方式等，您认为是否为您的工作带来了激励作用？

□是　□否

6. 假如公司明年推出新的薪酬考核方案，目的在于使多劳的员工多得，您是否同意？

□是　□否

（1）绩效工资：一类根据绩效考核，按月核算；一类根据绩效考核，按计件、计利润等方式核算

（2）绩效奖金：根据公司利润完成情况和绩效考核，确定奖金基数

（3）利润增长奖金：若本年度利润比上年度利润有所增长，则在增长部分内按一定比例提取奖金在年终发放

海丰梯队后备人才选拔和培养模型

选拔模型由“岗位能力、推荐理由、后备人员信息”三部分组成，通过对该三项细分指标打分，得出总分进行后备人才选拔。培养模型由“培训方向、轮岗/晋升方向、培训评估、考评结果是否继续推荐”四部分组成（见表 3–3）。

表 3–3　海丰梯队后备人才选拔和培养模型

（　　年度）　　海丰　　　　体系　　　　公司　　　　分公司

					岗位能力模型及匹配情况								推荐理由				后备人员信息											
岗位	体系	后备名额	姓名	总得分	潜能	得分	感知与偏好：（选 4 项，设最低分值）1 投注性、2 领导性、3 冒险性、4 迅速性、5 活动性、6 社交性、7 思考性、8 细致性、9 条理性、10 稳定性、11 意志力、12 成就性、13 统御性、14 表现欲、15 合群性、16 亲和性、17 喜新性、18 批判性、19 崇拜性、20 服从性	得分	外语：英语、日语、韩语等	得分	专业资质	得分	突出业绩（不超过 50 字）	得分	优秀记录	得分	性别	年龄	国籍	海丰工龄	得分	岗位	得分	培训方向	轮岗/晋升方向	培训评估	参加竞聘加分	考评结果是否继续推荐

海丰的荐才/选才考评表

由此，为了更好地选拔人才，海丰采用了荐才和选才的人才培养制度（见表3–4）。荐才：由分公司、子公司推荐到上级公司或其他公司轮岗工作；选才：由上级公司选拔优秀人才到合适的岗位轮岗工作。

表3–4　海丰的荐才/选才考评表

姓名 Name		性别 Male/Female	
年龄 Age		进入海丰时间 Time to Join SITC	
学历 Degree		测试结果 Test Result	
目前公司和岗位 Present Company & Position		推荐公司和岗位 Company & Position Recommended	
工作经历 Work Experience			
自 From	至 To	岗位 Position	主要业绩 Main Performance
自我评价（可附页详述）：须说明是否接受长期外派工作 Self-evaluation(May be accompanied by detailed page): Have to state whether to accept the long-term assignments 签字 Signature：			
所在单位评价 Evaluation of Company： 负责人签字 GM Signature：			

（续表）

<table>
<tr><td colspan="2">推荐/选拔理由 Recommendation/Select Reasons：
推荐人 Recommend by：　　职位 Position：　　时间 Date：</td></tr>
<tr><td colspan="2">随附材料 Materials Accompanied:
1. 测试报告 Test Report；
2. 业绩报告 Performance Report
3. 绩效考核表 Performance Appraisal Form</td></tr>
<tr><td colspan="2">评审人（根据项目不同，确定不同层级评审人员）</td></tr>
<tr><td></td><td>意见 Comments：
签字 Sign：　　日 D___月 M___年 Y___</td></tr>
<tr><td></td><td>意见 Comments：
签字 Sign：　　日 D___月 M___年 Y___</td></tr>
<tr><td>档案主管
File Manager</td><td>日 D___月 M___年 Y___</td></tr>
<tr><td>原始保存地
Original Kept Place</td><td>□香港 Hong Kong　　日 D___月 M___年 Y___</td></tr>
<tr><td>电子文件
E-file Kept</td><td>□是 Yes　□否 No</td></tr>
</table>

第四章

移动互联时代的员工能力打造

亮点导读

影视剧行业是一个流光溢彩的行业，离梦想很近，令人艳羡。

对于一家身处其中的影视制作公司而言，光环之下犹有别的思考：如何在收视竞争白热化的行业内脱颖而出？

虽然成立不久，但耀客已经佳作频出。一部反映医患关系的社会题材大戏《心术》更是在播出几年之后仍被人们屡屡翻出重温，剧作的主旨“信、望、爱”一次次感动着人们。还有《离婚律师》《女不强大天不容》《幻城》等，都给观众留下了深刻印象。

在CEO吕超的理念中，越是极致的作品，市场风险越低。这也是耀客主打的精品剧战略：用最好的制作团队、最好的艺人、最好的编剧、最高的制作成本。

“如果《美人鱼》不是出自周星驰之手，票房能突破30亿元人民币吗？如果《泰囧》《港囧》不是徐峥导演和主演的，你仍然会走进电影院去观看吗？”吕超问道。

归根结底，这个行业拼的是人才和创意，所有的资源都是围绕着精英而来的，人才在哪里，资源就会在哪里。精英和普通人所产出价值的差距，可能是百倍也可能是千倍。

这是移动互联时代的特点：1%的人才有可能创造99%的价值。

这引发新的思考：平台如何吸引精英，并与精英共处？不妨看看耀客传媒是如何通过重新定义组织和管理，打造自身的组织能力的。

提高企业的组织能力，没有做不到，只有想不到！

——杨现祥　海丰国际董事局副主席兼CEO

耀客传媒：创意型公司如何运用员工能力“造梦”

耀客传媒董事长兼CEO吕超常常说，他所处的电视剧行业是一个离梦想很近的行业，耀客是一家创造梦想的公司。

我国电视剧产业从20世纪90年代兴起，最初由电视台内部团队使用自有资金制作生产。随着我国人均GDP（国内生产总值）突破6 000美元，消费者的精神文化需求不断提升。2009年“制播分离”政策推出后，越来越多的民营制作机构参与到电视剧的制作市场中来，目前中国已成为全球最大的电视剧生产国。

影视产业的繁荣使新的影视作品不断涌现，市场规模不断扩大。有报告显示，2015年中国电视剧市场规模达到156亿元左右，在国家鼓励国产电视剧精品化、限制进口电视剧政策，以及消费者观剧方式从电视端向网络端快速转变的背景下，到2020年，我国电视剧市场规模或达360亿元，未来五年复合增长率在18%左右。[①]

电视台收视竞争进入白热化，电视剧作为电视台第一收视来源必然成为兵家必争之地。视频网站用户人数突破7亿，各

① 资料来源：中国投资咨询网。

平台之间的竞争激烈程度好比白刃战，互联网平台对优质内容的需求也不断暴涨，未来将有可能超过电视台成为制作公司的主要收入来源。

三面向的精品剧战略

说起耀客这家公司，很多圈外人士可能闻所未闻。但若说起《心术》《离婚律师》《兰陵王》《女不强大天不容》《幻城》等热播电视剧，那就知者甚众了。这些曾经风靡一时的精品剧作，就出自耀客传媒的团队之手。

从 2012 年 11 月上海耀客传媒创立以来，一直是电视剧行业内以精良内容制作赢得口碑的“潜力股”公司。从业务结果来看，电视剧占公司大头，其他还有电影、综艺、网络剧、广告植入和演艺经纪，形成多元化的利润中心。自公司成立以来，耀客出品了近 10 部电视剧，虽然相比同行数量上没有优势，但作品的收视率、观众口碑，以及引发的社会影响力都不容小觑。

以六六担当编剧的《心术》为例，这是国内第一部医疗题材大剧，也是首次将备受争议的医患关系搬上荧屏的写实剧，甚至连医生被打、暗中收红包、医疗事故、医患法律纠纷等敏感话题也没有过滤。当然，也有打动人心的医患互相理解、信任、感激的真情故事，不仅真实再现了医生这份特殊职业的台前幕后，也向观众传递出人性当中的“信、望、爱”。直到今天，《心术》这部剧还屡屡被媒体提及，经典桥段的视频流传于社交媒体，因为医患关系仍是牵动无数人的社会焦点问题，这部电视剧因为很好地记录和刻画了社会问题，成为参考和借鉴的素材。

再比如金牌编剧陈彤操刀的2014年度大剧《离婚律师》，讲述了两个打婚姻官司的律师的故事，被浙江卫视、江苏卫视、天津卫视以及深圳卫视以300万元一集的价格买下首播权，并且四家为抢收视率费尽心机，甚至当时有卫视仅播放1秒片头曲就进入正片，侧面反映出此剧有多抢手。数据显示，《离婚律师》单台收视率达到1.547，并多日创下三台收视同时破1的战绩，仅2014年在视频网站的播放量就达23亿次，因此跻身2014年度艺恩ETVT电视剧网络播放量前十。这部剧的成功被认为是价值观的成功：婚姻和情感一向是社会热点，编剧和耀客希望通过此剧告诉现代社会的人们，不要谈离婚色变，结束一段不幸福的婚姻有可能是新的幸福生活的开始，并且要相信爱情，认真经营婚姻。

以上精品剧的大获成功反映了耀客传媒战略定位选择的成功。在2012年创立耀客传媒之前，吕超已经在上影集团积累了十多年的行业经验，是《亮剑》等热播剧的制片人。吕超创立耀客传媒的初心是想通过电视剧这一离梦想很近的行业来向社会传播积极正面的价值观。吕超常常对员工讲的是，如果在作品的盈利和好口碑、社会影响力之间做选择，他一定选择后者，盈利是最后考虑的事情。

作为一位资深制片人，吕超不仅有传播积极正面价值观的情怀，也有深刻的行业趋势洞察。他认为，随着社会的发展，电视剧这一行业的未来趋势一定是“内容为王，去中心化”。相对于大牌明星而言，精彩、打动人心的内容会让一部剧影响深远，也更有社会价值，情怀和商业才会有完美的结合。对于内容方面，耀客选择了面向互联网、面向年轻人、面向未来。此外，对于电视剧的制作数量方面，耀客选择了做少做精的精品剧战略，集中力量做极致的精品剧。吕超认为，在这个快速变化的时代里，做极致的产品反而风险最小。

就影视剧而言，如果作品足够好，即使市场不景气，收益也只是打个折扣，不会竹篮打水一场空。比如顶级作品卖给卫视的价格在150万元，市场不好顶多少卖个几十万元，但如果是中低水准的作品，电视台可能根本不会购买，这才是最大的风险。耀客创作的精品剧有最好的制作团队、最好的艺人、最好的编剧、最高的制作成本，所以能够承受得住市场的考验，敢向卫视和视频网站平台要高价。

比如,《心术》这部剧，剧中倡导的“信、望、爱”价值观得到了医疗部门的高度认可。这部剧在开拍第二天的时候，所有的合同意向已经全部确定，首轮仅卫视播出权就卖了 1.2 亿元。往常剧的播出其实是要到全剧拍完，剪辑出好几集，并且将片花拿到电视台才会有人买。但《心术》是反过来的，开拍阶段已经全卖掉了，而且签署的合同都是开拍阶段先付 50% 的款。带着这种做最好的产品、把风险降到最低的信念，耀客成立 3 年交出了 9 部精品剧的成绩单。

用心打造“学习改变、创意人才管理”的组织能力

明确了面向互联网、面向年轻人、面向未来的精品剧战略之后，战略是否能够真正落地，就对耀客的组织能力提出了要求。在耀客，经过梳理，公司确定了“学习改变”和“创意人才管理”的组织能力。

公司坚持面向互联网、年轻人和未来，并且做到内容为王，整个团队就必须不断学习改变，挑战突破自己已有的知识技能，才能服务好目标人群用户。同时，精品剧的战略定位要求公司在寻找和激活顶级创意人才方面做好服务与支持工作。

“文化娱乐行业，是最以人为本的行业。”吕超这么描述自己所在的行业。中国电影行业的票房纪录在 2016 年被周星驰的

《美人鱼》刷新，他的粉丝像流水一样涌入电影院，带着“欠星爷一张门票”的虔诚之心，33.9亿元的票房差不多就是周星驰本人的价值，因为换成别的导演，票房可能就几千万元。徐峥导演的《港囧》的票房为16.5亿元，试想如果不是徐峥，而是王峥、吕峥，票房又会是多少？冯小刚、张艺谋、黄渤、吴秀波、汤唯、姚晨、吴亦凡、鹿晗、TFBOYS……文化娱乐行业，人才是第一位的，核心创意人才是根本，影视剧行业也是名副其实的创意密集型行业。

与传统的制造业、工农业比较起来，影视剧行业更加以精英为中心，也反映了当前的变化和趋势：移动互联时代，在创意优先的产业当中，人的重要性无与伦比。

可以试想一下，“微信之父”张小龙对腾讯公司而言价值几何？天才设计师乔纳森·艾夫对苹果公司而言价值几何？

1%的人或将创造99%的价值，这在移动互联时代并不是神话。原来的“二八定律”——20%的团队创造80%的价值正被改变。精英产品的利润远远超过一般产品的利润总和。吕超认为，过去所有关于组织、管理的定义需要被重新书写。

“性格颇受争议的乔布斯是人类杰出的资产，与众不同但值得珍惜，这类人是创造的源泉，值得企业家去保护和珍惜。”吕超说。在这个基础上，互联网+时代，新型的组织结构会源源不断出现，创意精英与平台之间的关系，值得更深入地探讨和实践，“杨三角 2.0”是个开端。

像追女友一样去追优秀人才

那么，如何能够吸引、激励和保留核心创意人才呢？吕超认为，顶尖的人才，是不那么容易和企业合作的。首先，企业家自己要足够优秀、配得上顶尖人才。

在过去的数年间，吕超一直在不断学习改变，提升自己。他在 2008 年进入中欧国际工商学院读EMBA（高级管理人员工商管理硕士），又参加了杨国安教授创办的杨三角学习联盟、李善友教授创办的中欧创业营、颠覆式创新研习社、青腾创业营，几年间不断学习充电。“唯有学习，才能改变自己。我们都想从现在走向更好，途径就是学习。”吕超深有感触地说。不断提升自己的动力又源自企业家的内心是否想成为一个有梦想的企业家。一位企业家最有力的武器是自己的梦想与健全的人格，而不是外在的名和利。所以，要想有一支精英团队，集聚顶级优秀人才，首先自己要有梦想，不断提升自己，让自己更优秀，更有实力。

另外，对于顶尖人才，要拿出追女友的劲头，拿出诚意。“从 0 到 1 开始合作，虐我千百遍，我待之如初恋。再从 1 到 N，谈一场天长地久的恋爱。”吕超形象地比喻说。吕超第一次读到六六的《蜗居》是在上海去南京出差的火车上，那时这部小说尚未被拍成电视剧，他一口气读完小说，脑海中开始构思书中的一个个人物：海藻、海萍、小贝、宋思明……仿佛看到了由小说拍成的这部电视剧的场景，还有在社会上引发的反响——房价是多少人心中的痛。因此，还未等下火车，他便通过朋友打听到六六的联系方式，约她见面，希望与她合作电视剧……虽然没能在《蜗居》上合作，但这却是一段“天长地久的恋爱”的开始。这样的例子很多，每个星期都在发生，通过微博、微信、自媒体、刊物、图书、贴吧、排行榜、知乎……一切渠道，去寻找最优秀的人才，做到众里寻他千百度。

寻找到核心创意人才后，应如何处理和人才的关系？吕超认为，对于核心创意人才，不再是雇佣关系，也不是管理和被管理关系，而是合伙人关系。合伙人关系形象地说就是恋爱关系，像对待自己的男（女）朋友那样对待优秀人才。帮助他们解决后顾之忧，和他们的家人打成一片，关键时候出人、出钱、出资源……这样才有可能从“心”拥有优秀的人才，或者说是彼此拥有。从1到N的合作，就是谈一场天长地久的恋爱，而且不能装，不能只想一夜情，不能不负责任，得是真爱。即使有短期的问题，也不离不弃，共同度过。人是情感动物，你真心对他好，他也一定会真心对你。

此外，企业家还需要做到“心脏强、胸怀宽、肚量大”。著名编剧六六经常在微博上调侃她的“老板”。有一次说“老板带着老板娘看了《速7》，也许马上进了速8”。六六可是有1 000多万粉丝的大V啊！碰到这种情况，吕超还得给她点赞。和创意人才在一起，就得不拘小节，开得起玩笑，经得住自黑，放低自我让大家快乐。在耀客内部，员工并不称吕超为吕总，而是昵称为“主公”。创作部的总监被称为“大王”，是古装剧特有的称谓方式，符合他们所处的行业特点，带有戏剧色彩，又减少了隔阂感与拘束感，从小细节上塑造公司文化宽松、创意天马行空的氛围。

最后，还要处理好人才和钱财的关系。人才远重于钱财，财聚人散，财散人聚。做企业重在分享，要把蛋糕做大。耀客在股权设计和分配上，做到胸怀与长远发展并重，并拿出相当的股权分享给优秀人才。

创始人以身作则打造学习型组织

为了打造学习改变的组织能力，要让已有团队通过学习改变变得更优秀，从而通过“实力+诚意”邀请到顶尖创意人才加盟。吕超在打造学习型组织方面身体力行，不惜重金，不遗余力。

第一，公司定期组织员工进行集中培训。作为一家推崇内部学习和分享的公司，耀客经常从外部邀请业内专家（包括知名策划、编剧、导演、制作人及监管机构人员等），对员工进行集中培训，分享经验，帮助团队从多个视角和维度了解自己所处的行业，以及产业链条的上下游知识，并且能够紧跟行业最新的发展方向和监管动态，从而更好地把握行业发展趋势。

例如，吕超曾重点向员工推荐克莱顿·克里斯坦森的“颠覆式创新”理论，不仅在公司内部分享，还把员工一波一波送去学习，甚至一度招致员工的不解：明明是看起来不相关的行业，为什么要去学？后来，耀客内部开始认可一个理论：不落伍、不缺席。这是一个“你不跨界，就会被打劫”的时代，企业如果想在一个竞争激烈的环境中活下来，就必须不断学习，而且要跨界学习。不落后于世界大潮流，也不缺席那些最受瞩目的创新事务。如果不学习，就会被冲击，只有通过学习打开思维，才能想到更多整合资源的方法和路径。

比如现在非常火热的VR（虚拟现实）设备，如果这项技术被竞争对手先用于影视剧哪怕几个月，可能市场的盘子就被端走了。新平台带来新的认知，新的认知带来新的机遇。耀客已经在《幻城》的宣传片花投放上尝试了VR这项最新最潮的技术。看似不同的行业，实际上有许多共同之处，原来大家都叫客户，客户和用户的区别在于：你把商品卖给客户后，交易就结束了；如果是用户，他使用你的产品，你和他的关系刚刚开始。小米就是这样，用户以成本价买了小米手机，然后开始了米聊、打游戏、看小米电视、用各种衍生品，小米开始慢慢挣你以后的钱。这就是互联网。

互联网是一片汪洋大海，所以更需要了解你的用户在哪里并找到他们，更需要用虔诚的态度来服务他们。同样，在影视行业，用一颗真诚的心为用户服务，才有可能在这个时代牢牢捕捉大众，捕捉人类社会共通的情感和文明，创作出精品力作。

第二，公司内部的业务交流。随着社会发展多学科交叉融合，拥有在各个方面均具备一定能力的人才是公司核心竞争力的体现。耀客通过多种方式建立内部业务交流学习的机会，如通过每周例会总结上周工作及计划下周工作，通过项目会议攻克项目难点等。在对机密事项和风险控制进行严格把控的前提下，公司鼓励多层次地进行内部学习交流，使得各部门、各岗位人员能够对公司业务有全方位的认识，从而提高日常工作的效率。

第三，组织员工进行培训学习。耀客每年都会评选“最优秀员工”“进步最快员工”“最优秀团队”，除了发放现金表扬之外，公司还会赞助最优秀员工在新一年里学习一门专业培训课程。不仅如此，耀客还设立了部门学习基金，规定部门4人以内享有1万元/年的学习经费，5人以上2万元/年，由本部门主管挑选表现好的员工去上课。对于中层干部，耀客每两年进行一次中欧模块化课程和北影专业进修课程。在耀客，主管级和助理级员工每年都享有由公司承担的5 000元左右的学习经费。现在已经形成很好的学习和分享氛围，每次培训或课程结束之后的当天晚上11点，员工会在公司的微信群里分享几条学习亮点或感悟，有助于其他员工一起学习，也促进内部的交流探讨。核心高管花一二十万元上培训课也不少见。吕超更是推荐六六等核心创意人才参加中欧的EMBA学习。

组织能力靠的不是个人，它深植于组织内部，是整家公司的战斗力，并且需要是可持续的，才能帮助企业实现基业长青。同样，一个学习型团队，不能仅仅靠领导口头喊话推动，要从上到下营造学习氛围，才能行之有效。

吕超在耀客被大家称为学霸，他喜欢不断学习和吸收行业内外的知识，并善于借鉴思路和提炼打法，也喜欢跟员工分享，常常半夜里还在微信群和高管、员工互动讨论如何学以致用和打磨产品。

"平台+制片团队"的市场化网络组织

移动互联时代，企业的管理模式越来越趋向于强调以人才为核心，形成兼具责任、权力的闭环小团队，把市场化机制作为团队业务合作和文化导向的目标，这样的组织被称作市场化网络组织。特种部队就是典型的市场化网络组织：团队明确作战任务；小团队可以独立自主、灵活快速地应对内外部的变化；团队成员由不同领域的专家或精英组成，能够在后台的支持下，闭环完成任务；小团队沟通成本低，有利于保持紧密的合作关系等。

以震撼全球的"美国海豹突击队击毙本·拉登"这个真实案例来看：一支由少数人组成的精锐部队搭乘直升机深入巴基斯坦，击毙了本·拉登。在他们的后端，则是美国总部的大平台，全世界都从媒体看到这样一张照片：奥巴马全神贯注地盯紧大屏幕，关注突袭进展。小团队负责发动突袭，后方负责总指挥，这就是"精英小团队+平台"的合作模式。

虽然目前耀客公司内部在编的工作人员仅有100多位，但有意思的是，每一个开工之后的项目，团队规模都会达到两三百人。以2016年的巨制《幻城》为例，剧组人员有250多人，仅靠制作部的5人小团队拉动这个临时组成的庞大团队（见图4–1）。

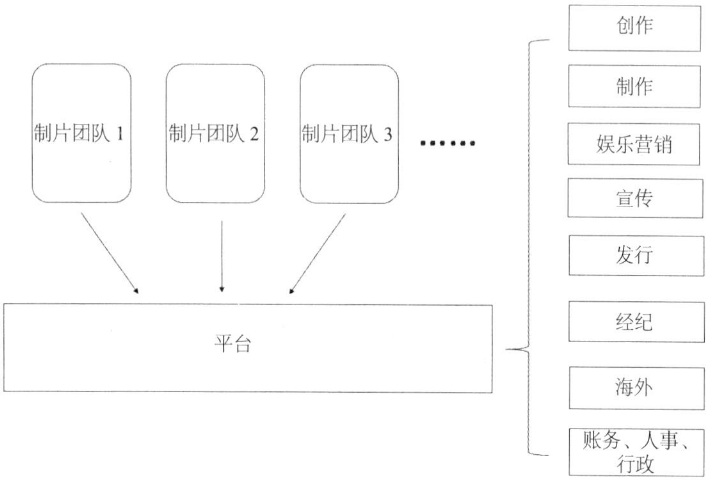

图 4–1　耀客的“平台＋制片团队”组织架构

具体而言，耀客对于这个组织架构提出了以下四点要求。

第一，制片团队各自相互独立，但需向平台进行汇报。

第二，制片团队拥有项目开发、项目运营的自主权，但需接受平台的考核。

第三，制片团队拥有对自身团队组成、财务及运行机制的建议权。

第四，平台对制片团队实行管理、考核和激励，同时，也为制片团队提供必要的支持。

其中，这个精英小团队最基本也是最核心的任务是创作，其次是制作。一般一个团队设置三四个角色：制片人、有剧本策划能力的人、有制作能力的人、实际承担制作任务的人。

影视剧行业是靠人脉资源和行业资源拉动“外借人才”的行业。靠着之前投拍影视剧的积累，在一个新项目开工之后，制片团队会很快找到各个合作方——导演组、剧务组、摄影组、美工组、录音组等，一一到位之后，项目就正式上马。制片团队不仅要做整体统筹，还要调动和管理所有临时借来的团队和人员，任务艰巨程度可以想象，这就要求每一个制片团队都得是一支能承受高强度作战的特种部队。

耀客将项目运行的原则设定为：制作团队负责推动项目，平台负责对项目各部分的质量进行把控，并提供相应资源，流程图如图 4–2 所示。

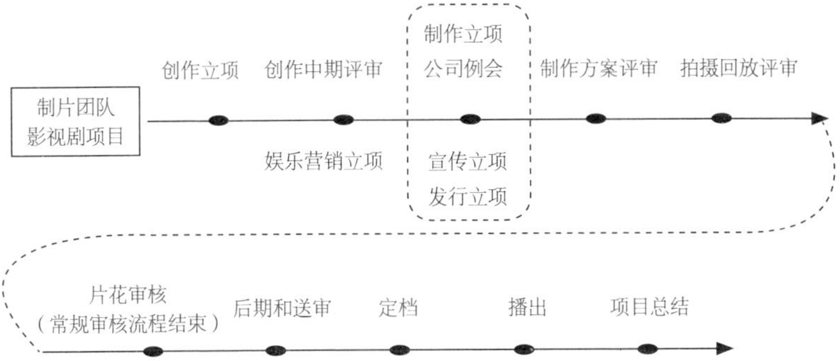

图 4–2　耀客的项目运行流程

耀客的平台，也就是后方支持每个制片团队的“军事基地”则具备了七项资源支持的职能。

第一，创作部。（1）剧本支持。公司现有项目库、编剧库，面向制片团队开放，但制片团队自己开发的项目每年不得少于1个。（2）人员支持。立项后，公司指定一名责编与制片团队对接。

第二，制作部。（1）合作方支持。公司现有合作制片组、导演、后期、美术、服装、音乐等向制片团队开放，但制片团队每年需为公司提供不少于1个优秀合作方。（2）人员支持。立项后，公司指定一名制作部同事与团队对接。

第三，娱乐营销部。（1）植入业务支持。（2）人员支持。立项后，公司指定一名同事与团队对接。

第四，宣传部、发行部。公司例会通过后，宣传和发行团队牵头为项目全程提供支持，与制片团队共同制定宣传方案和发行策略。

第五，海外合作部。海外合作部可为制片团队提供海外版权购买、海外主创联系和海外发行等支持。

第六，演艺经纪部。公司旗下艺人档期在遵循市场的原则下，优先向制片团队开放。

第七，财务、人事、行政。提供财务、人事、行政方面的支持（制片团队的人员组成，可由制片人建议后，与公司人事部门商议确定）。

耀客的制片团队管理制度由以上的组织架构、项目运作机制、资源支持三部分组成，对制片团队的定位、工作方式和享有资源进行了清晰的规划，旨在让公司内部创造高效、积极的工作环境，也能够让优秀制片人以团队快速成长，是一种内部的“赛马机制”。

编剧作为耀客最核心的“外借人才”资源，主要是这类创意型人才的“买断”效果不一定理想，比如大牌编剧有自己的写作习惯和生活习惯，剧本也不是标准化、流水线可以产出的产品，如果把编剧当自家员工一样养着、管着，会约束他们的创作积极性，也会变相禁锢他们的创意思维。

“我相信很多企业家会慢慢了解到，我们能做的唯一的事情就是帮精英创造一个非常快乐的环境，给他们非常美妙的心情，在快乐的环境中一定会涌现出最强的创造力。”吕超说道。

要知道，未来可能发生的一个重大趋势是：精英不属于任何一家公司。不属于公司属于哪里？可能就是一个个独立的任务平台。传统的工人式的劳动力已经不是社会发展至今所需的主流人才。平台与精英如何相处？显然不是单向的管理关系。

为什么外借的人才会到你的平台上来？吕超在机场听到

马云在电视里说了一段令他深有感触的话，大意是：很多优秀的人才去阿里巴巴，并不是因为马云，而是冲着他们的目标而去——“让天下没有难做的生意”。这么宏大的目标在那里，人才纷纷被吸引过去，并不是因为马云有多强大的个人魅力。

一个平台能聚集到精英，一定是有梦想和目标的。当你的平台上有越来越多的人才时，会自然引发“羊群效应”：更多的人才慕名而来。吕超认为，人才和人才之间是会互相观察和效仿的。

此外，很重要的一点，编剧往往也有项目开发能力，能够身兼编剧和制片人的双重角色，尤其以行业顶尖编剧为代表，最容易形成一个制片团队。目前，耀客有至少4个工作室，比如编剧六六，她虽然和耀客团队已经合作过《心术》《宝贝》《女不强大天不容》等电视剧，但并不属于耀客的员工，而是以工作室的形式与耀客“谈恋爱”，属于合伙人关系。

再比如耀客在2016年推出的年度巨作古装玄幻电视剧《幻城》，由郭敬明的同名小说改编，编剧是参与过《万凰之王》《又见一帘幽梦》等电视剧的香港知名女编剧沈芷凝，她是以工作室的形式与耀客合作的。

前几年有一部很火的电影《中国合伙人》问世，故事蓝本是新东方的创业故事、兄弟情谊，影片中的成冬青、孟晓骏和王阳白手起家创办了“新梦想”英语培训学校。吕超从中体会到，未来的雇佣关系可能会消失，没有谁为谁打工一说，每个精英都为自己打工，这是近几年合伙人机制在移动互联时代悄然兴盛的原因。

以影视剧行业来看，为什么牛人编剧会跟耀客聚集在一起呢？做好剧是优秀人才的共同目标，平台则是将目标和利益实现捆绑和公平分配的基础。优秀的编剧与优秀的影视剧公司一起努力，才能创作出精彩的作品。吕超认为，平台和精英之间不再是单纯的物质激励，而是赋能。毕竟企业家再牛，也无法替代精英。

一个制片团队大概能为耀客新增两个项目，耀客现有超过四个工作室，每年至少额外能增加八个项目，这八个项目当中能投拍的大概在四五个。此外，还有多个属于耀客的制片团队在运行。这种形式如同横扫全球的芬兰游戏开发公司Supercell（估值超过100亿美元、拥有180人的公司），其信条是“最好的人做最好的游戏”。Supercell不设立具体部门，只有一支支特种部队一样的6人小团队，各自负责一款游戏的开发，奉行扁平化组织结构。

在耀客，每个制片团队之间也是竞争关系，当一个团队有了电视剧素材，需要将大纲送到平台上评估：故事好不好、具不具备市场价值，再根据更为详细的剧本由公司决定是否投拍。如果某个团队两个项目的剧本都不过关，那就等于全军覆没，被淘汰，该制片团队也会面临出局，这就形成了内部的赛马机制，跑得赢、赢得多的制片团队会得到越来越多的资源支持，甚至未来可以跟耀客谈分成。

在吕超看来，竞争是最好的学校。平台和精英是互相成就的，不是谁造就谁、谁培养谁。在优质的平台上，精英能获得更好的取得成功的条件，同时他们的成功也会反哺平台，令平台越加强大。

总的来说，市场化网络组织的运作，能够灵活有效地支撑耀客的精益产品模式，也能更方便、快捷地帮助平台接入外界的资源，与身兼制片人和编剧的优秀人才无缝对接与合作。

作为一家专注于制作精品影视剧的公司，耀客公司深知具有非凡才华的人是公司的生命和未来。耀客的愿景是创建并发展成为一家精英荟萃的公司。在“学习改变、创意人才管理”组织能力的支撑下，耀客一直致力于激活团队的创造力，制作了多部弘扬正向价值观且社会影响力深远的精品剧，也得到了丰厚的商业回报。从财报上来看，耀客传媒在2015年的营业收入为3.45亿元，较2014年同期增长65.24%；净利润为5 825.08万元，较2014年同期增长63.28%，很好地融合了情怀和商业。

“Supercell的例子说明了什么？”吕超说，移动互联时代，又一个重大变革发生了。在一波又一波的浪潮式变革中，一些企业被浪潮卷走消失不见了，同时又涌现更多新型的企业，它们因为掌握了新的理念和方法，而踏上浪尖。这是耀客不断打造组织能力的意义——逐浪而行。

亮点导读

虽然品友互动是一家年轻的公司，但却是一个新行业的开荒者。

它是最早将人群定向和程序化购买技术引入中国的企业，成立于2008年。

形象地说，品友互动是广告行业中的“滴滴出行”，只不过滴滴撮合的是人与汽车，而品友互动撮合的是海量的广告和背后的消费者。在大数据的技术驱动下，实现“千人千面”的广告展示效果。

那么，一个新兴的行业起来，身处其中的创业公司会遇到哪些问题呢？

新技术公司之间的市场竞争往往是技术角力，而最重要的是人才比拼。令品友互动无法偷懒的事情是，程序化购买广告行业并无现成的人才可用，花重金去BAT挖人的惯常招数在品友互动这儿无法掘出一条通路。

那么，品友互动是如何以“谨慎招聘、快速培养”的人才战略，在荒原上开垦出一片肥沃良田的？

包括腾讯、京东在内的众多成功企业，都在学习和运用杨三角组织能力模型。如果你希望打造一个持续成功的企业，那么当你打开这本书时，一定会觉得相见恨晚。

——谢鹏　品友互动联合创始人兼首席运营官

品友互动：如何在人才空白的新行业吸引和培养员工——互联网广告技术行业的“黄埔军校”

过去，互联网广告技术主要在搜索领域实现创新。但是，从营销的角度看，搜索是广告主被动地等待目标人群找到自己（用户必须在搜索框中输入特定的搜索关键词），而广告主更多的营销需求是希望主动将自己的品牌或者产品信息通过展示广告（图片、视频、信息流等）推送给潜在目标人群。恰恰在展示广告领域，顶着新媒体称号的互联网却一直采用的是非常传统的方式，在某个网站的某个位置买断几天时间，然后放上自己的广告素材。

“这与在杂志上买版面，在户外买路边大牌没有本质差别，”谢鹏说，“买位置就好比守株待兔，很难判断路过广告位的人是否恰好需要它。”

在传统思维和技术里，无论是一个想投放春季新款女装的广告主，还是一个想投放进口零食的广告主，传统广告部门的人实则并不能帮助他们精确识别以及锁定潜在消费用户，有广撒网碰运气的意味。对于用户而言，他们往往不会主动关注广告，而倾向于关注自己感兴趣的东西。简而言之，传统模式的互联网广告一来无法保证触及目标用户的概率，会浪费广告主的预算；二来用户收到不感兴趣的广告，实际也是一种信息干扰。

伴随着大数据和相应的创新技术的兴起，展示广告行业出现了程序化购买广告的特有商业模式。基于数据和技术，这种智能广告技术能够实现“千人千面”的展示广告，高效完成人与广告（信息）的完美匹配。今天，当你在网上买好了去三亚的机票之后，你打开的网页可能会推送防晒用品；当你浏览过一个生鲜电商平台上的食品，你随之会看到其他生鲜商品的广告……互联网展示广告从资源营销时代进化到了受众营销时代。

程序化购买广告技术，对用户在互联网上的各种行为数据进行收集，并基于数据分析绘制用户画像，给他们打上不同的标签，比如性别、年龄、收入等自然属性，购物、旅游、阅读等兴趣属性，还有广告点击和浏览以及电商购买等行为属性。通过人群画像，程序化购买广告服务方就可以在全网范围内帮助广告主搜寻目标用户。一旦找到目标用户，就在用户浏览互联网媒体时主动推送广告。

举例来说，一位年龄在25—30岁的女白领，喜欢看韩剧，热爱美食，是一个高频次的网购消费者，尤其喜欢美妆和服饰。像品友互动这样的技术平台，能够根据这个用户的人物画像，在她登录最常去的在线视频网站，点开最近的热播剧时，为她特制化推送出一款当季流行款式女装的前贴片视频广告。与此同时，打开同部热播剧的另一位用户，可能看到的是啤酒或者乘用车的广告。这些因人而异的决策过程，只用时50毫秒。实际上，品友互动每天会看到260亿次的广告发布请求，并且凭借每秒上百万次的请求处理能力筛选出符合广告主目标人群的广告展示机会，为特定的广告主发布匹配的广告。

广告是互联网的血液，对于互联网发展至关重要。但对于用户而言，他们不会主动关注广告，而是倾向于关注自己感兴趣的信息。既不打扰用户，又提升广告的针对性效果，这就是类似品友互动这样的广告技术公司需要解决的问题。众所周知，微信撮合的是人与人，优步撮合的是汽车与乘客，爱彼迎（Airbnb）撮合的是闲置的房屋和短租客人，而品友互动撮合的是人和广告信息。在大数据的支撑下，品友互动致力于实现“人与信息的智慧连接”的企业愿景。

品友互动成立于2008年，是最早将人群定向和程序化购买技术引入中国的企业，拥有中国最大的程序化购买DSP（Demand–Side Platform，需求方平台，为广告主提供广告投放服务）服务商。连续两年的行业调研报告显示，品友互动占中国品牌程序化购买市场59.8%的份额。品友互动一端连接海量媒体资源背后的用户，另一端连接企业要展示的广告信息，通过实时的广告技术实现人和（广告）信息的精准匹配与即时推送，既帮助企业把产品、品牌、服务的信息推送给相应的目标人群，也使得受众得到需要的生活（广告）信息。

品友互动在中国推动了程序化购买广告行业的成立与发展，对早期的市场教育投入了大量资源，一直扮演着行业引领者和开放合作伙伴的角色。作为一家知识密集型企业，面对一个全新的行业，没有有经验的人才库可供挑选，如何吸引人才、培养人才，是品友互动面临的最大挑战。

从两名创始人发展到十几人、几十人、上百人，直至目前分布在北京、上海、广州、硅谷、西雅图的400多人，组织能力的打造一直在品友互动的发展过程中发挥重要作用。

组织能力成为品友互动整合内部资源的焦点，也是在业内能够一马当先的助推器。每家公司都有自己独有的组织能力，品友互动根据自身所处的行业特点和自身发展水平，提炼出“客户导向，敏捷迅速，持续创新”三大核心组织能力（见图4–3）。

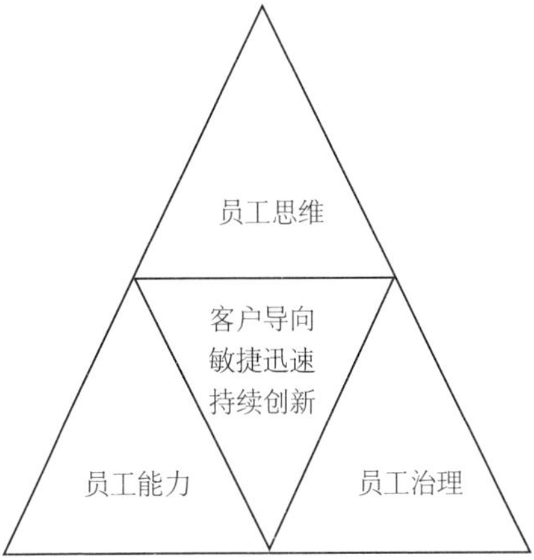

图 4–3　品友互动组织能力建设的杨三角模型

核心组织能力一：客户导向

品友互动在创业之初，就将“客户价值最大化”确定为核心价值观之一。品友互动强调每个工作岗位都要创造价值，这个价值要以客户价值来衡量。当内部各项工作的优先级遇到冲突时，衡量的指标就是客户价值。公司部门负责人会议，很多议题都是围绕客户问题展开的——客户的需求是什么，我们现在在满足客户需求时遇到了什么问题，这些问题如何通过公司内部运营、产品、数据和技术研发等各个部门的协同来解决。每个季度，公司会单独组织战略客户研讨会，邀请各个销售团队的负责人陈述最重要客户下个季度的重大需求，以便产品部门能从中提炼出产品迭代创新的计划。

谢鹏曾经分享过一个真实的故事来说明“客户价值最大化”在公司日常工作中的具体体现。在一次招聘销售负责人的面试中，面试者提到自己和原公司新来的上级无法处理好“关系”。她说，原公司新来的上级经理走马上任和全体团队成员开会的当天，她之前和一家公司战略级的客户不巧也约了。她觉得难得约上，就和客户开会去了。后来有同事告诉她，新任上级觉得她很不给面子。谢鹏对这个故事的印象非常深刻，他说，品友互动也发生过一个类似的故事，公司的一个战略级客户在招标后期，选择了一天要来品友互动进行考察，而当天本来要开董事会，谢鹏毫不犹豫地和董事会其他成员做了说明，并轻松赢得大家的支持将董事会改期。“什么叫文化，就是在遇到冲突的场景下做出怎样的选择。这个故事就体现了品友互动客户导向的价值观。”

核心组织能力二：敏捷迅速

身处互联网广告技术的浪潮之巅，品友互动清楚地认识到，同台竞技的企业不应局限于国内，在全球互联网技术不断更新迭代的环境下，市场风向和商业环境瞬息万变。

人们常说“天下武功，唯快不破”，“互联网+”时代已然来临，迭代速度几乎意味着一切。在品友互动的广告发布系统这短短的3秒钟里，海量的广告被投放出去，海量的广告被点击，直至后期更深的互动行为转化。后台的报表每隔3秒钟自动刷新一次，呈现着过程中产生的一切数据……

“速度是品友互动的生命力。”品友互动联合创始人兼CEO黄晓南说，品友互动在行业里掌握了先发优势，但响应和占领市场的速度、内部迭代的速度都需要不断加速。

整合，是品友互动实现企业经营做到敏捷迅速的秘诀之一。“程序化购买的商业模式，在实际经营中遇到的问题，很多时候，就像拔地瓜，拔出一个后面带出一串。”谢鹏经常举这个形象的例子。要解决一个客户问题，相关的信息、资源和能力往往被分割在至少3个以上的部门，如果不整合，很难让企业敏捷迅速地做出响应。比如，原来的商业产品运营职能分散在各个业务部门，在品友互动的业务规模还没有足够大，可以采用很多事业部的架构之前，品友互动就整合了全公司各个业务市场的商业产品运营团队，并且向前、向后整合了能够处理大概80%的客户问题的职能，建设一个大的运营支持平台，不需要太多的跨部门协同，就能最快地解决大多数客户问题，同时让规模化效益发挥到极致。

移动互联网的崛起速度之迅猛让品友互动感触颇深：2015

年初，移动端的广告营收在品友互动的全部营收里的占比不到10%，年中的时候营收占比超过了30%。2016年，移动端的营收占比已超过公司50%的收入。短短一年的时间，市场变化如疾风骤雨，让品友互动更体会到敏捷迅速作为组织能力的重要性。互联网行业，市场环境的变化非常快，如果企业内部的反应不能做到敏捷迅速，昨日的产品和技术尚未充分变成真金白银，可能就会面临被今天的市场淘汰的局面。

核心组织能力三：持续创新

作为国内互联网展示广告技术的领头羊，品友互动之所以能够不断颠覆旧有的互联网广告采购模式，是因为它将持续创新作为自己的DNA以及赖以生存的基石，并渗透到自己的商业模式、管理模式、思维模式、工作模式中，对应研发、算法、运营、销售、市场都需不断加以创新。毕竟这是一个连昔日的手机巨头诺基亚都倒下了的时代，没有创新或者创新失败，都会让企业朝不保夕。

品友互动COO谢鹏认为，互联网时代没有"一招鲜，吃遍天"的好事。互联网的开放特点，意味着被模仿和被复制都是常事，不创新就容易被后来者迎头赶上。也就是说，今天的创新并不能保证明天稳坐江山，诺基亚没有创新吗？别忘了，诺基亚在第二代移动通信变革中，打败了摩托罗拉成为全球手机行业的领跑者。而后来，人们都目睹了神话般的巨头迅速陨落的惨烈结局。在危机意识的主导下，谢鹏认为，创新不是当今时代对企业的特殊要求，只是入场券。不仅要创新，而且要做到持续创新，才是企业的核心竞争力。如果没有持续创新的组织能力，最初的创新者很容易成为先烈。

反思、复盘是品友互动内部经常对管理者提及的话题，推动大家不断想出创新的办法，把今天的最佳成果变成明天的及格线。在人才招聘时，品友互动的一个经典问题就是："如果这件事情，你重做一次，会有什么样的变化？"

简而言之，没有一招鲜，也没有一步领先，必须要步步领先。

品友互动人才建设：谨慎招聘，快速培养

领头羊企业面临的普遍难题是，从事的行业在之前处于空白状态，无现有人才可用，需要自己尝试"摸着石头过河"。黄晓南不止一次公开强调：品友互动的模式不是Copy to China（复制到中国），这个行业在美国形成也是2008年前后的事情。在中国，整个程序化购买行业处于待开垦阶段，直接找到有行业经验的人才的可能性不大。

同时，随着品友互动从郊区的一个"两居室"大小的办公室

搬迁到市中心的办公楼里，人员的急剧增长，让黄晓南发现，她在电梯里见到叫不出名字的同事越来越多了。而且，随着行业的发展，行业人才的需求迅速膨胀，品友互动成为同行挖角的重点目标，迫切需要重新梳理、巩固自己的人才战略。

为什么招聘需谨慎

人才队伍建设的第一步是要选对人才。人才如鱼得水、发挥己长，企业可以确保战略的成功实施。

脸谱网（Facebook）的首席执行官扎克伯格向企业家分享的最宝贵的经验之一是“Hire slow，fire fast”——宁愿等，直到找到合适的人，也不要盲目地招聘员工；如果发现公司里有不合适的人，最好的处理方式就是马上解雇，越拖对整个公司和团队越有害。

移动互联时代，企业的发展速度远远快于过去，人才竞争激烈，导致人才市场的供需严重失衡。很多企业迫于急需用人的压力，过于看重人员的短期价值，忽略了素质和潜质。一旦价值耗尽，就采取舍弃的态度，双方都没有好的收场。

所以，品友互动的招聘理念是：选对人，就已经成功了一半。选对人，后期“用人”过程中培养和矫正的成本就降低了一大半。在业务高速运转的互联网行业，要求在培养新员工时周期短、速度快，选对人，就直接降低了培养成本，也降低了人才重置成本。

在人才供给困难、业绩增长压力巨大的发展形势下，谨慎招聘尤其重要。错误地录用一个人，对组织造成的隐性损伤，远比想象的巨大。比如那些能力很强、态度也很认真，但与企业价值观不符的人才，能力越强，对于企业的破坏力越大。

因此，品友互动经过公司几乎全员的几轮讨论，形成了对内和对外都公开宣布的“品友互动人才观”文件。“品友互动人才观”包括企业愿景、核心价值观、行为准则、人才标准，还有人才招募、发展与淘汰的指引，人才招募流程。品友互动在邀请每位候选人面试之前，都会发送“品友互动人才观”文件，这样让候选人可以提前“照镜子”，觉得认同公司的观念就会更加积极主动地来应聘；认为自己不符合公司的观念，就会主动放弃。品友互动在给候选人发送录用通知时会一同发送“品友互动人才观”文件，再次让候选人深思熟虑，判断自己是否适合加入品友互动这样的公司。

“品友互动人才观”文件里，对于人才标准确立了“聪明”和“成熟”两条标准，并描述了特定的内涵。

聪明

1. 你具有极强的学习能力及好奇心，面对未知充满探索精神，当面对全新的事物时，你可以快速地找到其核心，并进行学习和掌握。

2. 你具有强大的逻辑思维能力，能透过现象看本质，并用简单的语言解释复杂的局面。

3. 你懂得从实践中快速检验自己的想法，并从实践中学习，不断进行自我培训、挑战及优化。你善于通过一切方法进行主动学习，包括从自己过去的失败中学习，以及从周围的人身上学习。

4. 你能整体性思考如何解决问题，彻底消除问题产生的根源，并建立一套正确的做事流程或系统，而不是重复犯错、重复修正。你具备洞察力，能举一反三、融会贯通地总结规律，形成完整的思路，提高效率。

5. 你会用最聪明、高效的方法处理实际工作中的各种“坑”，推进工作。

成熟

1. 你经过基础指导和培训，便能根据使命和目标发挥主观能动性地工作，无须别人手把手指导就能开展工作。

2. 你自知困难是实现目标的必然路径，所以直面困难，坚毅而不矫情，懂得对结果负责。你明白客观条件永远都是缺失的，这不是你放弃、惜力以及失败的理由。你关注自己在既定的环境下如何突破，最大化自己的努力以便取得最优结果。

3. 你能接受他人与自己的差异，能理解自己和他人不同的优势与局限，并能与差异很大的人协作解决问题。

4. 你能理解和快速拥抱各种变化，愿意挑战自己的智力极限和能力极限。你不拘泥于过去已有的经验，能够自我反思，拥抱变化，对于新的岗位、新的变化、新的技能迅速做出最佳适应和调整。

5. 你是一个有激情的人，为此你能专注于工作，不被他人的负面情绪影响，不向团队释放负能量。即使短时间内没有成功，你也能坚持。你靠自己的激情对周边的环境发挥积极作用。你有坚定的信念和意志，每天不会被不同的情绪左右。你为自己的快乐负责，对自己的情绪负责。

招聘流程上，品友互动既有笔试来考察面试者的思考和解决问题的能力，也有单独面试和群体面试两道环节，还会做细致周详的背景调查。在群体面试环节，品友互动会邀请和面试者未来工作开展中上下游工作岗位的绩优员工，以及公司企业文化大使组成面试小组，大家一起和面试者进行充分的交流和探讨。这就像是使用多把尺子对同一个物品进行测量一样，多组数据、多个维度校准，最后拿到对新员工最全面的综合评估意见。

从2016年开始，人力资源部在每次招聘的时候，目标是都筛选三位通过复试的面试者，进行三选一择优录取。这里面“优”的评价就是“品友互动人才观”的标准。

同时，谨慎招聘一方面可以有效把控扩张节奏，另一方面为公司育人留出了足够的时间。

品友互动目前人员中本科及以上的学历占比是89.6%。在逐年提升的招聘门槛中，品友互动对于员工的选择不只注重学历，是否具备符合组织能力发展需要的特性也成为甄选关键点。经过几年的谨慎招聘，品友互动实现了每年业绩翻三番、人员不翻番的目标。

小公司如何抢人才

当公司已经明确了所需人才的标准，下一步就是寻找人才。

2011年，品友互动在招聘人才方面的预算十分有限，用人力资源负责人的话来说就是“能给的钱有限，我们就招‘性价比’高的员工，也就是踏实能干活的人”。以北京地区为例，一流高校的顶尖人才，在BAT这样的公司扫荡一圈之后，基本就被“收割”殆尽。像品友互动这样的中小型公司，无法跟巨头们正面抢夺人才，那么如何找到符合自己的人才呢？

很多创业公司在起步阶段的时候，由于影响力不够，或者说人才需求没有那么大，校招往往不被作为重点招聘策略。但是，品友互动很早就确立了校招的重要性：首先，与高校建立友好的联系，建立吸收优秀应届生的渠道；其次，捞到那些“漏网之鱼”，总有人才错过了巨头在校招大战中的“收割”，那么就让他们知道有品友互动这家公司，并让品友互动成为他们也想来的公司。

首先，建设雇主品牌，成为品友互动的一大重要举措。具体而言，就是将品友互动的价值主张传播出去。通过在人才市场上打造自己的雇主品牌，品友互动将自己定位为科技创新型企业，旨在吸引那些符合品友互动组织能力发展要求的人才。

2013年，还仅仅是100多人的小团队时，品友互动就以中国RTB（实时竞价）行业领头羊的身份举办了全球RTB算法大赛，吸引了约600位计算广告学和算法的爱好者，哈佛大学、斯坦福大学、中国科学院、北京大学、清华大学及百度等纷纷派出队伍参赛，历经四个赛季的激烈角逐，搅动了RTB行业在海内外的一池春水，在创新精神和先进算法上起了行业助推作用，激发了新商业价值的创造力。除了算法大赛之外，品友互动还积极举办各类技术沙龙，搭建大数据领域的交流学习平台，打造良性互动的行业生态圈。这一系列动作，对区分、吸引和招募有创新能力的人才起到了极其积极的作用。

其次，在公司内部，品友互动通过每年春季的“黑客松大赛”，即极客（Geek）大赛来培养员工的创新精神，通过组建多元化的跨职能团队，以极客精神攻破有商业价值的技术难点，打造高效创新团队，弘扬钻研和创新精神。2016年品友互动春季的“黑客松大赛”，经过1个月的提案阶段，共收到41份提案，提案中涵盖了市场营销、销售、运营、产品、技术等重要问题。经过品牌体系技术委员会、组委会的严格筛选，共有17份提案入围。通过48小时昼夜开工的封闭式解决方案规划及开发，激发出了14份具有商业价值的创新方案……

如果优秀的人才没有选择去大公司，就一定会选择有发展潜力的中小公司落脚，也会较为看重所处平台的工作环境、技术水平、创新氛围等“软实力”。品友互动作为这个行业里的领头羊，希望通过这些具备品友互动特色的技术创新活动，促使员工对于企业的发展有足够的信心，并对品友互动日渐绽放光芒的雇主品牌感到与有荣焉。

在营销学理论中，品牌对于消费者而言至关重要。在企业的内外部管理上，雇主品牌则是催化剂，是让企业文化演变成组织能力的生物酶，可以催化组织能力的形成、强大和演变。雇主品牌可以从企业内部员工的招募培养及职业发展（人力资源价值）、企业业务的增长发展（商业价值）两大方面起作用。

在对内的人力资源价值上，包括员工敬业度（认可度、忠诚度）、成就感（责任、权利、工作内容、工作绩效）、归属感（做人/做事原则、薪酬福利、工作环境、合作伙伴）、成长感（职业技能、专业技能、职业发展轨迹）。在对外的商业价值上，与企业的产品品牌相互促进，组成完整的企业品牌。

通过不懈的努力，品友互动在2014年和2015年蝉联了智联招聘颁发的“最佳雇主”奖项，可以说是对其建设雇主品牌成就的一种肯定。

而且，随着品友互动在行业内的知名度和影响力的提升，他们对于顶尖高校的人才更加“虎视眈眈”。从2015年开始，品友互动在清华大学、北京大学设立了奖学金，就是希望揽到国内的顶尖人才。“说实话，在我们这个以技术为驱动的领域，三个臭皮匠顶不了一个诸葛亮，我们需要最一流的人才。”品友互动的人力资源负责人表示。

同时，想要树立行业标杆，不仅要快人一步，还要步履稳健。快速攀升的业务依赖于快速学习和快速发展的员工体系，要实现稳步和长足的发展，人才培养应“粮草先行”。

为何人才要快速培养

挑到了“好苗子”是第一步，如何令其快速获得所需的专业知识、技能和方法是接踵而来的问题。员工的快速发展能力，一定程度上与企业的快速发展能力正相关。

“我们所做的事情最大的挑战就是没有人干过。”黄晓南说。没办法从竞争对手那里挖人直接走马上任，意味着品友互动需要从内部突破人才的发展瓶颈。

开设品友互动大学

为此，品友互动设立了品友互动大学，与国内多所高校共同搭建了人才培养机制，旨在将摸索出来的经验总结并复制给更多的人，帮他们成长为掌握新兴知识和技能的员工。他们不但能够支持公司发展，也在一定程度上推动行业的发展。

同时，通过搭建品友互动大学内部知识分享平台，方便员工轻松获取所需的信息。线上E–learning则帮助员工进行知识管理和沉淀，强调碎片化时间以及交互，便于员工的“云学习”和“云培训”。目前，E–learning上已经上传了近2 000份学习资料，平均每个品友互动人学习的时间接近200分钟，目标是每天学习10分钟，品友互动还特地以张贴海报的形式在公司内部鼓励大家自主学习。在线下，则通过品友互动大学每周的主题沙龙、专题讨论、课程培训、“雄鹰计划”“鲲鹏计划”等领导力教练式辅导，以及“本垒打管理训练营”之类体验式管理培训等多种模式确保人才速成。

另外，公司还设立了“必修30学分”的规定，对于学习积极者，还会有学分的兑换、学霸评选的奖励等，对于长期不登录品友互动大学的员工会有扣分的小小惩罚。在有奖有惩的措施推动下，品友互动的学习氛围从后台数据上就可以感受到有多么浓厚：早晚八九点是学习的高峰期，员工会在早晨的通勤路上学习，也有很多员工会在晚上下班之后自主学习。

给员工创造学习的条件，提供学习的便利，就相应减少了培养新员工的代价，并且形成了培养人才的成熟机制之后，即便有人员流失，也无须过分担心。

设立“三年个人成长计划”

对于员工的职业成长，品友互动设立了“三年个人成长计划”，为员工的个人发展、学习提升、职位晋升等提供阶段性的长远规划。为确保课程质量，品友互动为通过“讲师认证”资格考核的内部讲师颁发金牌讲师资格证书，对于有能力、有意愿继续深造或“充电”的员工，品友互动还提供50%的学费作为奖学金，以激励员工在公司和个人职业发展道路上实现双赢。

双管齐下的培养实践

此外，品友互动还具有“人才前置培养”“人才社会化培养”

的两大实践。培养前置主要指的是高校人才培养项目，品友互动与多所高校建立人才培养机制，通过课程合作、课程实践的形式培养了大批潜在的行业“未来之星”。通过在北京大学、清华大学、中国传媒大学等“985”“211”院校设立品友互动奖学金，加强在人才培养、科研教学等领域的合作，培养知识、能力兼备的复合型人才。

社会化培养指的是品友互动除了进行公司内部人才的培养之外，还联合行业内的知名企业，进行“DSP优化师”认证培训。这个策略不仅仅利用行业资源为公司内部培养人才，也为整个RTB广告市场输送新鲜血液，加速整个行业的成熟。在品友互动看来，把蛋糕做大，促进行业市场发展，才能使企业获得最大的利益。

实际上，在2013年“程序化购买元年”之前，DSP是一个鲜为人知的新兴事物，彼时作为一家年轻的创业公司，品友互动就已经有了树立行业标准的意识高度和快速的执行力，而品互动友的人才在行业内形成了“免检产品”的口碑效应。

培养客户导向意识

客户价值最大化自品友互动成立的第一天开始，就被定义为核心价值观，是公司新人入职培训的核心课程，也有“老友人”回炉的培训。另外，在激励政策设计的方方面面，也处处渗透了客户导向意识，比如在每年的“360反馈”、人才盘点及继任者计划中，内部客户的反馈得到了自上而下的重视，是权重占比非常大的评估因素。简单地说，工作做得好不好，客户说了算，这个客户要么是外部客户，要么是内部客户。

从2014年开始，品友互动构建了跨部门的共同KPI体系，每个部门、每个职能通过共同KPI体系，相互之间进行关联，共享目标，协同综效，旨在培养和确保所有人的工作，都是在为公司、为客户创造价值。

鼓励创新要能容错

为了实践创新战略，品友互动不仅通过线上线下的培训和演练的方式帮助员工强化技能，例如，对所有员工开放创新创意的采集通道，鼓励每个员工以邮件形式公开提出创意和实践方案，具备可操作性的方案，将获得公司层面的授权、资源，用以协助创新实践，而且，在品友每年360度绩效评估及晋升评估当中，10%的评分来自创新性评分。

因此，品友自上而下花了大量的时间、精力进行企业文化建设。从2013年开始，黄晓南每年负责新人培训就讲一件事——企业文化。品友互动每年的年中会以及年会，都是企业文化建设的大战场。2015年夏天的年中会，品友互动组织全员到军事基地进行了为期三天的军事训练，在军事训练中，大家加深了友谊，统一了思想。

通过“16字”凝聚人才

品友互动一直将企业文化和员工日常的工作结合在一起，边思考边工作，同时利用对于工作的思考反向促进员工对于企业文化的理解，由此制定了“事止于我、互信互助、持续创新、追求胜利”的16字行为准则。

事止于我

在自己的岗位上对结果负责，表现出“这是我负责的”的工作态度，并尽自己的全部力量解决问题，捍卫公司的利益；有充分的责任感，不计个人得失地担当起有挑战和难度的任务，而不是互相推诿、“踢皮球”。

在品友互动内部，为了胜利的结果，如有必要，需主动发挥足够的积极性和领导力推动上级、同事、下属、关联部门，而不是坐等其他人的行动；随时准备着比自己的岗位职责“多做一点，多思考一点”；对于客户的要求，做到最大的理解、最热情的服务和最快的响应速度；在自己的岗位上独当一面，体现最大的专业精神。

简而言之，员工应该摒弃螺丝钉思维，而把自己当作公司的承重墙。只有在这样人人有担当的氛围里，才能产生众志成城的凝聚力。反之，没有主人翁意识的团队，犹如一盘散沙，当企业遭遇厄运时，会如西方谚语所说“雪崩时，没有一片雪花觉得自己有责任”。

互信互助

尊重同事、客户和生意伙伴；互相帮助，互相信任，言谈举止光明磊落，不说、不做任何损害团队合作的言语和行为；偶有纷争，大局为重；无妨原则的事情，礼让为先；事关原则的事情，公开、坦诚汇报，请求更高层级管理人员介入，不做小动作，不发牢骚；积极分享最佳工作方法，好的实践经验“不留一手”地传播分享；对彼此的工作能力和态度充满信心；善意地提醒他人工作中的失误，并积极帮助改正和提高，或通过自己的工作来弥补损失；重视部门内及跨部门的团队合作，不玩弄政治。

在许多公司的跨部门协作中，常常会有互相不配合甚至互相设障的状况发生，但若是想想大家同坐一条船，不团结起来奋力划桨，如何能共同抵达彼岸？稻盛和夫说过，以“利他之心”经营企业，是超越行业、超越国界的“真理”。在信任的基础上，品友互动认为，互助互利的团队氛围是企业的无形资产。

持续创新

创新的范畴是广泛的，包括对公司业务、工作方法、销售技巧、技术实现等各个方面的创新。

把在工作中进行创新作为自己每天工作的一部分，哪怕是微小创新；准确理解和快速拥抱各种变化，迅速根据创新调整自己的工作方式与方法，这些变化可能包括组织结构、工作流程、管理制度、技术变革、战略和目标的调整等。

品友互动鼓励员工勇于创新，只要不与公司利益相冲突，敢于尝试任何新的概念与实践，即使可能需要冒险；创新的目的是追求客户价值最大化和股东总体回报（TSR）价值最大化，创新要注重实际价值的转化。

追求胜利

珍视每一个哪怕是微小的成绩并为之祝贺；把公司作为整体的团队，所有的工作都是为了最终集体的胜利；为达成公司、团队和个人的目标，勇于牺牲个人的局部利益；用积极的心态对待每个问题，并钻研解决之道，以求取得成功；承认暂时的困难和局限，但始终将之视为工作可以做得更好的机会。

执着地追求"赢"——不仅仅是普通意义上的工作结果，或者给公司和上级管理人员的一个"交代"，是阶段性目标达成和迈向公司使命的胜利成果，同时也是自我提升的一个成果。

在精心设定和打造文化四要素之外，品友互动意识到，员工思维尤其是企业文化是需要运营的，也需要相应的载体，于是打造了"品友周刊"，保持与员工高频次、持续性的交流互动。企业文化绝对不是将口号打印出来贴到墙上那么简单，企业文化的最终表现是每个员工的言行举止，是一个个鲜活的事例，是一个个行为，是一次次冲突中的判断和选择。

在招聘上，品友互动就对符合企业文化特质和价值观的员工更加青睐，而那些表现出色的员工，也是最强大的企业文化使者，通过他们，企业精神得以使更多的员工耳濡目染，受到潜移默化的影响。

走心的“离后管理”

品友互动对于雇主品牌的经营和企业文化的塑造不仅包含潜在员工、现有员工及合作伙伴，对于离职员工，品友互动专门启动了“离后管理”。从品友互动离职的员工，绝大多数仍在行业内发展，进入品友互动的上下游企业或者成为合作伙伴、客户。

在品友互动的离后管理工作中，有一些事例能体现出它的风度和温度，如一位已经离职的旧员工发朋友圈说道：“今天是我的生日，但是没想到，第一个祝福来自老东家品友互动，我非常感动。”2015年的最后一天，品友互动办了一场“老友记”的团聚，专门请回了那些离开的老员工，准备了他们当年在品友互动的留影，以及共处过的老同事，既是暖心之举，也为大家搭建了一个行业的交流互助平台。

基于品友互动创始人们所受益的宝洁校友、麦肯锡校友等的圈层文化影响，品友互动的管理者深谙人脉资源的可贵，离后管理得好，对于公司美誉度更有利，而且能形成巨大的资源协同效应。

在过去的8年发展历程中，品友互动的产品技术、员工素质、企业文化在行业中已形成良好的口碑效应。一方面，品友互动致力于内部培养与外部发展结合，推动并创建技术领域的行业标准；另一方面，通过对持续创新、快速发展、客户导向三大组织能力的打造，在谨慎招聘、快速培养两方面锻造发展所需的员工能力，以及通过企业文化对员工思维的塑造，既培养了自身所需的人才，又向全行业输送人才，成为DSP行业名副其实的“黄埔军校”。

发展和壮大至今天的品友互动，已经可以称作“精英型公司”，并于2015年完成了5亿元的Pre-IPO融资，发展前景越加明朗，同时对于人才的要求，相较起步阶段越来越高。

艾媒咨询（iiMedia Research）的数据显示，2015年中国DSP市场规模达到128.6亿元，同比增长132.1%，2016年的市场容量达到235亿元，DSP市场不断升温。

已经站在DSP行业风口上的品友互动，将继续发力移动端的广告程序化购买，并以覆盖全平台的优质资源来引领行业发展。并且，品友互动还希望帮助连接海外品牌和中国消费者，帮助中国品牌走向世界，实现“人和信息的智慧连接”。组织能力的打造和持续建设，是品友互动练就深厚内功的独门秘籍，也是其不断纵深发展的底气所在。

第五章

移动互联时代的员工思维塑造

亮点导读

由美国得克萨斯州的一个普通女性创立起家，50多年来，玫琳凯的业务足迹遍布全球30多个国家和地区，作为一个庞大的“粉红家族”而为人所知。

迄今为止，中国市场已经成为玫琳凯在全球的最大市场，并保持平稳增长的步伐。

身着粉红色套装、为顾客传授护肤心得的美容顾问，是构筑“粉红家族”金字塔的一砖一瓦。她们可能是缺少事业激情的家庭主妇，可能是名校毕业却内心充满自卑的女孩，也有可能是下岗在家的普通女工……玫琳凯成为她们改变人生道路的一个契机。

对于玫琳凯这家公司而言，如何驱动这样一个人数甚众的大型商业组织呢?

要知道，仅仅在中国，玫琳凯就有1 200多个正式员工，以及数十万独立的美容销售顾问。如何指挥这支庞大的队伍高效作战，或许是许多人无法想象的难题。

毫无疑问，人是玫琳凯最重要的资产，也是其组织能力；同时，“无缝合作”是聚集在一起的人如何相互协作的另一项关键组织能力。

这篇案例将会揭晓一个谜底：玫琳凯是如何通过打造员工思维，指挥这个“粉红舰队”整齐划一去攻城略池的。

这个世界，唯有改变才是永恒不变的。

——麦予甫　玫琳凯大中国区总裁

玫琳凯：靠打造员工思维驱动的粉色商业帝国

每家成功的企业在被提及的瞬间，总会让人在脑海中联想起一些与之相关的标签。

许多人听到玫琳凯，会想到诸如“粉色”“女性”“美丽”等关键词。

如果人们对玫琳凯创始人的故事有过一些耳闻，那大概会知道，这家公司是一名美国女性玫琳凯·艾施，于1963年在得克萨斯州创办的。40多岁的她积攒了在直销公司的丰富从业经验，并怀抱着两种想法自立门户：一是，推销一种质量和价值都无可置疑的产品；二是，为女性提供无限的事业机会。

50多年过去了，玫琳凯在全球拥有350万名独立的美容顾问，年销售额逾40亿美元，业务足迹遍布于全球35个国家和地区。从一家启动资金5 000美元、店铺面积500平方英尺，店内只有5种护肤品和9名美容顾问的公司起步至今，玫琳凯成为全球最大的护肤品和化妆品直销企业之一。

玫琳凯大中国区总裁麦予甫说，在过去三年中，中国市场一跃超过了美国，成为玫琳凯在全球最大的市场。

2008年，玫琳凯中国设立了一个新的五年计划，为了实现预定的销售增长目标，企业内部开始评估和盘点以当时的能力是否足够支撑未来的成长，比如团队需要多少人、中高管理层需要多少人等。当发现企业的组织能力距离五年目标还存在一定差距时，玫琳凯决定通过组织能力诊断分析出的结果，对症下药去完善企业的组织能力，扬长避短，通过夯实公司的基础，带领企业在关键阶段完成一次飞跃性质的前进。

从大的行业背景来看，近些年，中国化妆品行业如雨后春笋般发展，行业和市场得到了长足进步，目前已经成为全球最大的化妆品市场之一，化妆品年销售额达 2 000 多亿元，约占全球化妆品市场的 8.8%，仅次于美国。在全球金融危机的大环境下，依然保持着持续平稳的增长。

2008 年，当玫琳凯中国第一次进行杨三角组织能力诊断的结果，就印证了这家企业获得成功的原因。人力资源副总裁袁纯说，与一般企业通常“能力高、思维低”的结果不同，玫琳凯在员工思维方面的测试分值非常高，达到了 90 多分。

1995 年，玫琳凯进入中国市场，2000 年开始实现盈亏平衡，玫琳凯中国的管理团队就在思考如何令企业持续发展，文化价值观是他们首先想到的任务，于是员工思维成为玫琳凯重点打造的一个方面。

一直以来，员工思维（使命、愿景、价值观）都是玫琳凯重点打造的板块，在完成组织能力的诊断之后，玫琳凯将自己的组织能力明确设定为：第一，人才（talent）；第二，无缝合作（cooperation）。

为什么人才和无缝合作是玫琳凯的组织能力

玫琳凯于1995年在上海设立了行政管理中心，之后在杭州经济开发区设立研发及生产机构，在全国35个主要城市均设有分支机构。现在有数十万名中国女性，通过玫琳凯的事业来为自己、为公司、为社会创造价值，正式员工有1 200多名。

若要试着一探这家企业取得如此巨大成功的原因，会发现它对人的重视超越了一切。字母P和L在绝大多数企业中代表着利润（profit）和亏损（loss），但在玫琳凯这家公司中，它们还代表着人（people）和爱（love）。

虽然玫琳凯在中国市场比美国起步要晚30年，但如今中国市场已经成为玫琳凯在全球的最大市场。根据央视市场研究股份有限公司的“中国消费者指数”数据，玫琳凯品牌系列产品，在中国化妆品品牌市场份额排名中连续多年名列前茅。能够取得这样的成绩，和玫琳凯一直以来关注“人”（员工和销售队伍）密不可分。玫琳凯女士曾经说过：“我们不仅仅从事化妆品事业，我们还从事人的事业。”

在玫琳凯，员工一直被认为是最重要的资产。事实上，公司发展的好坏也取决于员工。可以说，是卓越的人才铸就了玫琳凯这家公司。所以，玫琳凯中国传承了创始人的初心，把销售队伍看成是美容事业的主体，关注员工个体，在潜移默化的影响中，让员工把玫琳凯的价值观传递给客户。

在玫琳凯中国团队工作了20年的人力资源副总裁袁纯说，当员工和销售队伍感受到了玫琳凯这家公司对于她们个体的重视时，她们会以同样的态度对待自己的顾客。如果不是抱着推销化妆品的目的去接触顾客，而是抱着真心帮助他人变得更美好、更自信的精神去提供服务，美容顾问往往既能赢得顾客的信任，也能赚到钱。公司也一样，真诚对待自己的员工，也能带来回馈，这就是思维决定的力量。当玫琳凯赚到更多的钱后，就会花更多的钱和资源去培训优秀的员工，给予她们认可并进行激励，让她们获得更多的肯定和自信。

麦予甫一直强调“激发员工的潜能”。这么多年以来，玫琳凯一直打造的是人。相比互联网公司而言，美妆行业的发展特点并不是求快或者求颠覆式创新。但是，当公司遇到转型期时，就会强调速度要快，而玫琳凯组织能力的核心就是拥有有凝聚力和潜能的人。

在这个粉红色的商业帝国中，玫琳凯中国首先要面对的是全国的近百名首席经销商和近3万名普通经销商。玫琳凯对经销商的培训和培养竭尽所能。此外，在全国范围内还有人数甚众的美容顾问在从事玫琳凯事业。对此，玫琳凯中国采取“授人以渔”的策略，提供方法和工具，教会经销商做好美容顾问的服务、辅导与管理。

目前玫琳凯中国的首席经销商并不是玫琳凯中国的正式员工，她们拥有自己的公司，与玫琳凯中国签订合作协议，销售玫琳凯的产品并向玫琳凯中国提供服务。每一个首席经销商都有一个“区域”——有大量的美容顾问队伍需要服务、辅导和管理。在这种特有的模式下，截至2014年底，玫琳凯中国的销售额较1996年已经实现了100倍的增长，2015年表现平稳。

玫琳凯业务取得成功的关键是要吸引、培养、留住和扶持一支忠诚、高生产力的独立销售队伍，使公司、员工和独立销售队伍成为一个一损俱损、一荣俱荣、环环相扣的利益共同体，形成一种“无缝合作”的机制。玫琳凯强调以“共同责任感”为核心建立紧密的合作关系，在公司和各个利益相关者之间做好服务与平衡。

因为对于像玫琳凯中国这样一个在后端拥有1 200多名员工，而前端则有数十万独立销售的超大型组织来说，要做到“以客户为中心”，就需要在产品销售之外，将培训、沟通和服务等渗透到处于不同事业道路发展阶段的独立销售队伍中，保证从普通美容顾问到首席经销商，在面对终端消费者的时候，表现出的思考方式和行为模式都是基于同一种使命、愿景和价值观。

由此，麦予甫一直强调："没有任何一个策略是单独一个部门、一个人能够做好的。"在这样一个庞杂的人员系统中，无缝合作成为关键。即使在人员规模一般的企业中，也会出现各自为政的情况。但是在玫琳凯，必须达成无缝合作的全体共识，比如"销售不仅是销售部门的事，还是每个部门共同的事情"。

袁纯进一步解释说，玫琳凯中国有很多跨部门的项目组织，几乎所有公司层面的项目都得跨部门来完成。后来玫琳凯中国发现，逐层往下的项目也得跨部门来完成，所以最终运用了很多跨部门的协作方式来把项目完成。这种模式意味着合作理念必须被深度贯彻，且有机制来保障。比如销售、市场、财务、计划等部门之间的跨部门会议，在玫琳凯中国已经成为一种常态，比如人力资源部门和供应商之间也有跨部门会议机制，沟通招聘进展之类的信息。

从2010年起，玫琳凯中国就将无缝合作列为核心组织能力来打造。拥有近1 200名正式员工的公司，相当于一个大后方的支持平台，为前端的数十万独立销售队伍提供服务和有力支撑。

因此，麦予甫一直趣称员工为“仆人”，为所有的经销商和美容顾问提供无微不至的周到服务。

玫琳凯中国将“如何为利益相关方创造价值”确立为企业发展的核心，将可持续理念紧密融入自身的发展战略，通过高效的管理推行到全公司各个部门，将对各个利益相关方的承诺转化为具体行动，实现价值的创造与分享。

玫琳凯中国每年都在做的各种社会公益活动，比如近两年为了呼吁社会关注唇腭裂儿童，玫琳凯中国专门发售了“微笑”唇膏，并于2015年正式启动了“微笑百分百”项目，致力于提供免费修复手术，帮助贫困地区的唇腭裂儿童。

思维决定人的行动力，决定结果。对于玫琳凯来说，最重要的资产是人，最核心的管理方式就是灌输价值观，最强的驱动力来源于对员工思维的打造。玫琳凯将“内在驱动”（使命、愿景、价值观）和“外在驱动”（考核、激励、晋升）紧密结合在一起，更高效、顺畅地组织管理诸多团队、员工和销售队伍。

玫琳凯的使命、愿景、价值观

46岁的玫琳凯·艾施创办这家公司时，是抱着给女性提供事业机会的念头，因为在她之前的从业经验里，无论她本人做得多优秀，哪怕是打破了销售纪录，但无论是晋升机会，还是获得的报酬，都只能望男同事兴叹。

带着创始人的信念，玫琳凯中国的管理团队一开始就明确了目标，与一般企业把做大做强、赚足够多的钱、占据足够多的市场份额等当作目标不同的是，玫琳凯在拓展中国市场的同时，也肩负“丰富女性人生”的使命（见图 5–1），既是为了让这些女性获得财务上的自由，也是为了帮助她们获得生活上的自信，在拥有美丽外表的同时，还能发展自己的事业。

图 5–1　玫琳凯的使命：丰富女性人生；玫琳凯中国的愿景：成为备受赞赏的企业

具体而言，玫琳凯中国会从让所有员工画“使命图”入手，从思路上帮员工厘清以下三个关键问题。

第一，我们是做什么的（服务销售队伍与消费者）。

第二，我们是如何为此创造价值的（公司与销售队伍无缝合作，公司内跨部门间无缝合作）。

第三，我们需要建立怎样的文化或能力来创造价值（人）。

为什么要画“使命图”？袁纯进一步解释道，从实现使命的基石开始，明确实现的过程中需要哪些策略、方法等，最后就会形成一张图，老板和员工都需要画出自己的使命图，最后就形成了整个公司的一张图。

使命是驱动员工的重要发动机，制定具体的目标让员工去实现，而实现的路径是通过为广大的女性提供服务，这就是取得成功的“一架梯子”，带领她们到达梦想之地。所以，玫琳凯中国每年都会跟员工沟通策略，因为策略是不断变化的，尤其是移动互联时代，人们越来越相信“这个时代唯一不变的就是变化”。玫琳凯的文化价值观和使命一直犹如高山一样岿然不动。

“当然，你要很清晰地把公司的方向告诉给大家，不是说走一步大家就走一步。当你把这个公司的愿景、方向很清晰地分享给大家听时，大家就知道我们要往哪个方向走。”麦予甫表示，玫琳凯中国每年都有许多销售队伍的大型会议，他本人每个月也会跟她们联系，以及通过新媒体和纸质印刷品来传递信息与方向，其实这也是一种理念传播。只有当目标、方向和使命保持一致的时候，公司整体才能保持步履一致。

所以，完成“使命图”之后的第二件事是画出“愿景图”。愿景图更多的是以文字形式对“使命图”进行具体阐述，比如市场部除了产品之外还提供什么、销售部到底提供给客户什么服务、希望受到什么样的认可等，每个部门都需要以文字形式把愿景写下来。袁纯表示，这是受到了马丁·路德·金的《我有一个梦想》那篇演讲的启发。并且，玫琳凯还会将这些愿景做成音像制品，播放给所有员工看，也会在公司大堂里滚动播放视频。

这个将愿景在公司内部逐级往下落的过程，就是让每个员工充分思考自己的职责究竟是什么的过程。比如，让员工去卖电钻，他会思考如何卖一个电钻，还是说为用户提供一个钻洞的解决方案。同理，做报表的员工，工作任务就是填写报表吗？还是可以给同事提供一个解决方案呢？画“愿景图”的意义在于帮助员工打开思路，发现工作的价值和意义。这也是玫琳凯打造思维的一个体现，令员工明白应该做什么，同时带来价值和成就上的自豪感。

价值观则是玫琳凯的立身之本，基于“丰富女性人生”的使命，玫琳凯将黄金法则（你希望别人怎样待你，也要怎样待别人）、生活优先次序（信念第一，家庭第二，事业第三）、让人感到自己很重要、乐施精神四项列为核心价值观，并依此制定了符合中国市场特点和女性发展特性的战略。

员工思维模式是影响公司组织能力建设的三大支柱之一（见图 5–2），是公司竞争力的重要来源，也是竞争对手难以模仿的软实力。企业领导者一定要有远见和承诺，在打造思维模式上坚持投入，才能看到它的作用，也才能为企业的可持续发展打下坚实的基础。所以，企业在确立了理想的员工思维模式目标之后，需要结合自身的情况，运用不同的工具塑造思维模式。

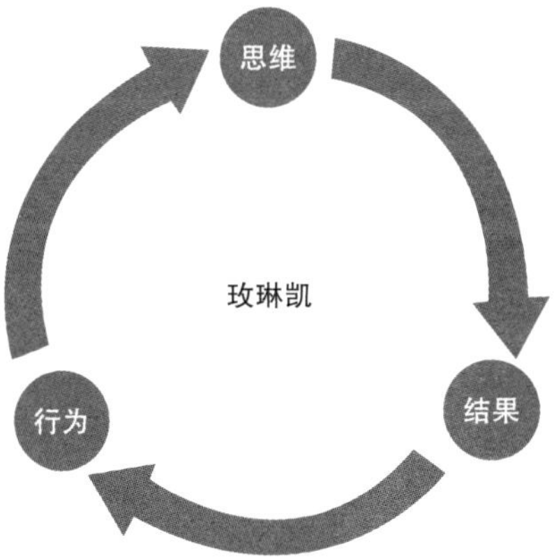

图 5–2　玫琳凯组织能力建设三大支柱

"粉红家族"如何塑造员工思维

在玫琳凯的人才理念中，员工分为三个层次，层次越高的员工，对工作的投入度越高且越持久，对企业及客户的贡献度越大。

第一，"领一份报酬，做一份差事"的员工。他关注公平的利益交换，需通过高薪、奖金或晋升来激发这群人的工作积极性和投入度。他对于工作的高投入度，往往是阶段性、条件性的，当外界有更高的利益吸引时，便会离开公司，即使有股票等激励机制。

第二，关注工作氛围（尤其是文化及团队氛围）的员工。他人对其越重视，工作氛围越合他的心意，就越能激发他的投入度。他不仅投入本职工作，还会帮助他人一起工作，实现共赢。他同样重视利益收入，但这不是影响其积极性的唯一因素，因此，他不会仅因为外界有更高的利益吸引而离开公司，不过当公司业绩持续下滑时，也会考虑离开。

第三，十分清楚自己未来要的是什么样的员工。他能找到个人使命、贡献与企业使命一致的地方，激励自己觉得是"为自己打工"，所以当企业遭遇变革或危机时，他仍愿意与企业共同重新创造，这也正是一些企业"把核心人才转换成事业合伙人”的目的所在。

本着“培养第三层次员工”的目标，除员工的薪酬绩效外，玫琳凯还不断塑造文化氛围，用心塑造企业充满正能量的核心价值观。

让员工感觉自己很重要

黄金法则

“你们愿意人怎样待你们，你们也要怎样待人。”这是《马太福音》第七章里提到的。玫琳凯·艾施曾经一直对她的员工说，请记住黄金法则。如果你确实想依据黄金法则规范生活，那就是你的每天、每个行为甚至每个理念都应遵循“你们愿意人怎样待你们，你们也要怎样待人”的规范。这样你的生活，以及你周围其他人的生活都会拥有新的意义。让每项决策都建立在黄金法则的规范之上，请记住只有当你丰富了别人的生活之后，你的生活才能真正丰富。你给别人的一切都会得到回报。如果你给别人最好的，那么你最终也会得到最好的回报。

玫琳凯一直将这项法则推广至今，并且认为尤其适合作为人事管理的准则。员工不希望主管只是把他看成一个棋子、一个工具，他希望能自己创造价值，而主管是帮助他实现理想的平台。基于这个理念，公司创建了玫琳凯领导力准则，把这些准则融合在素质模型中，作为行为指导并与绩效挂钩，同时开发了以该准则为基础的“新经理培训教案”。

在具体执行层面，玫琳凯开设了专门的领导力素质培训课程，从一线主管到高级经理和总监，玫琳凯中国精心设计了一系列的必修管理课程和实践活动，旨在提升管理者的各项管理技能和领导素质。

- 基础课程：人力规划及招聘体系、面试技巧、绩效管理、组织发展与培训体系
- 中级课程：人员管理、影响力的塑造、多元文化团队管理
- 高级课程：策略思维与规划、卓越领导力

推广赞美、鼓励

赞美和鼓励可以让员工清楚地知道企业认可哪些行为，这些行为是与企业文化价值观、组织能力密切相关的。玫琳凯的员工可以通过“在线认可平台”，赠送“认可卡”给想要感谢的同事，这在无形中创造了互相欣赏、认可的企业文化。

玫琳凯认为，每个人都是特别的，赞美和认可员工能够最大限度地激发出他们的潜能。对于那些表现出色的员工，玫琳凯中国都将给予充分肯定，例如，通过层层评选的月度、年度

明星认可（领导力、杰出贡献、黄金法则服务、感恩奖），服务满1、5、10、15、20周年的员工周年认可。

- **领导力**。始终如一地实践“领导力准则”，这不是一个职位，它要求在你的职位上不断运用四大天职（激发信任、明确目标、整合体系、释放潜能）为组织目标做出贡献，被视为最佳表现者。认可对象：公司内任何岗位的员工。
- **杰出贡献**。授予这样的个人或团队，他/他们完成了一项杰出任务，对公司具有重大的影响，体现出玫琳凯的价值观及领导力。认可对象：公司内任何岗位的员工。
- **黄金法则服务**。运用“四到”（心到、智到、人到、力到），从心出发，展现黄金法则服务，对内部客户、销售队伍产生巨大的影响，被视为最佳表现者。认可对象：公司内任何岗位的员工。
- **感恩奖**。认可自发地通过各种形式，持之以恒地服务于某一非政府组织或参与某项社会公益活动，影响及带领其他人一起参与，回报社会的玫琳凯人。认可对象：公司内任何岗位的员工。

从形式上，包括“即时在线认可”（可以随时寄送在线认可卡）、E–mail 认可、电话认可、当面认可等。每个部门提名“月度明星”候选人，再经过文化委员会评选、全员投票、管理层确认，最终获得奖牌、鲜花的认可。“年度明星”则是基于“月度明星”进行选拔，会获得奖杯、鲜花，以及携带家人参加玫琳凯年会的机会。

在玫琳凯，也许员工只做了一件很小的事情，就有可能收到领导或者同事的感谢卡。每一年，玫琳凯中国的员工总共会收到 5 000 张左右的卡片，平均每个人收到三四张。

相信的文化：你能做到

玫琳凯相信每位员工、每个美容顾问都会获得成功。因此要给予他们一定的授权，公司不能有保姆心态，有了这个导向，销售队伍的管理就简单了，数十万人的销售队伍，公司仅配备了不到 100 人的销售支持团队，支持团队主要提供平台和资源，让销售队伍自驱成长。此外，“你能做到”（You can do it）的文化也激发了员工的潜能，当他们感到不自信的时候，同事或主管对他们的鼓励“你能做到”，将激发他们突破局限去尝试的意愿，形成了正能量的循环。

袁纯认为，企业应该站在消费者的角度思考，他们怎么看你的组织能力，比如有些公司让消费者感知到的是速度快，所以通常会认为这家公司的组织能力就是快，但在公司内部，还有另一个维度的组织能力，比如供应链或者领导力等，外部的人感受不到这些，最直观地感受到的是服务好、质量好、产品新，这些其实是内部组织能力不断打造出来的外部品牌形象。让员工感到自己很重要，也会让销售队伍感到自己很重要。

举例来说，采购部作为后台支持部门，并不直接接触销售队伍。平日里，美容顾问出去上课都会带一个行李箱，放着要用的美容工具。通常而言，作为一家公司里的采购部门，接到买行李箱的采购需求，会到市场上找一个品牌和性价比说得过去的拉杆箱，有心的人则会考虑到美容行业，选择颜色和外观时尚一些的产品。但是玫琳凯的采购部门却花了很大的精力琢磨这样一个需求：首先，本着为美容顾问提供更优质服务的初衷，采购部门会仔细询问她们使用箱子的日常需求、习惯等细节，考虑到美容工具的重量，以及可能遭遇的日晒雨淋，采购部会对承重和面料进行深入筛选；其次，考虑到女性身高比男性矮，在行李箱的拉杆长度上做了一些更符合女性美容顾问身高的设计和调整，并且轮子也要更稳等。

“连选一个拉杆箱都会拿到会上来反复讨论，足以见得文化价值观在玫琳凯已经深入人心到什么程度。”袁纯说，实际上，可能拿到行李箱的美容顾问根本没意识到，公司花了这么多心思去调研她们的需求，真诚地为她们做这样一件小事。

小事如此，大事也是同样的原则。2016 年 8 月，玫琳凯中国在上海的行政中心乔迁到新的办公大楼——玫琳凯大厦。在公司内部，这栋新大楼被称为“梦想家园”，在硬件设计和软件设计等方面，充分考虑和听取了员工的需求和意见，“老板们的独立办公室”将不复存在，办公室为开放式的一个透明环境，也给予了不同部门“我的地盘我做主”的软装设计大权等。甚至还安排 8 位来自各大部门的员工代表成立了梦想家园大使，大使们成为项目组与所有员工之间的沟通桥梁，助力新家园的打造，使员工关系更紧密，让员工在每个阶段都有足够多的参与度，让他们充分感觉到，在玫琳凯这家大公司里，每一个人都很重要。

强调乐施精神

在玫琳凯的文化价值观里，乐施精神是最为核心的价值观之一，即无条件帮助别人。乐施精神的起源是这样的：如果我有一个点子，你也有一个点子，我们互相分享，大家就有了两个点子。但是如果我们不把自己的点子告诉别人，每个人就只有一个点子。鉴于这个理念，玫琳凯树立了分享和乐施精神。玫琳凯之所以能有飞速发展，就是因为在整个企业中，坚守这种精神。

乐施精神在玫琳凯的体现就是员工要不求回报地去帮助他人，包括主管不要认为对方是下属就要去管控，要想想怎样帮助他们。同样，销售队伍在对待客户的时候，也要把服务对象放在最主要的位置，给今天坐在面前的顾客真正带去收获，通过服务让她变得更加漂亮，鼓励她变得自信，比如帮助顾客做皮肤测试，针对不同的肤质提供相应的美容方面的建议和解决方案，真心为顾客提供有质量、有价值的服务。乐施不仅是指帮助客户，销售队伍之间的乐施也非常重要，比如授权经销商开展业务的地域可能跨越多个省，到每一个地方去辅导每一个新美容顾问，工作量会有多大？但是新美容顾问确实需要提升业务技能，怎么解决？就是靠乐施精神。几乎每个城市都有玫琳凯中国的经销商，这些经销商会经常为这些地区的美容顾问提供帮助。我的人到你这里，你的人到她那里，只要在这个地域，是玫琳凯的人都可以到你这里来寻求帮助，你要以乐施精神无私地帮助她。不要因为不是你区域的人就不帮忙。因为公司一直灌输“这是一大家人，一大家人就是要互相帮助，不求回报”的价值观，避免出现“我今天的报酬或者从玫琳凯赚的钱跟这个人没关系就不帮她”这样的心态。调整组织架构永远解决不了这个问题，但是通过乐施精神，玫琳凯就把这个问题解决了。

最重要的是“年度乐施小姐”的评选，通过评选将这些乐施行为制度化，给予乐施小姐荣誉、认可甚至去美国达拉斯参加全球研讨会的机会。在商业的气氛下，玫琳凯用乐施精神和规则，创造一种互帮互助的家人式的融洽氛围，从而加强全体人员的归属感和连接。

乐施精神融合到战略层面，就是帮助利益相关者获得更大的价值。玫琳凯让每个部门的员工都参与愿景的制定，通过图画及文字形式表现出来，在每年的策略会议上，每一层级的员工在参与上一层级的目标讨论后，回去再制定自己的目标，从而将愿景、部门目标、个人目标，以及如何帮助利益相关者获得更大的价值串联起来。

在帮助他人理念的背后，包含了“鼓励分享”的文化。玫琳凯的员工培训都会增加分享环节，实践证明各类会议上的分享及内部平台的分享栏目，确实帮助他们提升了技能。

玫琳凯中国将“感恩奖”设立为公司的最高认可奖项，鼓励员工间的互相帮助，销售队伍跨地域、跨团队的乐施帮助，这样，任何一名美容顾问都可以在任何城市、任何地方获得帮助，而不论她的业绩归属哪里。“帮助他人”的理念很好地助推了玫琳凯推广跨部门合作的氛围，实现跨边界的无缝合作。

正能量的企业文化、员工思维的打造不是仅通过培训就能完成的，所以玫琳凯中国设计了一套沟通、活动、培训、认可、激励的机制来运作玫琳凯。在这个过程中，最大的挑战是如何做到三结合：理念与战略决策结合，具体行为与当期业务需求结合，方法与业务流程/HR流程结合。玫琳凯专门设计了一套独特的管理方式，称作CREAM（见图5–3）。

图5–3　玫琳凯的企业文化

无缝合作也是玫琳凯的核心组织能力之一，而CREAM的管理机制覆盖了对无缝合作的打造。“我们通常把组织能力阐述成相匹配的价值观，而价值观会帮助演化成一个行为。”袁纯说，每一年年会上，玫琳凯都要经过全员沟通，把无缝合作列为最重要的目标，然后部门开始讨论以怎样的合作形式来逐步实施。

信念第一，家庭第二，事业第三

每个人都有全方位的需求，不仅是工作、财务自由、获得成就，还包括家庭和谐、身心和谐、健康休闲等。但不会有一家公司告诉你，家庭比你的工作重要。而玫琳凯鼓励员工在生活中从事自己的工作，真正做到生活和工作两不误。信念第一，家庭第二，事业第三，这是玫琳凯员工认同的优先次序，用以平衡家庭与工作之间的关系。

- **“玫好家园”培训**。玫琳凯中国的“玫好家园”计划已推广了很多年，为员工子女及家属提供培训、参观实习、公益活动等平台，员工的家庭越被重视，她们的工作积极性就越高。玫琳凯中国为销售队伍特设了“配偶认可”计划，为感谢家属的付出，优秀销售队伍的配偶可以一同参加国内外的高端培训，或在研讨会上登台接受掌声和认可。自2015年起，玫琳凯中国开始推广“健康绽放年轻美”计划，旨在推广全员健身、全员运动的习惯。
- **年度积分挑战**。在推广文化理念方面，玫琳凯中国会进行“年度积分挑战”文化活动，即围绕为销售队伍、为员工、为企业、为社会创造价值这几个维度，制定出10多类活动，供员工在每月选择参加，奖品都是特别设计与采购的，深受员工喜爱，自然就有了激励作用。

激励销售队伍

由于直销行业商业模式的特性，销售队伍是玫琳凯最主要的利益相关方之一，如何加强员工与销售队伍之间的情感纽带，为销售队伍创造更大的价值，以实现公司业绩的持续发展，是玫琳凯人才管理的一大重心。为此，玫琳凯为公司后台员工提供了更多走近销售队伍的机会，比如，参加地方性销售队伍活动、到客服中心轮岗、写关爱/鼓励卡等，让员工的爱能够传递到销售队伍，从而激励他们。

- **粉红色汽车的荣耀。**玫琳凯中国正式员工有 1 200 多人，销售队伍则有数十万之众。作为一家以销售队伍为主的企业，玫琳凯在销售队伍激励方面，除了具有吸引力的计酬制度外，也有能够激发所有销售队伍奋斗前行的事业道路，还有许多专门为女性量身定做的礼物和精神激励，比如玫琳凯精心选制的缎带、美国达拉斯设计的代表不同含义的别针，以及最令人瞩目的“飞驰的奖牌”——粉红色轿车补贴计划，这可以说是许多销售队伍的终极奋斗目标。对于大多数女性来说，粉红色轿车代表的是意志的一次胜利，是勤奋和决心战胜挫折的一次胜利。目前，在中国已经有近万个出色的销售队伍获得了代表玫琳凯至高荣耀的粉红色汽车。

- **平等的事业发展机会。**在销售队伍里，每个人都必须从美容顾问做起，从无例外。玫琳凯的销售队伍中或许有人没有骄人的学历、丰富的阅历、雄厚的财力和深厚的社会背景，但是只要她们有梦想、愿意付出、有激情和活力，公平的事业机会让更多女性拥有真实的未来。至今，玫琳凯中国已诞生近百位首席经销商。

此外，公司不断引导员工紧跟业务策略方向，向销售队伍展现出当下应有的风貌。比如，玫琳凯即将推出全新的调养品业务，全新的业务领域，需要员工有更健康、更有活力的形象和风貌面对公众，产生自内而外推动的力量。因此，公司给员工提供足够专业的平台、信息等资源，帮助他们提升活力值。当然，一直以来，玫琳凯都在关注员工健康的生活方式。这两年，随着业务的拓展，公司在这一方面的关注与投入更加显著。

全面发展员工的“品、才、貌”

玫琳凯女士说：“玫琳凯公司为员工提供了‘成功的阶梯’，这个成功不仅仅是个人能力的提升，我们更希望员工通过自己的努力获得全方面的成长。”在玫琳凯，员工的成长是企业使命的一部分，全面发展员工的“品、才、貌”是企业的一个目标：“品”是指品格，是个人持续发展的真正源泉；“才”是知识、技能及素质的综合；“貌”是专业的职业形象。只有员工全面成长发展，公司才能全面成长发展。

为了打造员工全面成长的平台，玫琳凯梳理了多项利于员工个人发展的资源。

- **挑战性的工作任务**。工作任务是促使员工在职业发展四个阶段中不断上升的唯一动力，工作任务直接决定了员工对组织是否会有贡献以及贡献的大小。公司及主管鼓励员工根据合适的职业发展阶段，通过接受挑战性的工作任务来不断提升自身的素质能力。
- **轮岗计划**。基于员工的岗位需求、工作表现及潜力，公司及各业务部门会为不同层级员工提供有计划的轮岗学习与工作机会，包括在同一部门内员工轮换不同职能的工作及参与跨部门的岗位轮换、亚太区域的岗位轮换等。轮岗计划，不仅可以帮助员工掌握更全面的业务知识与技能，从而提升个人能力，还可以增强不同部门间或者不同职能间的合作与理解。员工也可以在轮岗中找到最合适的工作岗位，实现价值最大化和事业有成。轮岗时间通常为六个月至两年不等。

• **内部学习培训。**

① 内部讲师计划。为拓展员工的专业知识与素质，拓宽员工职业发展道路，更好地实现培训理论与实践相结合，公司为员工搭建了内部讲师计划平台。该项计划由人力资源部根据不同课程设定讲师标准，通过员工自愿报名及主管提名的形式进行。目前公司提供内部讲师计划的课程有“高效能人士的七个习惯”“卓越领导力”“职业形象礼仪”“与前程有约”等。公司为内部讲师提供了专业化的培训及定期的分享活动，并规定讲师必须每年至少完成一门课程任务。

② 混合式学习。玫琳凯已经逐步形成线下培训+线上学习+工作坊研讨的混合式学习系统，真正将知识转化为员工能力，最终驱动绩效的产生。翻转课堂模式提升了传统线下课堂教学的效果，员工通过PC/移动平台上的电子读物、视频、音频等提前学习知识内容，课堂学习重点放在

体验、实践与互动讨论上。工作坊，则是让员工带着工作课题和困惑到工作坊中，由内、外部讲师或引导师，带领参与者运用所学知识，解决具体问题。线上学习，不仅有E–learning平台，还有移动端的“玫琳凯云学堂”，做到随时随地学习。

③ 伙伴项目。玫琳凯在公司内部招募了诸多优秀的“伙伴”志愿者与新员工一对一结为伙伴，随后的3个月中通过正式和非正式的交流，帮助新员工深入了解公司历史、体验玫琳凯文化、了解客户与资源、学习玫琳凯的成功之道、建立工作人际网络，并在工作、生活中践行公司倡导的文化准则，使新员工顺利融入玫琳凯大家庭，成为美丽多面体的玫琳凯人。

2014年5月，专业第三方机构怡安翰威特面向玫琳凯全球所有员工进行员工满意度调查，玫琳凯中国员工满意度达83分，高于全球最佳雇主标准（78分）。玫琳凯曾连续5届获得《财富》（中文版）杂志的最佳雇主称号，所有评选均是基于全员问卷分值得出，员工离职率20年来持续远低于市场平均水平。2014年员工敬业度调查如表5–1所示。

表 5–1 2014 年员工敬业度调查结果数据

项目	满意 + 非常满意比例（%）
作为一个组织，玫琳凯为未来发展提供了清晰的方向	86
公司很好地开展主要的变革举措，并帮助我们达成更好的绩效	82
管理层是公司文化价值观的演绎典范	89
我的工作与我的能力及经验相匹配	92
我理解我的个人工作目标如何与企业目标连接	92
管理层做出了好的商业决策	89
公司的政策和流程对业务目标的实现做出了贡献	83
我和同事一起工作，以实现我们的目标	87

除了在招聘过程中强调公司的核心文化价值观，有意识地寻找与公司文化价值观契合的候选人之外，公司还利用各种渠道和途径来强化这些理念，让大家在每天忙于工作时仍可以不忘初心。特别是早在 2012 年，公司总裁本人在全公司范围发起“走进销售队伍”项目，鼓励支持各层面凡是需要做商业决定的员工，均可以每年参加跨部门的小组，走入全国几十万人的销售队伍，面对面了解公司使命所提的这群背负“丰富人生”使命的女性，明白自己的工作对于公司终极客户的重要性。到城市和乡村，与销售队伍交谈，切身体会她们的不易与努力，会激发员工发自内心的认同感。在公司大的文化价值观的共同基础上，员工的工作意愿、贡献意愿会大大提升。

玫琳凯一直认为公司文化是自己最主要的竞争优势之一。和别的企业在员工能力和员工治理方式上的持续投入不同，玫琳凯让员工在思维模式上与公司愿景和核心价值观保持一致，让员工主动“愿意”更好地工作，为组织贡献力量，让公司持续保持和对手之间差异化的竞争优势。在其他公司，分销商只是一个渠道或者业务伙伴，但在玫琳凯，独立销售队伍是工作的重点和终极对象。让员工理解、认同这一点并身体力行是提升组织能力的重中之重。

玫琳凯中国基于强大的文化价值观着重关注提升员工的思维高度，但是思维方式的转变绝非一日之功，转变和提升来自日常点点滴滴的积累。不仅要对味，还要能坚持。公司在重视公司策略制定的同时，同等重视策略的沟通。玫琳凯持续投入营造正面的公司氛围，创造各种机会与平台来强化员工的贡献意愿，组织每月的员工沟通会，鼓励员工自愿支持销售队伍的活动，参与销售队伍的业务走访，这些都是持续工作的一部分。

员工思维模式的转变是组织能力提升最基本的问题，也是难点。玫琳凯通过建立公司愿景使命价值观来主攻这一难点，并取得很好的效果，这并不是偶然，而是理念契合和不断坚持投入而产出的成果。玫琳凯的高管分享了几点实践“杨三角”的体会：相信与坚持；从高管开始，高管接受认同，以身作则；建立共同愿景和目标；制度流程的支持；员工是主体，释放员工潜能。

附录　玫琳凯工具箱

玫琳凯的愿景和四项承诺

玫琳凯在中国的愿景是成为一家备受赞赏的企业，对利益相关方则明确有以下四项承诺。

- 对玫琳凯家族的承诺：保持良好的经营和稳定的盈利，使她的创业梦想造福并影响更多的女性。
- 对消费者的承诺：提供符合消费者需求的优质产品和贴心周到的服务，带给消费者由内至外的美丽。
- 对玫琳凯人的承诺：全方位地发展美容顾问的多面美丽，使她们获得“比化妆更美丽的改变”，关注员工在品格、素质和形象上的全面成长，使她们拥有更丰富精彩的人生。
- 对社会的承诺：将美好的改变带给身边的个人、社区、国家，乃至全人类共同的地球家园，将环保的理念注入企业运营的各个方面，不断从自身出发寻求更可持续及更绿色的方案。

玫琳凯的使命宣言

玫琳凯将使命宣言写成了文字，让员工时刻铭记：

我们将通过各种切实的方式，为消费者提供高品质的产品，为销售队伍创造能带来更多收入的机会，帮助销售队伍和公司员工体验成功的事业，并积极参与社会公益活动，成为良好的企业公民。

我们将深入女性心灵，帮助她们实现个人成长，走向成功。我们将秉承公司一贯的积极的价值观，以互相关爱的精神实现公司的使命。

玫琳凯的领导力准则

- 永远做正确、值得他人尊重、公正和符合道德规范的事。在无法判断怎样做才正确时，遵循利他原则。
- 在做事前，先问问自己："这样做，是否会影响员工对公司的信任度？是否会影响他们的士气？"把建立员工对公司的信任和培养其自信，放在重要的位置。激励员工士气是每个人的责任。
- 在做最终决定前，总能从人性化的角度考虑。遵循黄金法则，决定做正确的事。如果它会对某些人造成一些负面影响，在实施前，先与员工进行沟通解释变化的原因。
- 无论何时，都以玫琳凯的方式进行沟通。通过分享知识，认真倾听，开放、频繁、及时的沟通使别人感觉自己很重要。给予他人正面、具有建设性的反馈，是一个人成功的重要因素。
- 给予员工对工作的自主权。减少官僚体制，赋予员工做决定的权力。以员工长期的表现来评估其工作业绩，而不是一次的表现。

- 每次和员工互动时，首先要真诚地表达自己的尊重、重视和认可。为人随和、开放、诚实，且愿意彼此倾听，实践乐施精神。
- 在做出决定或采取行动前，需经过深思熟虑。未考虑后果，对问题或突发事件做出下意识的决定，可能并非明智之举，还会降低员工对你的信任。
- 记住，每个员工都是独立的个体，有不同的背景，应尊重每个人的生活环境和个性差异。

玫琳凯的“业绩循环发展流程”

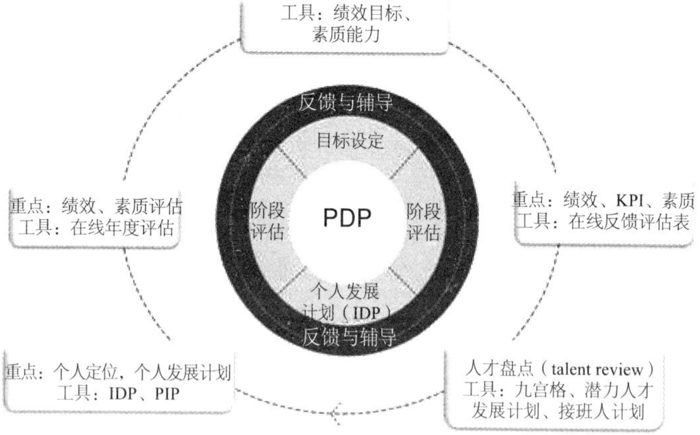

图 5–4　PDP 循环流程

玫琳凯为员工打造了一套“业绩循环发展流程”（PDP）不断提升个人在“品、才、貌”方面的全面发展（见图5–4）。在流程中，员工与主管共同从工作目标及个人发展计划设定开始，通过主管对员工的季度反馈与辅导，及年度的绩效评估流程，帮助员工实现事业有成。员工可在业绩发展流程的基础上充分运用公司及部门提供的培训资源与发展资源，提升个人的全面成长。

亮点导读

连董事长曹文洁也说这是一个“两把榔头、两块木板钉一钉”的行业。在公司创立初期，连街边的小摊贩和家庭小作坊也可以是新通联的竞争对手，用低价给其带来困扰。

虽然不起眼、技术含量也低，但木托盘和纸箱却是包装运输中必不可少的东西。从母亲手中接下家族企业的曹文洁，如何带领这样一家低端制造起家的民营企业，一步步成为吃下世界500强外资企业订单的行业标杆？

在面临严苛的日资企业“为难”、高达百分之七八十被对方认定不合格屡屡退回时，新通联缘何没有放弃，是如何搞定这样难缠的客户的呢？令市场和资本看好的“一站式服务”又是如何修炼而成的？

2015年在上海证券交易所挂牌时，新通联以连续15个涨停板的成绩令人惊叹。

本篇案例中将会呈现一个中国民营女企业家的胆魄和智慧，以及通过建设“幸福企业”打造员工思维的心路历程。

组织能力是基业长青的基础，企业要永续发展，必须持续提升组织能力。

——曹文洁　上海新通联包装股份有限公司董事长

新通联：如何在一个低端行业里实现高端逆袭
——培养“利他”思维，建立幸福企业

“我们这个行业原来比较粗放，技术门槛比较低，就像木托盘，两把榔头、两块木头钉一钉，就是一个市场。”新通联董事长曹文洁常常这么说。

成立于1999年的新通联，最早以生产包装木箱为主业，主要服务于制造业，但利润微薄，面临路边摊和小作坊的低价困扰。木包装行业的资金、技术门槛低，从业企业数量众多，规模小而分散。曹文洁说，木包装技术含量不高，生产工艺比较简单，虽然是一个公认的低端、传统行业，但是市场需求量非常可观。最早，曹文洁的母亲在乡镇经营这家企业时，已经在木包装行业颇有名气。

随着外资企业大批进入中国市场，对木托盘产生了巨大的需求。托盘是用于集装、堆放、搬运和运输的装置，以及作为单元负荷的货物和制品的水平平台装置。属于很不起眼，但必不可少的一样东西。外资企业在包装运输中习惯将纸箱放在木托盘上，外面再用缠绕膜固定。当时的市场上，国内企业还是以做木箱为主，木托盘少有生产。曹文洁在接手家族企业的时候，也看到了包装行业的未来发展新机会。

到了今天，新通联的客户中，世界500强的外资企业占98%，柯尼卡美能达（以下简称柯美）、三菱电机、富士施乐、佳能、霍尼韦尔（中国）、施耐德等知名外企都是新通联长期合作的客户。新通联约三四亿元的木包装销售额规模在全国已处于前列。自2006年以来，公司销售保持年均26%以上的增长，并于2015年5月18日在上海证券交易所A股上市，成为中国木托盘第一股。

9年时间，新通联不断裂变，销售收入从2005年不到5 000万元跃增到2014年的近6亿元，生产基地从1个增加到7个，地域从上海扩展到全国。那么，新通联是如何从一家低端行业的普通公司，成为一举拿下要求最为严苛的外企订单的大户的呢？

新通联能从一家乡镇民营企业成长至今，可以说，一站式服务的推出使得它一下子站到了行业高地，成为吸引客户、与客户谈判的强势资本（见图5–5）。2006年是新通联备感煎熬的一年，销售额是9 600万元，但在往上继续攀升的发展过程中已经有些力不从心，遇到了人员、技术、客户资源等瓶颈。2007年，新通联达到了1.92亿元，实现了1亿元的发展突破，2008年再创新高，蹿升到了2.89亿元。这之间的跳跃式发展，它经历了什么？瓶颈是如何被突破的呢？

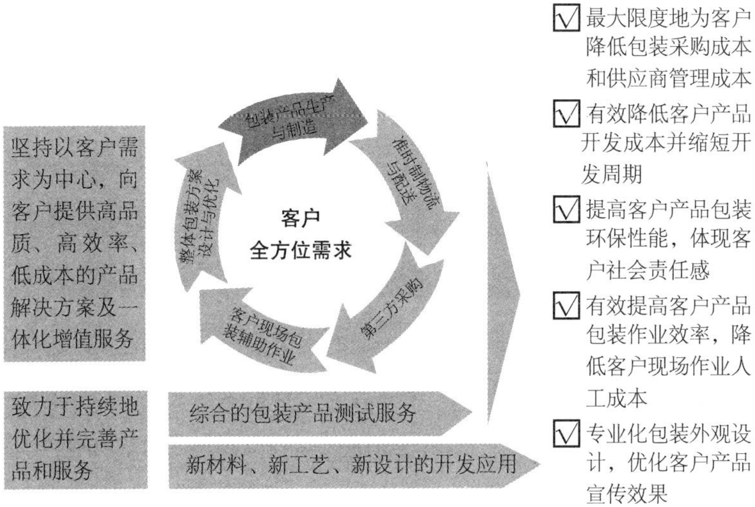

图 5–5　新通联的核心商业模式：整体包装解决方案的一站式服务

2006 年底，日资企业柯美在无锡设立了一个生产复印机的新厂，原先它在上海的一部分供应商就跟着到了无锡，继续提供包材。由于无锡新厂是柯美独资设立的，日本员工非常多，对于产品品质和管理理念有相当严苛的要求。众所周知，日企对于工艺和技术极为痴迷，对于产品的完美和极致的要求用“举世罕见”形容也不为过。而当时的包材制造企业，在理念、标准和技术上距离日企的要求还隔着一条鸿沟。这就造成了令人尴尬的后果：一是包材厂商提供的产品不合格率高达百分之七八十；二是柯美认为，在理念和标准上，与中国厂商很难沟通，柯美认为是鸡同鸭讲，厂商认为柯美要求太高，不讲道理。于是，很多企业决定放弃合作。

送过去一卡车货物，退回来的差不多也有一卡车。当时新通联内部的员工和高层都极力劝说当家人曹文洁放弃，认为继续做下去也达不到柯美的要求，还会把建设无锡工厂的资金耗完。“人脸上也有斑点，何况是纸张呢？”曹文洁说，柯美对产品的要求苛刻到极致：多一个字不行、有斑点也不行、有一个手印全退货，甚至送货过程中有绳子留在纸面上的拉痕印记也不行……

在这种情形和重压之下，曹文洁选择了迎难而上，以偏向虎山行的勇气接下了柯美的单子，毕竟彼时的新通联，还没有大客户，柯美一年能给它带来千万级别的单量，不放手一搏，就肯定吃不到这块“肥肉”。同时，曹文洁意识到，民营企业的经营是摸着石头过河，经验只能通过试错来积累。虽然柯美要求很高，但如果新通联能坚持下来，那么对于业务水平和业绩的提升，就会起到搭上航空母舰一样的效应。为了吃下柯美的单子，新通联一边和柯美反复沟通谈判，一边从提升内部管理水平着手，开始尝试按照柯美的要求来制定标准，完善生产流程，在每道工序上都增加检验频次且规定到责任人，直到产品达到柯美的要求……那是新通联“痛并快乐”的一年，也是完成质变的一年。

对于日企来说，它们有一种理念：供应商的成本是隐形的，如果要更换供应商，那会带来成本的无形提升，只有主动帮助供应商提高能力，才能降低其产品质量不达标的概率。虽然花了人力和时间来帮助供应商，但对于企业上游的生产而言，实际上有了长期和稳固的保障。

在柯美无条件的帮助之下，新通联生产和管理等的组织能力得到了全面提升，同时培养出了客户导向思维。站在为客户节约成本、提供更优质服务的角度，2007 年开始，新通联开始推广一站式服务。虽然与柯美的合作帮助新通联在行业内打响了知名度，但一站式服务起初并未轻易获得客户认可。彼时，中国的劳动力价格还不高，外企认为不同环节找不同供应商可以比价，所以接受度不高。霍尼韦尔（中国）成为当时第一个吃螃蟹的公司，在使用新通联的一站式服务之后，霍尼韦尔（中国）在全球分公司里获得了一个创新奖项。于是，新通联一边靠柯美吸引到像佳能这样的日资企业客户，一边靠给霍尼韦尔（中国）的一站式服务取得的成就打开了汽车等其他领域的市场。

所谓一站式服务，即是指从包装环节往上延伸，包含帮客户量身定做包装设计，并把产品送到客户的流水线，帮助包装、入库、库存管理，并帮助发货。往下延伸，除了为客户提供纸箱和托盘外，还提供包装使用的发泡、纸浆膜、EPE（可发性聚乙烯）、吸塑、防静电、干燥剂等各种材料。既通过统一采购降低成本，同时保证稳定的质量。目前，行业内还没有一家运作这套商业模式的公司具备与新通联比肩的竞争力。2015 年在上海证券交易所挂牌后，新通联连续出现了 15 个涨停板，反映了市场和资本的看好。

但是，客户感受到一站式服务的好处之后，也希望市场上会有更多能提供这种服务的厂商，竞争机制有助于他们进一步降低成本。对于新通联来说，压力随之而来，如何放大优势，提供更加完善和稳定的服务，并且建立起成本优势，是新通联在 2009 年向苏州、芜湖、重庆、武汉等全国范围内的城市扩张进程中急需思考的问题。此外，在制造业经济下行的大背景下，劳动力密集型的包装行业受到了人力成本上升的重压。

要在竞争对手逐渐围拢而来的纷乱局势中让自己屹立不倒，组织能力成为企业内部的建设重头，这是支持商业模式能够持续发展的必修课。

此外，移动互联时代，领导者应当更加重视这样一个问题：如何让员工获得更多的自我驱动力。仅靠老板下命令或者利用规章制度去约束，把员工当成“拉磨驴”差使的思维显然已经不合时宜。一家公司的使命、理念、价值观与创始人密切相关，员工思维的构建依靠公司核心人员的言传身教、层层传递。

组织能力：快速响应、持续稳定、成本控制

2007年，打开高端客户的市场之后，新通联开始进行从手工作坊到现代化管理企业的转型蜕变，对管理层团队进行了换血，从外部引入了专业人才担任管理层的职位。

“虽然一直在做企业文化，但是企业做大到一定程度，就需要有系统性的东西来支撑。”曹文洁认为，从一个榔头敲敲就能从事生产的企业起步，到了销售额上亿元的规模，就不能还是原先从事低端生产的思维，否则会难以匹配要求严苛且管理规范的国际化企业客户，不利于企业的长远发展，于是打造组织能力成了新通联扩张中的当务之急（见图5–6）。

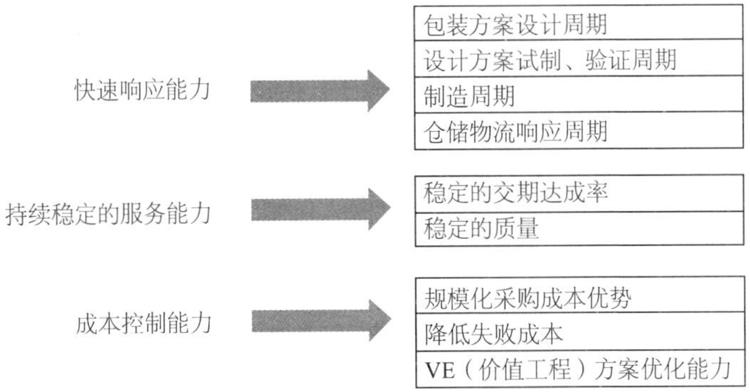

图5–6　新通联的关键组织能力

优秀的公司往往在两三个方面展示出众所周知的组织能力，也是其超越竞争对手、为客户创造价值并获得客户认可的关键所在。在这个背景下，新通联将快速响应能力、持续稳定的服务能力和成本控制能力明确为公司的组织能力。

因市场变化而变化，这是“快速响应”的宗旨，也就是客户提出的需求，新通联必须要及时帮其做出快速应对。虽然客户也有设计师，但往往不如新通联这么专业，所以干脆就帮客户省掉设计费，只需要把产品交给新通联，由专业的实验室来设计、测试直到可以生产制造，包括现场打包、仓库管理等。“我们的组织能力中最重要的一环，就是这个设计环节。”曹文洁说。

包装行业处在制造行业的最后一个环节，虽然处于被动地位，但做到“持续稳定”是应对客户随时变化的需求的必备能力。有些客户的不常用规格产品订单是无计划的，尤其是那些小企业，订单比较零散，作为厂商来说，如果为客户预备一定的库存量，也存在一定的风险，“客户尾巴一摆，后面的产品全部废掉”的情况经常发生，比如量少、品种多的客户，预留时间长了，纸张容易报废，不预留时间或者预留时间不足，上游公司如果没有产品，则可能导致产线停线，带来巨大损失。

所以，持续稳定的服务能力对于新通联来说，是具有挑战性的。曾经在跟一个苏州吴江的客户对接的过程中，由于客户负责制订计划，新通联按照对方的计划生产，导致纸张周转率高达200多天，后期消耗起来也非常缓慢，新通联损失严重。所以，持续稳定的服务能力会影响另一个重要因素——成本控制能力。

企业规模的大小决定着成本的高低，对于原材料供应端渗透程度的高低也决定了采购价格的高低。同样一个规格的纸箱，比如有出价1元钱的，有出价9毛钱的，还有7毛钱的，客户一般会选择价格最为低廉的。为了拿下订单，一些供应厂商会不断压低报价，利润也会被压缩，那想赚钱怎么办？只能通过缩减材料来赚钱。不想打价格战的新通联，选择从技术打破原有思路、优化成本控制能力入手，“客户的心理价位是需要7毛钱的纸箱，我就帮你设计出7毛钱的，通过优化设计方案来实现，产品质量没有降低。”曹文洁说。

新通联专门请了日本的设计师。“一个纸木结合的公司要有二三十个设计人员，一般厂家不会养这么多人，你想一个设计人员的工资，一年的五险一金那是什么代价，那就是一个小厂一年的利润呀。”曹文洁说，除了控制自己的成本之外，新通联更多的是帮客户控制，走到客户前面，这样一来就真正让客户对你产生黏性，再也离不开你了。

举个例子，2009年，新通联被柯美评为“VE贡献奖”。彼时正值物料价格、人工价格飞涨的时期，柯美将一台复印机给到新通联，希望他们能琢磨出降低包装成本的办法。新通联的技术工人将复印机拆解开来看，分析机器的内部结构和受力点，后来把箱体的结构做了调整，木托盘和纸箱都从正方形改成长方形，这样一来，柯美的成本就降了11%，但这个成本降低并来自包材本身，而是在改变包材设计之后，集装箱的装载率得到了大幅提升：原先一个集装箱只能装44台带纸箱和木托盘的复印机，而新通联帮助设计改良之后，能装载56台复印机，装载率提高了33%。

如上所述，新通联一站式服务的商业模式之所以能落地，是因为快速响应、持续稳定的服务、成本控制作为组织能力在背后给予的强大支撑。

市场环境是不断变化的，企业也在不断变化。在新通联各个工厂都会看到一条标语——“顾客在变，我们也要不断改变”。这种改变深入人心，体现在新通联发展的各个时段，促使新通联保持鲜活的组织能力。

2014—2015年新通联股票上市在即，公司制定了以深化“一站式”包装、推进服务创新为基础，紧跟国家产业发展趋势，开拓中西部地区的战略。在这一战略的指导下，公司围绕组织能力的核心，开展了一系列变革。

从员工治理层面，在新的集团化管理需求下，新通联成立了由高层、中层管理人员组成的“发展改革委员会”（简称“发改委”）。“发改委”主要评估、梳理公司管理中的重大问题，提出改革意见。逐渐形成以“发改委”为基础，三大活动为平台的组织变更与流程再造模式（见图 5–7）。P–DOAZ（parts defects on arrive zero）活动平台着重于制度、流程，以持续的

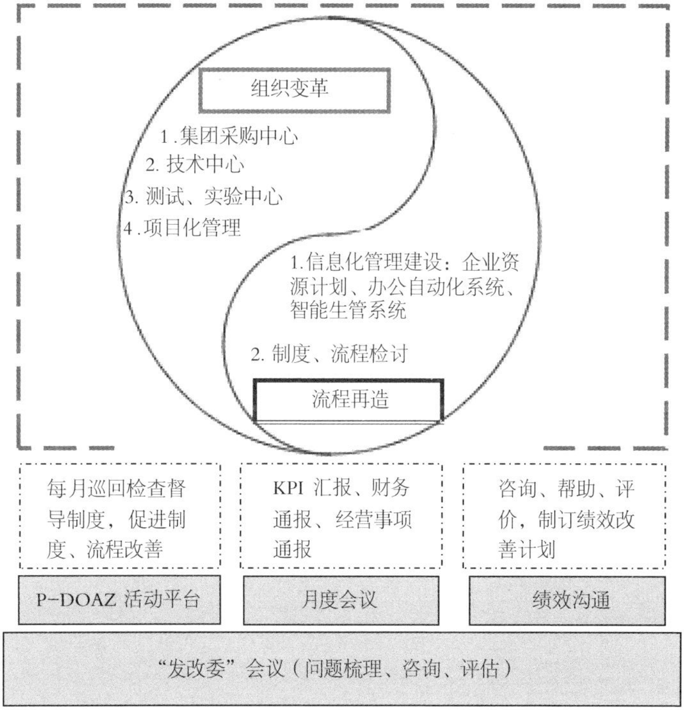

图 5–7　员工治理方式：基于三大改善平台的组织变革与流程再造

督察、稽核、项目计划促进制度、流程改进。月度经营会议着重从经营成果寻找差距，改善经营。每月绩效沟通则为部门管理人员提供咨询、帮助、评价，帮助制订部门和个人绩效改善计划。

在“发改委”运行的一年多时间里，公司聘请第三方机构指导，借助第三方机构的经验对业务流程进行了优化。公司组织在原职能门基础上新设置了综合管理中心、生产制造中心、采购中心、技术中心，清晰集团对各子（分）公司管理模式，总部职能部门由以前直接管理子（分）公司事务，变为授权、监督、制定规则，既提高了总部职能部门的工作效率，也发挥了各子（分）公司的经营主动性和灵活性。

在信息管理方面，公司改善了U9系统，将集团公司所有物料纳入系统管理，规范了财务相关过程。为提高计划、排程与财务结算效率，公司将设备生产管理系统与财务系统接口，实现物料需求、生产排程与财务结算自动化。公司引入办公自动化系统，提高办公效率。

员工能力是打造组织能力的第一个支柱，也就是说，员工会不会、能不能做出与组织能力（如创新、低成本、服务等）匹配的决策和行为。对此，新通联在2015年聘请了外部的专业顾问，对公司人力资源做了盘点，在员工能力诊断的基础上建立了关键岗位能力素质模型。为促进员工能力快速成长，公司采用了外部引进和内部培养相结合的方式。2015 年从外部引入行业资深经理人，担负起公司运营管理责任，引入多名关键技术人员和IT人员，以便快速完成流程优化和职能再造。同时，公司在人力资源盘点的基础上，识别了关键岗位，编制了关键岗位替代计划，要求所有关键岗位人员，在没有合格接替人员时，不得晋升。在人员培训方面，采取师傅认领制度。新的技术、管理人员每两人配置一位师傅，师傅除关心员工业务知识学习，还需关注员工心理成长及生活，以促进员工尽快融入新的工作环境。

回溯新通联发展中的重要节点，之所以提出一站式服务，离不开柯美给予的帮助。曹文洁一直认为，是柯美的“利他精神”给新通联带来了重大转折，既帮助公司树立了具备核心竞争力的商业模式，也开始抓内部的组织能力建设。

“观念的转变对企业来说是非常重要的，我们在提炼核心的组织能力、核心价值观的时候觉得，不管是快速服务也好，还是成本节约也罢，很重要的一点就是员工思维。”曹文洁说，“这种员工思维是指，做一件事情，就要对这件事情负责，要有一种服务和利他心态，才能够在服务当中做好所谓的快速响应、持续稳定和节约成本。”

如果没有这样一种思维模式和价值观的引导，靠一些管理制度去要求员工、约束员工，比如设定响应时间、反应速度这样一系列指标，即使加入KPI，也不能实现，或者说效果不会太理想。

员工会做不等于愿意做，因此组织能力的第二大支柱是打造员工的思维模式，让大家每天在工作中关心、追求和重视的事情与公司所需的组织能力匹配。所以，公司要考虑的问题主要包括两点：

- 什么是主管或员工需具备的思维模式和价值观？
- 如何建立并落实这些思维模式和价值观？

值得注意的是，员工思维的打造，需要“虚实结合”。“虚”指的是“使命、愿景、价值观”，令员工认同公司的使命和愿景，并感到工作有意义和价值。彼得·德鲁克曾经说过：“知识密集的时代，每一个人才自己就是老板。”他认为，企业的管理可以向非政府组织学习。

非政府组织有哪些特点？一般而言，它们的成员都有强烈的价值观，对认定的有意义的工作不惜全心投入，哪怕没有工资也不在意，这就是内在驱动力带来的主动性和积极性。

当然，“实”也是必不可少的，外在的激励，包括考核、晋升、激励等，属于员工的外在驱动力。

一个企业如果过多地依靠物质激励驱动团队，短时可能奏效，但也隐藏着风险。可以通过这些情况来判断，比如当公司IPO了，那些持股员工已经财务自由了，他们会选择套现走人，还是继续留下打拼呢？再比如，当公司遇到难关、财务吃紧，波及了员工的个人收益时，他们是大难临头各自飞呢，还是留下风雨同舟、共渡难关？

企业如果整天只强调虚的，辛苦打拼得到的财富却全都归老板，结果是你吃肉我喝汤，那也是玩不转的。

所以，员工思维的打造，需要注意“虚实”平衡。并且，还要结合企业自身的特点、发展的不同阶段，来制定自己的策略。像新通联这样的传统制造企业，工厂里的员工大多属于普通劳动力，文化水平一般。曹文洁觉得，她的员工比较肯吃苦，思想比较单纯，需要企业加以引导。另外，企业要善待他们，让他们感受到大家庭的温暖，这也是激发他们自驱力的一种有效方法。

改造员工思维模式第一步：灌输“利他精神”

“利他精神”在新通联的发端，是因为柯美对当时的新通联施以援手产生的正面影响和获得的启示。日资企业会经常开展一些供应商支援活动，当时的柯美派了一个级别很高的日本高管和一支团队进驻新通联在无锡的工厂，帮助其梳理、分析公司生产、管理中遇到的各种问题，并针对问题提出相应的解决方案，这个过程慢慢推动了新通联整个公司管理的变革。这种"利他精神"被新通联用到对待客户的理念中去，一站式服务的商业模式就是客户导向思维的产物，为了帮客户设计更好的产品、节约成本，新通联会派驻专业的设计师团队、技术人员，参与客户的生产环节，通过对生产流程的拆分和研究，量身打造出最合适的整体解决方案，是一种"利他精神"的体现。受此触动和启发，曹文洁认为，新通联的团队里，要对内对外怀有利他之心。

员工思维模式是需要不断塑造和强化的，只是将标语贴在墙上或者嘴上喊喊口号并不能奏效。在面临战略转型、体制发生变化、兼并收购或者企业衰退的情况下，企业更需要大规模地重塑员工思维模式，以确保公司能适应内外部经营环境的变化，不断提升竞争力。

"我们的行业虽然是榔头加木板就能上手的低端市场，员工的文化素养相对比较低，但是员工都比较单纯。"曹文洁说，如果有好的企业文化做引导，员工就会往好的方面发展，反之，队伍里出现了不好的员工，其他人也容易受影响。

另外，包装行业的技术壁垒低，成本要有竞争力，就需要所有员工在每一个细微环节都有主动积极的节约意识，要像主人翁或者家庭成员一样对待自己的企业，通过无形中的凝聚力帮助企业整体降低成本。

作为一个家族企业的接班人，曹文洁在过去数年里深深感到，经营企业过程当中很多的理念是领导者自己的。领导者面向的是庞大的市场，底层的员工更多会关注他们手上负责的工作内容。如果员工思维不能塑造好，那么他们每天大大小小的决策和做事方法、自我要求都会很难与公司努力的方向相匹配，甚至可以说，无法让员工从思维模式上跟上公司的步伐，反过来会拖公司的后腿。

所以，曹文洁认为，对于组织能力的打造以及所要塑造的员工思维模式，CEO一定要最先消化，其次是中高层管理者，然后推广到基层员工，不消化的话就很难往下推。因为组织能力靠的不是个人，它深植于组织内部，是整个团队的战斗力，并且是可持续的，它可以帮助企业实现基业长青。

从历史经验来看，新通联在内部解决很多生产流程中出现的问题时，往往是管理者承受比较大的压力，因为他们经验丰富，解决问题的效率高，但往往管理者本身没有足够的精力研究和解决每一个细枝末节的问题，需要发动员工发现问题、提出问题以及主动参与解决问题。比如以前工厂常常出现一个问题：会错发一些箱子到客户手上，A、B两种箱子外观非常像。所以他们就开始制订改善计划，比如相似产品不连单生产（避免在一个机位上前后生产），每生产完一单必须做到清零：清点良品和不良品，并做书面记录，以备核对，且要将不良品严格管理，需要返工的产品一定要移出作业区域。到了仓库发货环节，又容易出现发错产品的问题，主要还是在于相似度太高，于是员工提出贴不同颜色的标签来识别的方案，这样一来，打包的时候就容易辨别了。

员工思维不仅仅是态度问题，更重要的是一些习惯，认识问题和判断问题的原则性。包装行业技术含量不高，管理者一般只要求员工做事勤快，干活要快，最终把产品做出来，这样的人就是好员工。但是，作为管理者，往往还应反问自己几个问题：让我的员工以最快的速度能做出最好的东西，我应该做什么？我应该给员工做什么？事实上，这就是差异化的思维方式。如果没有这种“利他精神”为其他人考虑，怀有从源头解决问题的意识，就会导致问题屡次发生、重复发生。在柯美支援团队与他们协作的过程中，通过组织职能的一些调整和一些企业管理条块上面的改善，新通联感受到了员工思维转变带来的变化，只有利他才能利己，渐渐形成一种良性循环的团队氛围。

当员工主动参与改善的意愿增强之后，很多烦琐又细碎，但是牵一发而动全身的小问题和改善方案就不需要仅由管理者思考和提出。这也是“利他精神”在员工思维模式层面最主要的体现。

当然，员工思维模式的打造和成型并不能一蹴而就，非一朝一夕就能达成。一般情况下，至少需要两三年，从三个步骤入手（见图 5–8）。

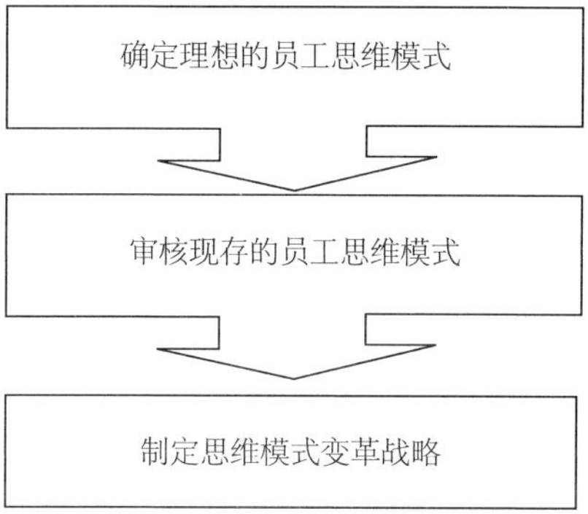

图 5–8　重塑员工思维模式的三个步骤

新通联按照以上三步做出改变之后，以“幸福企业”建设项目为主要形式开展了富有创新性的企业文化建设，从五个模块着手，进行自上而下的改革，力求能够将“利他精神”的企业文化像春风化雨一样融入公司。

五大模块打造“幸福企业”

第一，人文关怀是“幸福企业”建设的基础。新通联在内部倡导“家”的氛围，以真情感人、以热情待人、以亲情暖人。强调领导以身作则，不仅在物质上，更在思想、行动、情感等方面给予员工家人般的温暖，让员工感受到尊重、爱护和极致化的关怀。

在人文关怀上，新通联设置了每年上百万元的财务预算，主要开展的工作有：

- 每年年底，公司直接寄给员工父母500元“孝金”，由公司替员工尽一份孝心。
- 为子女年龄在14周岁以下的外地妈妈，设置每年为期14天的“留守儿童带薪探亲假”，让她们能够回老家和孩子团聚，尽可能多陪伴孩子。
- 每年中秋，公司为员工父母寄送月饼，鼓励员工写一封家书，跟月饼一起寄回去感恩父母。
- 集中组织，为每位员工过生日，用生日感恩，引导员工思考正确的人生意义。新通联的员工生日会和分享活动已经坚持进行了两年，“我坚持参加4个工厂的每次生日会，在每个工厂，我几乎跟我们工厂的1 000多人全部都讲了一个道理，这个道理是什么呢？就是说你的快乐到底从哪里来。”新通联的高管程先生说。

因为新通联的工人大多来自外地，通过这些事情，能够增进员工与其家属的亲情，也能让他们慢慢理解并形成一种价值观：做一个对他人有利的人。

“在做这个企业文化导入的过程中，你想要让员工向上、向善。员工有可能认为你是在剥削他们，因为他们不理解你。所以我们当初就推出了一系列关怀员工的方案。”曹文洁认为，要培养员工的利他之心，首先公司就要愿意为他们付出，并让他们感觉公司是一个大家庭，对他们充满关心。

第二，人文教育是建设“幸福企业”的重点。开展“幸福企业”建设，首先就要营造积极的学习氛围，弘扬好人好事，树立公司内部的员工典范，通过典范带动更多的人参与创建“幸福企业”。

- 新通联开展了以传统文化为内容的教育培训，先后聘请复旦大学、百家讲坛的知名教授讲授《孝经》《弟子规》《了凡四训》等传统典籍。
- 在管理层中开展基于中国儒家与佛教文化的“稻盛哲学”学习，引导员工“积善行，思利他”。

曹文洁认为，基层员工的心地是单纯善良的。以传统文化为基础，宣扬孝亲尊师、关爱他人，带动全体员工树立受益终身的价值观、人生观，“幸福企业”的精神很容易对他们产生带动和鼓舞，慢慢就会以实际行动践行“利他精神”。

第三，倡导绿色、健康理念。以环境保护为己任，积极承担社会责任，将绿色环保理念贯彻到经营活动和员工的日常生活中。关心员工健康，通过教育、宣导，引导员工养成健康的生活、饮食习惯。

- 公司积极开展全民健身活动，在员工中组建了足球队、羽毛球队，每年开展运动会。
- 推出健康低碳餐，引导员工健康饮食，戒除吸烟等不良习惯。

绿色健康是员工比较容易接受的观念，事实上，这一块所做的事情体现了一种人文关怀，倡导员工建立一种健康的生活方式。比如公司禁烟是新通联的员工做得比较好的，本身从安全角度来说有这种需要，从健康角度来说，也是公司出于对大家身体的关心。另外，从员工的饮食看，虽然工厂推出低碳餐，但并不是要求员工每天都吃，要求各个工厂一周拿出一天来吃就可以，每天都吃素，员工受不了。并且，对于吃素不会强制要求，基本上都是引导，让大家带着体验的心态来尝试，从效果来看还是不错的。

第四，志工拓展。说教不如行动，为践行“利他文化”，增进员工“付出”的幸福体验，在公司内组建了志工活动小组。志愿者既是推动新通联“幸福企业”建设的先锋队、核心力量，也是“人文教育”的传播者和受教育者。

比如公司要开年会，需要几十个人的团队来组织，现在都是招募那些自发愿意帮忙的员工来操办，给员工创造一些为大家付出的体验机会。此外，新通联的志工不仅为企业内部活动提供支持和服务，也积极参与周边社区活动。现在新通联已经和工厂周边的图书馆建立了固定的服务关系，每到寒暑假的图书馆人流高峰期，馆内人手和服务力量不够时，新通联的志工都会前去支援，帮忙摆放书籍，给新书贴标签、编号、归档、上架等。

这些工作并不会收到物质奖励，所以新通联不强制员工参加，首先是要求自愿。但公司会告诉员工：“不管你愿不愿意相信，如果你尝试为别人付出，这个过程中你会获得成就感和愉悦感。如果你想体验，那就去尝试一下。”响应的状况是比较乐观的，空余时间相对较多的管理者报名做志工的比例很高，工厂一线的员工会少一些，但是不占用生产时间的时候，比如周末的活动，他们就会积极参加。

第五，人文真善美。企业文化氛围的营造，一定离不开宣传手段。只有通过宣传，才能让更多的员工能关注、感知到这些价值观。新通联会用影像和文字（年刊、微信公众号）来记录“幸福企业”建设过程中的点点滴滴，比如评选出一些标杆人物，然后在企业内部进行宣传，包括在食堂里张贴一些公开宣传资料等。

在新通联的管理层，曹文洁还设立了一个“家书群”，要求每一位管理者共同学习一本书，并同步学习该章节，每个人写下心得。每天早晨 8 点，分成几个小组的群内开始按时上传家书，家书群里面有不同的部门——技术部、生产部、采购部、销售部、人力资源部、财务部等。不同部门的人同一时间关注一封家书，很快这个工作就完成了。其实这与平时各部门工作中的协调相通，如果每个人都认真对待，一件事情很容易就能做好。所以学习和写家书，既是团队之间增强黏性的互动，也是提高个人能力的一个过程。

“幸福企业”的建设成果，对员工思维产生的影响，从员工流失率也能看出成效。2015 年，工人的流失率在 20%左右，办公室人员流失率在 5%左右，像班、组长一类的骨干员工基本都是 5 年以上的工龄，在新通联工作一二十年的人也不在少数。

有些台资企业非常擅长员工培训，但是流失率很高，没有很强的员工培训能力，企业就很容易倒闭。

通过这些建设“幸福企业”的具体措施，潜移默化中将“利他精神”导入员工的思维模式，为其快速响应、持续稳定、成本控制这三项组织能力的打造提供根本保障。曹文洁认为，提高心性是企业家自己要不断打造的思维，不断提高自己的心灵纯净度，不断提高自己对于事物的专注力，然后才能够拓展经营，才能够实现所谓的知行合一。

有人认为“企业的每一个毛孔都散发着创始人的气息”。诚然，使命、愿景、价值观与最高决策者是无法切割的。打造员工思维，也是由最高决策者层层传播管理理念的过程，虽然最普通的工人可能见不到CEO，但直接面对其主管，文化渗透要自上而下才能奏效，也需借助工具放大影响力。像新通联的“幸福企业”计划，就是一个系统工具。

作为企业来说，在移动互联时代要提高灵活应变的能力，就要学习柔性化的管理。外在环境瞬息万变，规章制度是冰冷的，但是企业文化是有温度的。放远来看，未来的组织形态一定是高度授权、内在驱动的。员工应该清晰地了解，在组织里什么能做、什么不能做。只有当员工从思维意识上跟企业站在同一条线上时，才能拧成一股绳发力。

新通联的下一步战略是走出国门，马来西亚和印度是其接下来要去开拓经营的目的地。如何走出去，是许多中国企业面临的共同难题。“走出去，市场肯定有，关键还是人的问题，你怎么才能找对人、找好人，如何塑造与公司的组织能力相匹配的员工思维模式，这很重要。”曹文洁说。

对于传统的“中国制造”企业来说，转型中的最大挑战就是组织能力的再造。市场竞争在加剧，企业在扩大规模的同时，强烈地需要改善自身体质。在体量增大的同时，必须建立更加灵活的反应机制，具备更加快速、稳定的服务能力。规模是发展的基础，规模发展与市场灵活反应往往存在矛盾，协调不好这个问题，发展就有风险。就目前来看，新通联转型成功的关键因素在于组织能力建设的成败，这包含职能重建、流程再造以及员工思维的转变。这种变革需要在保持业务稳定的情况下完成，在激烈的竞争环境中，不允许有太高的变革代价。

第六章

移动互联时代的员工治理改善

亮点导读

从光磁产品代理销售到大型综合零售电商，从单一业务到多元化扩张，从数十名员工到11余万名员工，19年的时间里，京东走过了一条充满挑战又充满荣耀的超高速创业发展之路。

如何使得企业在人员规模如此巨大时依旧做到用户导向、快速响应用户的需求？如何使业务模式和核心组织能力不尽相同的三大业务板块都能在京东集团平台上顺利发展并协同综效，而不产生内耗和厚厚的“部门墙”？如何能够持续培养出各事业部的核心领军人才，有效支撑业务发展？

经过长期持续的探索和实践，京东集团逐步打造了适合自己企业现状的集团管控体系：“授权、赋能、激活、找边界”。通过让一线听得见炮火的人决策来实现授权，通过授人以鱼不如授人以渔来实现赋能，从而激活组织活力，并通过找边界实现授权、赋能、激活的动态磨合，从而最终持续打造“用户体验、高效率、低成本和创新”的核心组织能力。

企业只有不断进行组织能力创新，才能面对越来越快速变化、不确定、复杂和模糊的未来世界。

——隆雨　京东集团首席人力资源官和首席法律总顾问

京东集团的管理模式创新
——“授权、赋能、激活、找边界”激发11余万名员工的无限活力

1998年6月18日，刘强东在中关村创办京东公司，代理销售光磁产品，并担任总经理。2004年初，他涉足电子商务领域，创办“京东多媒体网”（京东商城的前身），并出任CEO。2014年5月，京东在美国纳斯达克成功上市。2015年，京东集团市场交易额达到4 627亿元，净收入达到1 813亿元，年交易额同比增长78%，增速是行业平均增速的2倍多。同年7月，京东凭借高成长性入选纳斯达克100指数和纳斯达克100平均加权指数。2016年7月，京东入榜2016年《财富》世界500强，成为中国首家、唯一入选的互联网企业。

作为中国第一大自营B2C（商对客）电商，一家拥有11余万人的大型企业集团，京东在过去的几年间经历了超高速的业务增长。“2012年，京东的整个GMV（gross merchandise volume，成交总额）还没有过千亿元，员工数量是42 000人。大家喊着说我们的目标是GMV过千亿元！实际上，到2015年，我们的GMV就达到了4 627亿元！员工数量超过10万人！我们现在的目标是要冲万亿元！这是一个飞速的发展。”隆雨，京东

首席人力资源官和首席法律总顾问感慨地说。

从垂直电商到大型综合零售电商的突破

实践表明，在初创阶段，公司产品和业务模式相对单一，随着规模的快速扩张，很多公司都走上了多元化的发展道路。这一点在电商领域体现得尤其明显。2007 年，刘强东经过长期的思考和实践，提出了京东核心管理倒三角理论。该理论以团队为基础，通过建立物流体系、IT 系统、财务系统等平台，持续地降低成本、提高效率，目的是为消费者提供丰富的产品选择、有竞争力的价格和优质的服务，打造极致的用户体验和品牌优势。基于此，历史上京东进行了两次重大的战略选择：第一，2007 年自建物流体系，保证客户最后一公里的体验；第二，2008 年开始进行全品类扩充，为客户提供更丰富的产品选择和服务。借助 3C 产品[①]在消费者心中的良好口碑，京东先后上线了家电、图书、服饰、日用消费品等品类，转型成为一站式综合型电商。在扩充品类后，京东发展的势头越来越猛，结合自身的物流和服务优势，在之后几年的电商大战中屡创佳绩，很多品类已经做到行业第一。不仅如此，2016 年京东成立生鲜事业部和新通路事业部，持续扩展客户所需要的新品类，并取得

① 3C 产品，即计算机、通信、消费类电子产品的简称。

了突破性的进展。

经过数年的超高速发展，京东目前逐步形成三大核心业务板块，即电商板块（京东商城和海外电商）、金融板块（京东金融和互联网保险）和技术板块（京东大数据、云和智能），并依此构建京东核心生态圈，以支持京东集团战略达成——“以电商为核心，丰富产业生态圈，完善价值链，为未来高速增长提前布局”。

超高速发展带给组织能力的巨大挑战

业务超高速发展对组织能力带来很大的挑战。在组织能力管理方面，和许多其他相关多元化发展的企业一样，京东也走过了“先儿子，后老爸”的发展历程。中国很多集团化企业是在原有业务基础上，逐步衍生出其他有差异化的相关多元业务。一开始，这些衍生出来的创新业务，是在原有公司平台上运营，相当于是“大儿子”搀着“小弟弟”往前走，这个时候的管理是“长子代父”的模式。随着创新业务不断发展壮大，创新业务和原有业务的业务模式、组织能力的差异越来越凸显，最终，“老爸”集团总部应运而生，“大儿子”不用再“长子代父”，回归到了自己“儿子”的位置。

京东沿着这条路径，逐步发展成为相对多元化的集团企业。最早的创新型业务，如金融业务，是在电商团队里面进行管理的。但很快管理团队便发现，金融业务如果一直放在电商业务架构里，就会受到很大的限制甚至会死掉，因为组织能力要求有很大不同。金融业务需要的是开放、自主、创新，而电商业务需要的是低成本和高效率。初期孵化阶段，金融业务的各项需求需要层层汇报，什么事情都要去寻求各个方面的支持，导致创新效率很低，进展很慢。2013 年，在京东的一次早会上，刘强东宣布京东金融正式成立，由陈生强担任CEO，同时宣布了一个重要决定，金融子集团拥有自己独立的财务、HR 等部门。在当时，还没有正式成立京东集团，也没有提出清晰的集团管控概念，只给了一个例外规定，即金融子集团 VP 级别以上的人员必须由总部确认，财务方面则给金融子集团总预算大包，进行总费用控制。直到 2014 年京东上市后，京东集团才正式成立，金融子集团摆脱了之前“长子代父”的管控模式，逐步形成目前的三大业务板块。

相关多元化业务布局对京东业务运营带来了两大挑战。一是对管理人员的挑战。首先，集团公司一把手要从管理单一业务的“业务管理思维”向“集团多元化管理思维”转变。对于一把手而言，你可能对于原有的创始业务非常熟悉，如数家珍，但是对于创新业务，可能就不会那么熟悉。这时，你是否还能够中立客观地认知自己的优势和短板，能够觉察和突破自己的思维惯性，对各业务的领军人物进行授权、赋能、激活就很关键了。

其次，对于每个板块的领军人才而言，能否真正站在板块负责人的高度，厘清板块的发展战略，打造匹配的组织能力，并对经营结果负责就变得非常重要。如果不能突破之前作为部门负责人的思维惯性，还是一直在“山腰”上思考问题和决策，而不是站在“山顶”上进行战略性思考和决策，就会顶着总经理的帽子，做着部门经理的事情，不仅事事拖累公司一把手，还会让自己的团队不能清晰地了解公司的战略方向，不能迅速批准执行关键决策，导致团队效率低下、内耗严重。

二是对管理模式的挑战。首先，不同板块由于业务模式不同，所需组织能力也会有所不同。更为复杂的是，即使在电商板块内部，各事业部组织能力需求也不尽相同。2015 年，由于电商业务迅猛发展，多个品类业务规模日益壮大并已成为各行业的市场领先者之一，电商板块针对原采销体系组织架构进行了事业部制调整，成立了 3C、家电、服饰家居、消费品、生鲜、新通路六大事业部。因为六大事业部的目标客户群和客户购买模式都有很大不同，对于组织能力的要求也不尽相同。可以想象，消费品和服饰家居事业部如果完全按照 3C 标准品的员工思维来做业务，将会完全行不通，需要具备差异化的思维模式。

其次，和非相关多元化的情况有所不同，相关多元化集团的各个业务板块之间还是有很多关联性的，需要进行密切的协同综效。这对集团化管理带来很大的挑战。如果板块之间协同不好，可能会出现厚厚的“部门墙”，使得效率下降，内耗快速增大，板块之间扯皮严重。反之，如果能够做到高效协同，则会带来 1+1>2 的效果，各业务板块都能从协同综效中获益。

因此，相对多元化业务布局对于企业的组织能力建设带来很大的挑战。如何能够使企业在 11 余万名员工规模的情况下，继续做到用户导向，快速响应用户需求？如何能够在各板块、各事业部之间形成健康的协同综效，而不是官僚主义和内耗？如何能够持续培养出核心领军人才，支撑业务发展？在组织能力建设方面，京东开始了新的探索和实践。

“授权、赋能、激活、找边界”推动组织变革

京东在 2016 年围绕组织能力三大支柱：员工能力、员工思维模式和员工治理，提出了“授权、赋能、激活、找边界”的管理主题，推动组织变革，打造各板块、各事业部差异化的组织能力，通过集团对BG（企业业务，business group）、BG对BU（业务单元，business unit）授权和赋能，充分激活BG和BU的组织活力，实现各经营体乃至整个集团的高效发展（见图 6–1）。

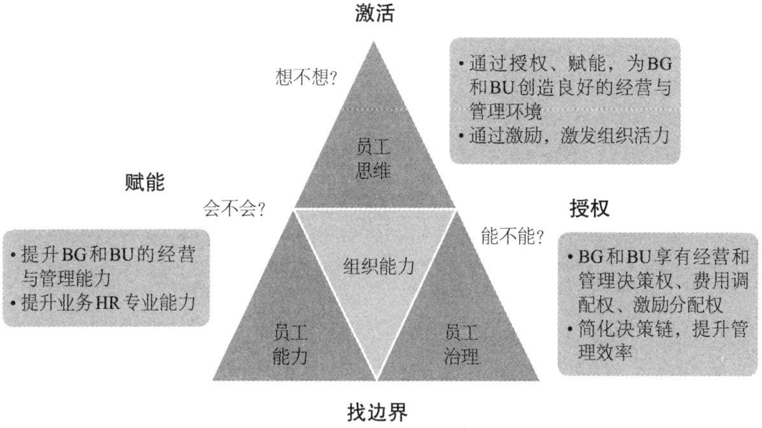

图 6–1　京东的组织管控机制

可以说，京东从之前“事无巨细的事前审批”式的中央集权管理走向“授权、赋能、激活、找边界”的授权式管理是一种必然。因为京东的业务模式决定了京东的核心组织能力是用户体验、高效率、低成本和创新。中央集权式的管理模式在创业初期，在企业规模较小、业务相对单一的时候，通过核心管理团队对业务高度熟悉以及勤奋工作，是可以支持核心组织能力发展的。但随着业务复杂度增加，人员规模快速膨胀，如果沿袭之前的集权管理模式，就如同绿皮火车一样，只有火车头有动力，而后面的车厢越来越多，火车头将越来越累，火车的速度也会越来越慢。企业的动力和活力将会快速下降，甚至滋生严重的官僚主义，大大削弱用户体验、高效率、低成本和创新的组织能力。此时，只有通过授权式管理，才能把绿皮火车换成动车，让每一节车厢都有动力源，不管有多少节车厢，整列动车可以轻松跑到时速300公里。

让一线听得见炮火的人决策

接下来，让我们看一下京东具体是如何做的。

第一，对于授权来说，总的方向是从集团总部到BG、从BG到BU，和客户相关的决策权往下移，“让一线听得见炮火的人决策”（见图6–2）。在京东，权力分为三大类：财权、人权、业务权。对这三类权力，授权的原则是：“授权守住管理红线，

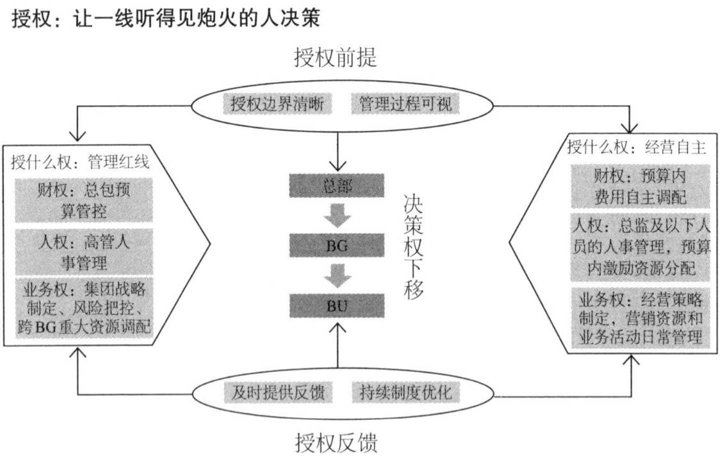

图6–2　京东的授权模式

授权做到经营自主，及时提供反馈，持续制度优化。”

从财权上来讲，集团总部负责总包预算管控，BG在预算内的费用自主调配。比如，BG如果觉得今年市场费用用不了这么多预算，但在未来3年或者5年内，需要培养很多人才，所负责的管理者有权力将这笔预算调整到人力预算的范围里面。当然，集团会定期做相应回顾，并根据规则该亮绿灯就亮绿灯，该亮黄灯或红灯就亮黄灯或红灯。所以，集团要想做到健康有效地授权，对财务、人力资源、IT职能平台的要求是很高的。如果职能平台功能不够健全，集团就会失去相应的监控能力，运营风险将会大大增加。所以，授权的同时需要做好实时监控，做到有纪律的自由。

第二，对于人权来说，集团负责高管人事管理，BG负责总监及以下人员的人事管理，并在预算内进行激励资源分配。高管包括VP级别及以上的管理人员，由集团负责，在尊重BG意见的基础上，高管人才的选、用、育、留都由集团统一来做。此外，集团总部还可以进行人才的跨板块调配，决策需要和BG负责人相互协商，但最终调配权属于集团总部，主要在高管层面。

第三，对于业务权来说，集团负责大的战略制定、风险把控及跨BG重大资源调配，BG则负责经营策略制定、营销资源和业务活动日常管理。授权目的就是让一线听得见炮火的人来快速决策、快速响应。同时，京东业务多元化是相关多元化的，各业务板块服务的用户群有很大的重叠，非常需要在跨板块之间进行业务协同。这时，就需要集团总部基于整体战略，进行跨BG的重大资源调配和统筹。

四大赋能给予授权有效的能力支撑

授权之后，还必须进行赋能。对于赋能，主要是从机制赋能、组织赋能、实践赋能、专业赋能四个维度进行相应落实（见图6–3）。

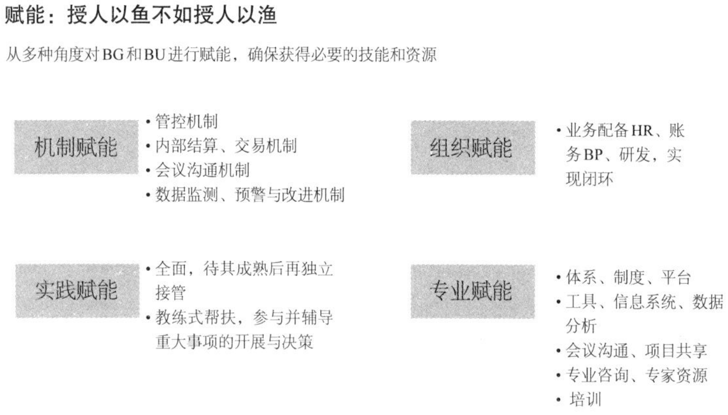

图6–3　京东的赋能模式

第一，机制赋能。机制赋能包括管控机制，内部结算、交易机制，会议沟通机制，数据监测、预警与改进机制。管控机制指的是在“授权、赋能、激活、找边界”的模式下，对集团和BG管控权限进行优化。内部结算、交易机制是对内部资源明码标价并在内部进行市场化结算交易的机制。会议沟通机制，数据监测、预警与改进机制指的是每个月京东所有VP级别以上的高管有一个周末一定是不休息的，要参加经营分析会，去看所有的经营数字。同时有预警与改进机制，提醒各负责人要注意哪些工作。从机制上让负责人明晰自己的工作成果，实现赋能。

第二，组织赋能。通过给各业务配备独立的HRBP、财务BP（财务业务伙伴）和研发人员，形成业务运营闭环。一方面，对于业务负责人来说，很难同时成为HR专家、财务专家或者技术专家，通过配备独立的HR、财务、研发人员，使整个团队具备业务运营所需的完整组织能力。另一方面，即使业务负责人具备以上三项能力，也需要为业务负责人搭建一个闭环运营团队，这样的话，业务负责人的精力才不至于分散，可以聚焦在业务和战略决策方面，尤其是在业务和团队已经达到较大规模的时候。

第三，实践赋能。对于孵化的新业务，先由集团全面托管，待其成熟后再由业务部门独立接管。同时通过教练式帮扶，参与并辅导业务部门重大事项的开展与决策。比如，生鲜事业部在刚孵化时，整个团队才 50 人。集团和商城BG会先托管，进行一系列辅助性的支持，等到新事业部能力真正成熟了，再让事业部总裁全面接管，独立运作。

第四，专业赋能，通过体系、制度、平台、工具、信息系统、数据分析、会议沟通、项目共享、专业咨询、专家资源、培训课程等方式，提升BG和BU管理团队的专业能力，支持业务负责人能够跑得更快。

以上四项赋能的核心思想就是“授人以鱼不如授人以渔”，目的在于让业务负责人学会怎样运用各种资源，相对独立地思考和决策，完成所负责业务的赢利目标。

通过授权、赋能激发组织活力

授权、赋能，还需要“事前定规则+定期监测+事后回顾”，让一线听得见炮火的人愿意决策、能够决策。只有业务负责人有了明确的授权和赋能，整个组织的活力才能被激活（见图 6–4）。通过打造一个个善打硬仗的小团队，做到更加以用户为导向、运营效率更高、创新更多、更好地相互配合，让有 11 余万人的大公司依旧保持灵活敏捷和高效执行力，积极应对外部变革。

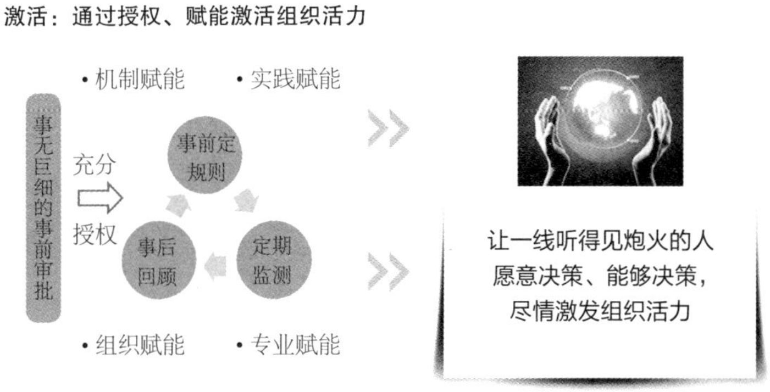

图 6–4　京东的激活模式

“找边界”实现授权、赋能、激活的动态磨合

最后，在授权、赋能和激活之外，还需要“找边界”。为什么要找边界？因为授权、赋能不是静态不变的，一定是一个磨合摸索的动态过程，授权和赋能的力度和各BG、BU的发展阶段、业务复杂程度、核心团队对于京东价值观的践行程度以及能力成熟度密切相关。找边界实际上是在实践中调整授权赋能的尺度，并动态调整，持续优化。通过在践行中识别问题，在碰撞中找到方法，做到统一思想，加强沟通，建立信任。

在京东，目前主要是通过人事管理八项规定来“找边界”，做到企业管理的形散而神不散。在人事方面，具体对于每个个案的决策权虽然下放给BG和BU，但决策的原则一定是必须遵守的。京东的人事管理八项规定正是京东从创立以来的人员管理实践的深刻积累，也是一个边界线（见图 6–5）。

找边界：京东人事管理八项规定

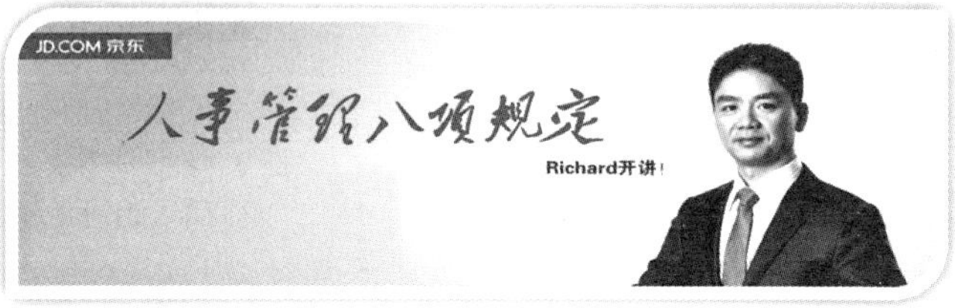

- 价值观第一原则
- 24小时原则
- Backup原则（继任者原则）
- ABC原则
- 七上八下原则
- 8150原则
- 一拖二原则
- No、No 原则

图 6–5 京东的找边界模式

第一，价值观第一原则——关于选人、用人的管理原则。京东秉承“价值观第一，能力第二”的用人原则，保证管理团队拥有共同的价值观。通过能力、业绩和价值观体系量化标准评分，将所有员工分为五类：金子、钢、铁、废铁和铁锈。价值观很好，业绩能力也很好的人，是金子；大部分员工是能力、业绩不错，价值观也不错，属于钢；价值观不错，但是能力稍差的，是铁；能力不行，价值观也不行的是废铁；能力很强，但是价值观不过关的是铁锈，要坚决剔除。同时，京东倡导“80% 钢+20% 金子”的团队结构以促进团队的稳定和发展。

第二，ABC原则——关于管理授权及决策的管理原则。在财权、人权、事权和问责四个方面实行两级决策或追溯制度，即除在审批权限设置中明确规定须经多级审批的事项外，对于管理者一般决策应该在其向上两级中解决，同时如果涉及相应的追责也是向上追溯两级。简单地说，就是按照级别划分，C级汇报给B级，B级汇报给A级。C级在财务审批、人事管理（对于员工的雇用、晋升、调薪、调动、考核、任免、淘汰等方面）、日常运营管理等方面提交的审批项，A、B两级应做出决策（除非审批项涉及用户体验下降，该审批项必须获得刘强东审批方可执行），当然风险追责也会向上追溯两级（例如，贪腐、合规性要求的遵守等）。这项规定的核心是要保证公司的各项制度的落实推进，避免管理者一个人说了算、一手遮天，同时保证决策速度。

第三，8150原则——关于管理幅度的管理原则。一般情况下，编制上管理人员含实线和虚线下属的管理幅度不低于8人，仅在实线下属多于15人时才能设置平级或下级部门。对于业务相对单一的最基层部门，其管理者管理幅度应较大，在满足管理幅度不低于8人的情况下，仅在实线下属多于50人时才能设置平级或下级部门，或设置副职（限京东商城区域）。这项规定的核心就是要保证组织扁平化，避免降低运作效率。

第四，一拖二原则——关于管理氛围简单化的管理原则。对于所有加入公司的管理者，公司原则上不鼓励过多引进过去单位的下属（公司特批群体雇用除外）到其所管辖的部门工作（欢迎推荐到非本人管辖部门），如有必要经其所属条线的CXO批准最多不超过两个人，以避免在公司内部产生帮派及小团体文化，以便降低公司经营管理风险。

第五，Backup原则（继任者原则）——关于管理者需培养继任者的管理原则。所有总监级以上的管理者，要求一年期满时，需要从价值观、业绩、能力和潜力角度找到并经人力资源部确认的，至少在三年内可以继任其岗位的候选人。若未达到要求，公司在第二年将不给予该管理者晋升、加薪、股票授予和其他任何附加资源投入（比如领导或承担新业务等）的考虑；如果在该管理岗位满两年仍然没有继任者，则该管理者必须离职。

这个规定对管理者在自己团队的人才培养方面带来很大的挑战和压力，但是对整个组织的持续健康运行提供了保障，避免出现部门负责人一旦离职或者工作调动，部门的业绩会受到严重影响，帮助公司源源不断地培养管理人才，支持公司快速发展。

第六，24小时原则——对于管理者快速响应的管理原则。

所有管理者对于任何工作请示及需要批复的邮件，24 小时内必须回复；所有管理者必须保证电话 24 小时开机并接听电话，保持管理者沟通渠道的顺畅。24 小时原则是对管理者加强执行力、保持战斗力的基本要求。正是 24 小时原则，公司对于各级管理者的快速回复决策有了清晰明确的规定，并且最高领导者以身作则，使得京东在 11 余万人规模时还能保持高速运转。

第七，No、No原则——关于协作原则。这是指对所有部门及员工，特别是其他部门、一线员工和客户提出的与被要求人或部门工作职责范围有关的，没有事实或数据能够证明他人需求是不正确的，不允许Say No（说不）；对于涉及两个“凡是”的要求，应认真对待，不允许随意Say No。即“凡是涉及客户体验改进的要求，凡是涉及公司未来业务发展的要求”。如果针对涉及上述两个“凡是”要 Say No，必须报备被要求人的直接上级或部门负责人共同决策，才能Say No，且相应Say No的邮件在发送给要求人的同时，应同时抄送给被要求人的上级或部门负责人，便于事后回顾和追溯。No、No原则的核心是要减少跨部门合作的水平边界问题，增强跨部门协同，提升用户体验。

第八，七上八下原则——关于内部大胆起用新人的管理原则。为适应京东集团快速发展的要求，满足关键人才的大量需求，针对价值观良好、能力达到目标管理岗位任职资格要求

70%以上的内部员工，尤其是年轻员工，大胆地予以提拔和任用。同时针对成熟业务及体系的经理级及以上的管理岗位空缺，坚持内部优先原则，要求80%以上通过内部提拔，给予内部员工更多的平台、土壤和资源，培养自己的核心管理队伍。这项规定的核心是解决人才梯队的问题：一方面，解决内部员工的职业发展，同时保证公司文化价值观的落地生根和传承；另一方面，保证组织有新鲜的血液，不会演变成封闭化的组织，导致思维和思路的固化。

总体来看，“找边界”的人事管理八项规定有三个特点。第一，这八项规定不是相互独立，而是环环相扣、相互支撑的，比如Backup原则和七上八下原则都是针对人才发展的，保证了管理者更愿意培养继任者，继任者更有动力在管理者的帮助辅导下最快地提升自己的能力，形成良性循环。第二，这八项规定都是聚焦在公司核心组织能力上，如24小时原则保障了公司运营的高效率，使得公司在11余万人的规模下依旧可以高效运作，保障用户体验；8150原则做到了组织扁平化，保证了高效率和快速对用户需求做出反应，同时使得企业内部的管理成本大大降低。第三，这八项规定是在实践中动态调整、持续优化的。如果授权授少了，就要继续授权。反之，如果授权授多了，有很大风险，在年底做回顾时就要往回收。“管理是一门艺术，一定是人们相互之间通过磨合找到中间舒服的那条边界线。”这是隆雨对于找边界的切身体会。

此外，从公司最高层到公司最基层的纵向信息快速收集也会帮助“找边界”持续优化。作为公司一把手，刘强东非常重视和一线基层的互动和信息收集。每年刘强东会拿出一天时间亲自做快递员送货，同时每年会到几个大区请最基层的员工吃饭、喝酒、畅谈。相对于从HR那边了解公司人力资源工作的开展情况和员工满意度，刘强东更倾向于直接到基层问员工今年感受到的好政策有哪些，哪些政策应该调整，是不是努力工作就会得到应有的绩效回报……这种纵向信息的收集反馈机制对于把握“找边界”的尺度非常重要。一个组织如同一个人的身体，为什么一个人的腿撞到一块石头上会很痛？这就是一个信息反馈机制，身体的某个部位受伤流血了，这个信息要快速反馈到大脑，让大脑做出相应的保护动作，禁止腿继续运动，止血、包扎，保护伤腿，尽量维护身体健康。如果这个反馈机制没有了，腿在流血，而大脑感觉不到痛，不知道发生了什么，任凭鲜血持续流失，生命体就危险了。企业作为一个组织也是一样，一定要有纵向的快速信息反馈机制。

对于一家超大型企业，京东的管理者有数千人之多。对于VP级别的管理者，集团总部会进行“直接管理”，对于其他数量庞大的管理者，则通过“人事管理八项规定”来做到“原则管理”。不管是哪一级管理者，都要符合“人事管理八项规定”的原则。可以说，虽然具体决策者不同，但是决策的依据都是一样的，真正起到了“形散而神不散”的管理效果。

京东未来的挑战

刘强东认为，一家企业如果成功是因为团队，如果失败也一定是因为团队。对于团队来讲，首先是CEO自身的快速成长和突破。如果团队要负100%的责任，99%的责任是刘强东自己。和任何快速发展的企业一样，CEO自身的快速成长突破很关键，否则很可能成为一家公司最大的瓶颈。CEO需要不断学习，提升知识架构，开阔眼界和见识。其次是组织能力的挑战，通过不断地摸索和创新，让组织具备应对未来不确定性风险的能力，不断支持公司的战略选择。我们了解到京东的战略梳理版图已经明确——从2017年开始的下一个12年，京东将转型成为一家科技公司，这无疑又是一次新的挑战。对CEO是挑战，对公司的组织能力更是挑战，因为科技公司相对于零售公司所需要的“突破创新”的核心组织能力可能需要再造。可喜的是，我们看到京东的每位成员不仅内心依然充满斗志、自信和激情，同时谦虚、低调和谨慎，对创新充满渴望。

亮点导读

说到手套生产，读者最先联想到的恐怕是“低端制造”。

进一步联想，情况也不会更乐观：工人待遇不高、被剥削，产品没有技术含量，在产业链条中处于末端、话语权微弱……“中国制造”的印象急需一场变革和更新。

位于广西小城北海的利博盛，是做低端劳保手套、拼价格起家的。而能成为本书的案例，利博盛肯定有过人之处。

比如，利博盛的手套远销欧美大超市，一些世界500强企业是它的大客户。中国驻伊拉克维和部队，也是利博盛手套的客户。再比如，利博盛拥有全球第一家手套研发测试实验室，还有66项专利……

如何将低端制造做成高端买卖，利博盛显然有它的秘诀。

从巅峰时的3 000多位工人削减到1 000多人，利博盛仍然是这个行业里名气响亮的制造商品牌，第三方检验通过率和产品准交率接近100%。

那么，利博盛是如何通过市场化网络组织，完成自己的制造升级大突围的呢？创始人李庆锋所说的“利益捆绑，要强同强，要死同死”背后，又有哪些精彩的故事呢？

在移动互联时代，不变是等死，变是找死，但人生总得有点梦想和情怀，宁可在折腾中死去，也不愿在原地等死，万一梦想实现了呢！

——李庆锋　广西北海利博盛安全用品有限公司总经理

“手套王国”利博盛的创新制造升级——打造市场化网络组织

“最高峰的时候，工厂里有3 000多人，都是我自己的工人，由我来发工资，高峰时期发1 000多万元的工资，压力很大，感到不能那么走下去了。”广西北海利博盛安全用品有限公司（以下简称“利博盛”）总经理李庆锋告诉笔者。

从1998年至今，李庆锋只做了一件事——做手套。

他最早从做贸易起家，做过进口汽车、服装、建材，直到1997年，他决定辞职出来自己干点事，接手了一个经济效益不好的国有企业，带领50多人的小团队，专门从事手套生产。

18年来，利博盛发展成一家集设计、生产、销售于一体的手套供应商，拥有三个手套和两个皮革生产基地，年销售额3亿多元，在国内排名前五。利博盛的主要产品有时尚手套、机械手套、高尔夫手套、户外运动手套、工作手套、鞋里、手套革等，产品远销日本、韩国、美国、欧洲各国、中东国家等，出口量占了生产的80%以上。

听起来，这像是一个典型的传统中国制造业，工人人数多且薪资低，产品低端且没有技术含量等，广西的区域位置也决定了其成本上的优势，但实际并不是如此。

“利博盛从做低端手套起家，一开始是卖劳保手套，拼成本。”李庆锋说。因为他懂英语，绕过了香港的中间外贸商，直接将手套卖给欧美的进口商，他幸运地比同行多赚了约10个百分点。现在，这些低端手套的生产商都转移到成本更低的巴基斯坦、印度、越南等国，利博盛的竞争领域已经转向了中高端，竞争的对象变成了韩国、中国台湾等的制造商。

沃尔玛、欧倍德、Max Bahr、Eingang、Bauhaus……这些欧美的大超市、世界500强企业都是利博盛的大客户，小作坊或者传统粗放式的生产无法满足这类客户的需求，如产量、质量、社会责任、管理体系、设计等。

“利博盛的设计实验室、研发中心都投入了1 000多万元，手套戴多久会磨烂，研发人员都会通过实验得到详细和精准的数据。还有材料透不透气、排不排汗，甚至考虑到有些使用者皮肤比较敏感，戴上去会不会对皮肤有害、瘙痒等。”李庆锋介绍说，“当一些材料中的化学成分超过标准时，手套会让使用者感到不舒服，同时应该更多地考虑这些材料对环境的影响，是否为绿色环保材料，能否循环再利用等。”

利博盛的实验室是全球第一家手套研发测试实验室，按照中国合格评定国家认可委员会（CNAS）标准建立，以国际标准严格要求，产品研究测试能力与国际齐肩，有助于在欧美地区标准制定中发出中国制造的声音。目前，利博盛已经拥有66项设计专利，其中发明专利4项，实用新型专利15项。

2013年，利博盛生产的VGO、VGREEN、ILOND皮革手套成为北海市第一批“广西重点培育和发展的出口名牌产品”。其中，VGO品牌的手套是中国驻伊拉克阿赫代布油田维和部队及成都女警的装备，利博盛还是中国警用手套标准制定者。

“利博盛的薪资在北海地区高得比较出名。”利博盛的一名职员说，刚毕业的大学生就能开到5 000元的月薪。利博盛有一句关于招聘的广告语——“拿广东的薪资，在广西就业”，以此鼓励人才在家门口就业。

一方面，利博盛的产业越做越大；另一方面，利博盛一直在不断投入资金和精力改良生产、创新研发和管理。2009年开始，利博盛开始引入精益生产系统，为的是促进管理规范、提升生产效率、降低材料的浪费率等。在这个作业体系下，利博盛又开始利用市场化网络组织“小团队+平台”的模式来从事具体的手套生产，严格按照客人的验厂标准进行生产管理。

在明确了公司的组织能力之后，一手抓精益生产，一手打造市场化网络组织，经过几年的努力，利博盛不仅将员工人数从高峰时期的3 000多人降至目前的1 000多人，第三方检验通过率和产品准交率基本能达到 99% 以上，成为行业里响当当的制造商品牌（见图 6–6）。

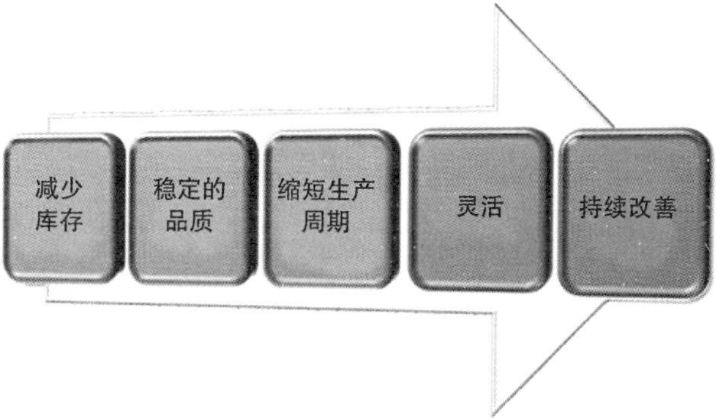

图 6–6　利博盛致力于打造的精益生产作业体系

组织能力：客户导向，技术创新，总成本领先

利博盛目前还没有自己的消费品牌，但是有行业里数一数二的制造商品牌。虽然久负盛名，但经常有客户问李庆锋："为什么你的东西总是比别人的贵？"

从产品质量上来说，由于欧美国家对于手套环保的要求严格，为了确保产品设计与生产和国际企业标准同步，利博盛在 2013 年建立了皮革及相关制品的中心实验室，聘请了专门的化学专业、纺织专业方面的技术人员和顾问。在测试内容上，涉及成品与材料，可完成美国标准要求的项目及欧盟《REACH 法规》[①]要求的项目多达160多种，是我国手套行业第一家专业实验室。

在代工行业，李庆锋为利博盛的品质感到骄傲，因为一般企业未必舍得投入重金去做这些。实验室承担的功能不仅仅是品质保障，还有技术创新。

同时，利博盛还拥有一套“NI远程尺寸定位拍照系统”，通过照片摄像即可定位生成人体相关部位的3D尺寸，有利于大数据收集，掌握各地区人们的手型和基本尺寸，从而为生产建立标准，有利于在数据分析的指导下，实现个性化定制。

利博盛将设计团队设在广州，差不多有50人，其中约20人专攻技术创新，研发新一代手套。

在经年累月生产手套的经验以及技术研究的基础上，利博盛每年都有新的创意给客户，甚至包括下一年的研发方向、原材料走向、流行趋势等，告诉客户哪种手套好卖并预估销量，哪些功能是鸡肋，哪些功能能满足消费者的需求，这款手套用到多少次会磨烂，放在超市的入口还是收银台能提升销量，甚至后期哪些材料可以回收……这些林林总总的“手套知识”都是利博盛作为制造商提供给客户的附加值。

---

① 《REACH法规》，即《化学品注册、评估、许可和限制法规》。

因为对于利博盛的许多欧美超市采购商而言，手套其实是很小的物件，他们不会在这样的小件商品上做深入的研究。利博盛为客户搭建起了一个“一站式销售模式”——向客户提供调研、产品设计、产品测试、工艺研究、产品包装设计、市场推广等多达26项内容的一站式营销服务。

利博盛的服务精细到什么程度呢？“比如，一款手套在我们这里的出厂价是10美元，然后加上运费、报关费等其他一些费用，我们给欧美超市25—30美元的上架价格建议，消费者对于这个价格区间有最好的接受度。”李庆锋说，“而这些欧美企业也慢慢接受并信赖利博盛提供的建议，因为它们发现在销售端，这些建议明显发挥了作用。”

要选择利博盛，就要承受比其他家多付3%—5%的价格，这个看似苛刻的要求最终被客户接受。因为对于国外客户来说，进口手套订单有两条“生命线”：第一，第三方检测通过率；第二，产品准交率。

如前文所述，首先，利博盛的手套工艺和环保标准已经与国际水平齐肩，客户可以充分信任，而不用担心代工企业的产品在这个环节被卡。其次是准交率，比如大超市定下产品上架的日子，但是工厂生产超期、运输延误，会给超市带来麻烦。很多客户为了压低成本，曾经尝试把订单交给利博盛的竞争对手，但发现虽然价格低了，但总成本却没有控制好，不是在检测环节出现问题，就是在出货时间上出现问题，整体的稳定性无法与利博盛相比。虽然利博盛的售价高，但是准交率能100%保证。综合下来，利博盛给客户带去的总成本是绝对领先于竞争对手的。

所以，客户导向、技术创新、总成本领先是利博盛超越对手的三项核心组织能力，它们帮助利博盛奠定了行业领先地位。从制造商的层面来看，利博盛的LOGO（标识）就是一种品质的象征，吸引了越来越多的高端客户。

“所以一个强有力的平台很重要，你要不停打胜仗，后面的小团队才愿意跟着你一起玩，否则那些人是不会追随你的。”李庆锋如此解释他们目前运用市场化网络组织来打造组织能力的要义。

对于利博盛这家公司而言，为什么要用网络组织来支撑公司的发展战略呢？

从形态上来看，组织的形态从传统的科层式转变为“网络状”，主要由扁平化的网络结构组成：围绕用户不同的需求或痛点而提供的服务或产品，由业务团队负责，他们直接面对用户和竞争对手，也是创造营收和利润的源头；支援后台像航空母舰或军事基地一样给小团队补给武器和弹药，通过强大的平台支持帮助他们提升任务完成的概率；对于公司不擅长的领域，和战略伙伴结成盟友关系，通过生态协同促进化学反应。

从机制上来看，协作从“管控式”转为“市场化”。由于不再依赖高层指挥和拍板，需要一套简单有效的协调机制进行有序衔接。这种机制可通过共同使命、利益分配和信息共享，让网络各个节点有序运作。由于这种组织建立的基础是人才，各要素呈现网络分布态势，并通过市场机制这种“看不见的手”实现资源配置，我们叫它“市场化网络”组织（见图 6–7）。

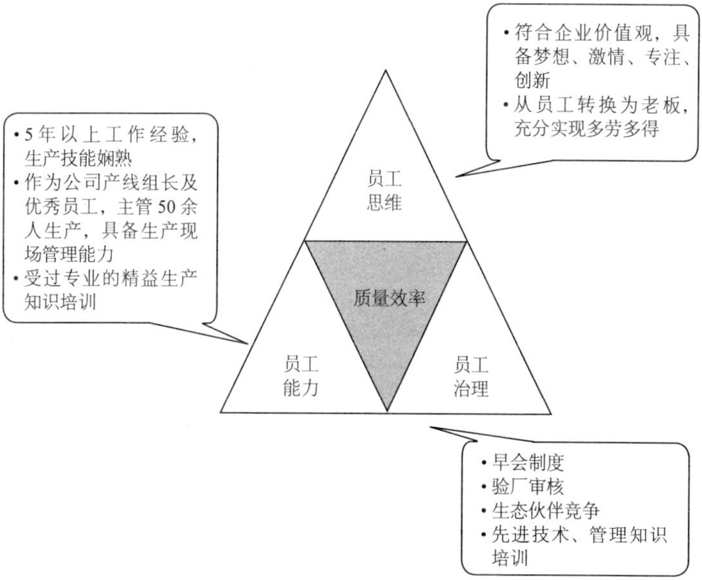

图 6–7　利博盛的组织结构

用网络组织打造“轻资产”制造企业

2008年经济危机之后，利博盛陷入了窘境，没有新订单进来，厂里积压了大量库存。危机之前，公司按照前几年的市场需求生产了大量的产品，一两亿压在仓库里，基本上没有了现金流，却还有3 000多名工人等着发工资……幸运的是，2009年市场需求又起来了，虽然运动和时尚手套受到的影响很大，销量下滑显著，但与此同时，劳保类的园艺手套的销量却大幅上升——经济不景气使得人们有更多的闲暇时间打理花园，也节约下了请工人的成本。

经济危机之后复苏的市场，出现了“急单效应”。之前不敢下订单甚至清空了库存的客户，短期内对手套的需求量激增，李庆锋形容“就像股票市场一样起伏不定，仓库里积压的货物又都被买走了”。当时的手套行业，在危机中阵亡了一批公司，市场出现了供不应求的状况。虽然国内外的订单像雪花一样扑向利博盛，但它的产能却跟不上了，消化60%的订单已经到了利博盛的上限，剩下的都外包了出去。但好的供应商很稀缺，这导致利博盛无法将更多的份额外包出去，小作坊提供的外包生产又不稳定。如何扩大产能，成为困扰李庆锋的问题：想收购，但是没有合适的工厂；全部转做贸易，容易被取代……

扩大生产规模最简单的策略还是增加人力，最高峰时，每个月有100多名新工人入厂。人员快速扩张，让李庆锋感到担忧，他创业起步时期是带领50多个员工的小厂长。那时，他不仅认识每个员工，甚至对厂里的每一个角落、每一个配件都很熟悉。随着人员的不断增加，到100个人时，李庆锋就发现很难记住员工的姓名了。当利博盛的员工数到达3 000的高峰期时，工厂已经明显有些失控：管理混乱、交货时间出现延误、返工率提高等。

如果创业之初考虑的是赚钱，那么经过十几年的打拼，甚至死里逃生后，李庆锋想要的已经不仅仅是让企业赢利那么简单，而是能够更长久地发展。虽然利博盛在手套行业已经大步走在前列，但毕竟技术壁垒不够高，新研发的产品会被市场模仿……如何让一个传统的制造企业变得更轻、更易于管理，同时又能调动人员的积极性呢？利博盛的管理改革已经势在必行了。

打造市场化网络组织有四大基石，分别是业务团队、共享平台、战略伙伴及连接协调机制。

如周星驰的电影台词所说，天下武功，唯快不破。移动互联时代，速度制胜，颠覆和被颠覆时有发生。传统产业中的大公司遇到的第一大挑战就是速度慢，难以灵活应对变化多端的外部环境；第二大挑战是路径依赖导致创新困局，大公司内部的创新变革阻力要比外部更大、更难调和。

第一步：建立业务团队（特种部队）

从 2011 年开始，李庆锋开始尝试打造网络化组织——先分出去一支 60 人左右的小团队试水，让组长成为老板，注册小微公司。为了鼓励员工跨出这一步，李庆锋承诺给勇于创新的能人加薪 10%，最终在报名的人里面选出了第一个小组长，带领一支利博盛的工人队伍，成为一支先遣的“特种部队”。因为利博盛做代工，一旦订单出现延迟交货或者交不出，那么公司就会面临危机。所以早期的试水非常小心，从第一个团队和第一个带队出去的小组长作为测试开始，一直尝试了两三年，李庆锋才觉得可以全部放开了。

60 人左右一个团队，一共有二十六七个小团队，分布在距离利博盛工厂 50—100 公里的范围内（见图 6–8）。这些团队由新的领导带领，小团队之间、小团队与利博盛公司之间，均保持各自独立运营的状态，但是每年为利博盛生产 70%—80% 的订单，从原来的工厂与职工关系，变成工厂与供应商关系，按照签署协议的方式来合作。

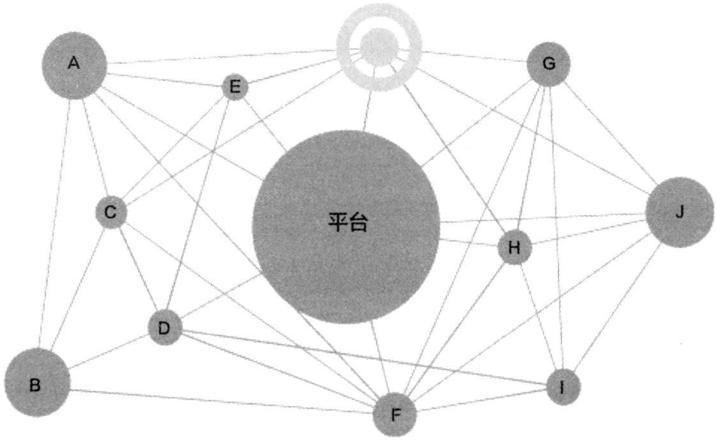

图 6–8　利博盛的小团队

注：中间的大圆点代表利博盛，周边的小圆点代表位于利博盛公司50—100 公里范围内的各个小团队。

小团队的规模可大可小，但必须责、权、利三者结合。

• 责（accountability）：包括清楚独立的核算标准（如营收、利润、成本和用户数等），作为业务的生、老、病、死依据。

• 权（authority）：必须根据团队的健康程度在人、财、物方面适度授权。为了减少不必要的跨部门协调，团队尽量闭环，涵盖与经营活动紧密相关的环节。对于无法胜任的团队，就要收回权限。

• 利（reward）：把团队的激励政策和团队业绩指标挂钩，让他们像小老板一样管理业务。

在整个手套的制造流程里，车缝是占人工工作量最大的一部分。有了机器裁剪的技术之后，车缝成为必须得纯手工完成的一道工序，是最需要人力的一环，这是令利博盛感到沉重的地方，也是利用网络组织重点解决的部分。

对于分出去的小团队，他们只负责手套生产的这一道工序——车缝。前端的自动化下料，运输，分发布料、线料、配件等均由利博盛来完成。目前的利博盛，全部的正式员工大约有 800 多人，这批正式员工里面，有 10 组跟外面独立小团队一样设置的团队，并且跟外面的小团队以同样的模式在内部运行，专人负责团队，还要与外面的小团队公平竞争。

在利博盛自己的平台上分拨出小团队有三个原因：一，自己不从事生产存在风险，所以平台必须具备一部分生产能力；二，将平台上的小团队打造成标准的样本，可以供客户了解现场生产；三，这样做是为了盘活平台上的小团队，令其与外部的小团队形成竞赛机制，互作参照，便于设立标准。

其余的人力，负责完成除了车缝之外的工序。当外面的小团队把车缝好的手套做好之后，会运回利博盛的工厂，由工厂内部的团队将产品最终做成成品、打标识、包装等，这部分也属于不能共享出去的客户保密信息，旨在不让竞争对手了解利博盛的订单和价格。所以，外部的小团队负责的是最费人工，又不涉及商业机密的一环。

当利博盛拿到一批订单之后，会给各个团队报需求量和定价，比如需要1万副手套，要求30天交货，报价30元/副。各个收到信息的团队会开会讨论，比如有的小组认为，28元/副就能做出来，并且用不了一个月，25天就能交货。那么，利博盛会为提前完成任务的小团队提升单价，多给10个点作为激励，并且利博盛还会多给这样的团队订单。这就给小团队多、快、好、省地完成任务提供了动力。

这种鼓励抢单的政策，使得每支团队都会根据产品交期、质量、成本等进行最优选择，有利于形成企业内、外部竞争的生态。

起初，很多人不愿意出去另立门户当老板，不愿意尝试，也不想承担风险。利博盛花了很长时间去做沟通，鼓励员工返乡创业，自己当小老板，成为公司的生产供应商。先解决意愿问题，灌输理念，迈出第一步之后，再提供管理费用等的参考标准，教导他们如何成为合格的独立小老板，然后再跟他们逐步强调产品品质以及KPI管理。接着是各种费用，例如员工费用、水费、电费等事项，一一放手让他们自己去管理，并教授一些相关的管理技能。最终完全让小团队管理者去接手，承包到户，自负盈亏。

虽然创新要快，但是利博盛走得比较谨慎，因为一旦失败，后果承受不起。“订单搞不定，企业就会翻车。”李庆锋说。同时，为了小团队可以稳健发展，利博盛还会提供一些指导性的意见。比如就工资结算标准而言，利博盛会提供市场上每小时多少薪资、一个缝制工序一般花多少时间完成等作为参考。但内部具体如何分利，由小老板来决定，因为每个工人的工作速度不一样，需要根据实际情况调整价格。

在人员管理上，利博盛不过多干涉，只提供一个工序大概耗费多少人力较为合理的配比数据，或者一条产生线需要多少个工人才平衡，能获得最大的效益……利博盛会给每个小团队相应的数据表单做参考。此外，会给一些需要的小团队提供咨询和诊断，分析可以帮他们提升效益的生产和管理细节。

最早出去自立门户的那批小老板，原来都是李庆锋的老员工，是组长进化成了老板，他们很熟悉、认可利博盛的企业文化，也信赖公司采用的新模式。

第二步：搭建共享平台（后援部队）

在网络组织的形态中，平台扮演着至关重要的角色，既是支撑业务团队和战略伙伴的高效运作后盾，也是支持业务团队所需的共同关键资源、专业能力知识以及服务的总舵手。对于客户导向的制造商来说，也有助于帮助他们确保企业用户的体验保持稳定和一致。

这些重新被打散的代工“小作坊”不再是散落各处的散兵游勇，而是在利博盛的指导下有目标地作战，同时又各自独立、闭环运作，规避了跨部门协调等对于速度的损耗，同时又有清晰的责、权、利界定。

作为平台，利博盛建立了统一的管控体系。

第一，将小团队集中到公司里，进行技术及企业文化的知识培训并考核。原来工人们在利博盛的工厂统一工作时，就按照厂里的标准制作手套，现在小团队各自独立出去，很有可能每个业务团队做出来的东西都不一样。虽然利博盛给了统一的标准，但还是有差异的，所以整个品质管理的难度提高了。

就利博盛自己工厂里的业务小团队而言，他们不仅跟外面的业务小团队一样被一视同仁对待，同样要加入互相竞争的队伍，而且连组长也是要做公开竞选才能上岗的。李庆锋认为，必须要有内部考核，不能谁想当组长就可以当。为了确保小团队高效运作，领军人物的筛选是至关重要的，他们决定了小团队的组织能力，以及是否能够做到有品质且高效。

第二，定期到每个小团队的生产现场进行技术指导，尤其是新产品上线之前。因为手工做出来的产品跟机器不同，如果在生产环节没有把控好一致性，利博盛收回去的产品会有差异，影响交付。技术官“轮值驻厂”不仅能起到技术上的支持，还有创新方面的互通和共享。比如哪个团队做得很好、有新的发现，利博盛会从公司派人去查看，把某个团队的成功经验拿出来做分享，让其他团队知道：为什么同样的款式和工序，你做8双，别人却能做10双。

第三，利博盛建立了统一的品质管理系统。首先，从公司指派品管人员到小团队中去，按照公司制定的质量控制标准，相应的质量管控人员到现场指导作业，以确保产品质量的标准化。其次，实行早会制度，每天视频连线早会，汇报分享品质、交期进度等情况，保证内外部的信息实时互通。

为了降低小团队的创业风险，利博盛不仅给他们提供70%—80%的生产订单，还提供生产设备的租赁，指导团队的管理、激励、合理的薪资标准等。

单就设备来说，每个团队都需要电脑针车、缝纫车、双针车等，平均每台1万元左右，一个60人左右的小团队，就需要近60万元的设备。对于小团队来说，这是一笔很大的开支，利博盛的租赁政策解决了他们的担忧。

如果单纯做外包，那么公司什么都不用管，只跟供应商谈价格就行。而这种网络组织的模式，做得好的供应商，利博盛还会给对方涨价、增加订单，以至李庆锋感慨，现在外面小团队做出来的东西甚至比自己厂里的还要好。

有赏就有罚。为了确保小团队的进取心，利博盛的二十六七支合作小团队中，每年都会被淘汰掉一两支，被淘汰下来的小团队，因为失去了订单而无法正常维系下去，有的就解散了。李庆锋认为，当老板需要蛮劲也要狠劲，为了长远的效益考虑，必须干掉落后者，也是警示留下来的业务小团队。所谓市场化网络组织，有残酷竞争的一面，也有发人奋进的驱动作用。

另外，平台存在的意义在于为小团队抵抗风险，互相之间产生压力。比如在双方的合作协议里规定，如果利博盛无法按承诺把70%—80%的订单业务给小团队，就需要补贴工资给他们，按最低工资补贴小团队的员工，最长为半年。

当初设计70%—80%这个量，李庆锋是经过反复考虑的，为什么不承诺给90%或者更多呢？因为担心订单给太多，把小团队喂太饱：一是会降低产量的弹性，比如逢欧美的感恩节、黑色星期五，手套的订单量可能会多出几十万双，如果原本就饱和，那么订单很难消化得了；二是给予小团队接外单的自由。李庆锋认为，虽然小业务团队是利博盛培养出来的，但不阻拦他们接外面的订单，是为了在给予他们一定自由度的同时，让他们横向感受一下行业的发展水平、企业与企业之间的差异，反而有利于凸显利博盛平台的竞争力。

“小团队为什么愿意跟着平台转呀，得有饭吃才行。平台没饭吃的话，小团队还跟你干吗呀？”李庆锋解释说，小团队没有什么独立承担风险的能力，大平台负责解决这个问题，其余就是思考如何更有效地驱动他们。

企业要持续获胜，必须高度重视平台的建设，因为共享平台有多强大，就决定了业务团队的效率有多高。如果平台本身不够强，那么业务团队为什么不彻底脱离平台自己单干呢？

第三步：结成战略伙伴（盟友）

共享平台为什么需要战略盟友呢？

移动互联时代，企业专注于自己的核心主业是第一要务，为了满足客户层出不穷的新需求，懂得结成战略伙伴、相互借力会更为明智，强调生态共赢。

用李庆锋的话来说，结盟就是利益捆绑和共赢。就上游的原材料供应商来说，为了建立伙伴关系，利博盛会买入一部分供应商的股份，与对方一起合资发展。并且，在同等情况下，订单会向盟友倾斜。

针对客户很注重的设计层面，利博盛与英国Declam公司合作开发了3D设计软件系统，并与广西的重点院校结盟，每年针对大学举办设计大赛及创意大赛：一是看看他们有没有一些创新设计，如果有看中的设计，利博盛可以买下对方的专利；二是可以吸引设计人才进入利博盛的平台。甚至，利博盛还将一些设计外包给了独立的工作室。

第四步：连接协调机制（联合作战）

为什么需要连接和协调机制呢？因为业务团队闭环作战之后，最怕的是各自为政、互不协同，甚至出现内部恶性竞争的情况。因此，需要有效的衔接机制让他们形成合力。

所谓连接与协调，指的是业务团队与业务团队、业务团队与平台直接的连接和协调机制，分为四大类。

第一，利益分配机制。作为一种外在激励，让这些主体按市场化规则进行结算和利益分成，甚至模拟外部创业激励，这是一种外在驱动机制。

相比以往在利博盛工厂时期的薪资，独立出去的小老板在公司上了轨道之后，收入比以前正常增加了50%—80%，而普通工人的薪资上浮了15%—18%。这个薪资水平，的确如利博盛所说，“拿广东的薪资，在广西就业”。

第二，共同使命和愿景。这是一种内在激励机制，通过共同使命、愿景和价值观，避免过度市场化带来的短期导向或者小我利益最大化等问题。

利博盛定期会召回员工，一方面是向他们灌输公司的发展愿景，另一方面让他们熟悉公司的规划、发展，为统一协作奠定思想基础。李庆锋认为这种培训非常重要，最早从利博盛出去跟小老板创业的那些员工，他们信任利博盛、信任李庆锋，但不一定信任新追随的小老板。所以，李庆锋一直在加强公司与小团队之间的联系纽带，强调“只分工，家还在”，稳定军心，让基层的工人知道，会有稳定的订单给他们做，保障他们的工作。

企业做大之后，尤其像利博盛这种“平台+小团队”模式下的企业，不加强管理，企业文化就容易被稀释，仅仅是地理位置上，这些小团队就跟利博盛存在一定的距离，因此特别要加强使命、愿景、价值观方面的灌输。

“为什么每次开会一定要让员工过来，而不仅仅是让小老板过来？”李庆锋认为，必须让所有员工都亲自听听利博盛的老板在想什么，把行业的趋势分析、公司的愿景、实现自动化的目标、未来的营销等都讲一遍，让他们能对公司有清晰的认识，并建立足够的信心。每次召回员工开会，利博盛还会安排一些拓展活动，用于活跃组织气氛，加固情感纽带。

传统制造业里的工人很少有知识分子，都是普通文化水平的民众，有些管理方式对他们不管用。李庆锋认为，调动起他们的积极性，让他们对平台的实力有信心，更容易赢得他们的拥护和追随。

另外，李庆锋觉得很重要的一点是，小老板也好，他们手下的员工也好，都要令他们感觉自己在进步。利博盛安排他们出去参访，他们往往会感觉到，利博盛的平台上有更多的新创意和新东西，设备投入也很先进，会发现别人的作业方式还很落后。这说明，利博盛灌输给他们的精益生产理念，已经在各个小团队人员的心底得到了认同。

第三，信息共享机制。例如，定期的战略、业务沟通会，公司目标的分解、分享，通过市场数据反馈协调团队间的任务，通过信息共享打造向心力。

每个月，每支业务团队都会给利博盛提交报表，记录当月小组的生产状况：准交率、第三方验货通过率、人均每小时的产量等。每季度，利博盛还会举行战略分析会，主要是梳理各个小业务团队的表现，哪些小组做得好，哪些做得不好，再根据交易数额列出排名。这个会议过程中彼此的讨论交流，使得一些生产经验、技术方面的微创新等信息在各个小团队中传递，互通有无。

同时，利博盛还对小业务团队的人员数量做相应的介入和把控，最理想的是60人左右的小团队，有的团队人员扩充到这个数量之上，但利博盛会尽量控制小团队的人数在100人之下。以李庆锋早年自己创业带团队的经验来看，一个人管五六十人是很轻松的，超过100人，小团队的管理就复杂了很多。如果领军人物的综合能力不足，那么就容易如古语所言——“将帅无能，累死三军”。

第四，高管干预机制。当以上机制都解决不了彼此之间的协调时，最后才由高管拍板决策。

如果有团队连续表现不好，李庆锋会亲自找小老板谈话，跟对方沟通问题，找出原因，是平台做得不好、配合不够，还是小团队中出现了什么问题、平台可以提供哪些帮助……李庆锋会一一与小老板进行问题梳理，商议解决方案。一般而言，谈话效果是立竿见影的，小业务团队会迅速有所行动，知耻而后勇。那些没有起色的团队，最终会面临被解散、被淘汰的命运。对于那些表现特别出色的团队，李庆锋会亲自与团队负责人沟通，请教对方有什么方法可以分享。

从图6–9的数据趋势中，能看到利博盛打造市场化网络组织的成效：2010年，公司员工人数多达3 000余人，年产值3.5亿元。通过市场化网络组织的运用，现属于公司的员工有1 000

余人，外面的业务小团队人员加起来也是 1 000 余人，人数减少了 1/3，但产量却持平。人均效率得到了大幅度提升，人工成本大幅度降低。产品准交率、产品合格率及客户满意度均呈上升趋势，其中产品准交率及产品合格率上升 15%左右。

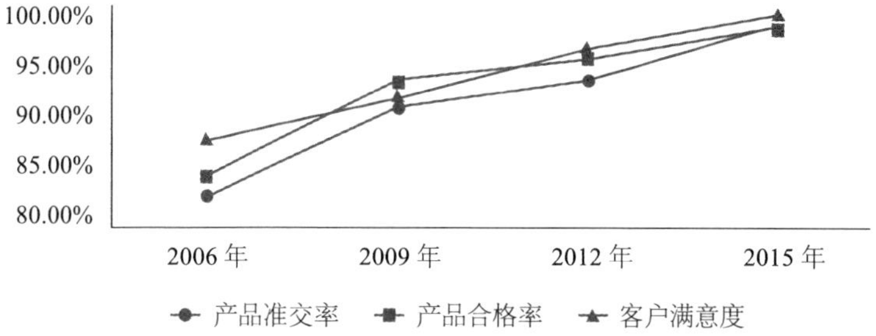

图 6–9　利博盛 2006—2015 年的数据趋势

一个最能说明变化的例子是，原来一个在利博盛厂里承包了几个小组共 200 多人小团队的老板，设立了 25 个管理人员，动不动就管李庆锋要人、加机器设备等。在运用“平台+团队”的网络化组织进行生产和管理之后，这个老板自动将他手下的管理人员砍掉了一半。在他成为自己的老板之后，思维方式也发生了彻底转变。

打造网络组织的经验分享

不管在哪个行业、什么样的公司，从“管控式科层组织”

向“市场化网络组织”转身，都需要经历一个大转变的过程。如果一个企业同时有标准化工作为主的业务，也有创新业务，那么并不排除两种组织并行的可能。

利博盛这家公司即是如此，它并没有将公司彻底打散变成一个个小团队组织，目前工厂里还保留着800多人。

总的来说，李庆锋认为，打造市场化网络组织的难点在于统一和协调。如何让一帮不太有文化的工人变成有组织、有战斗力的“正规军”，听从平台的统一指挥，促成利博盛实现成功打造“客户导向、技术创新、总成本领先”的组织能力，是一件很有挑战的事情。

近几年，利博盛遇到过质量不达标、员工思想不统一、小团队之间有差异等问题。包括刚开始做网络组织，分拆出去的员工感到心慌，担心是老板不行了，利博盛的平台不行了，想把他们当包袱丢出去而已……一次又一次的当面沟通，对公司发展规划的详解，一步步将新的“玩法”实践落地，这个过程虽然漫长，却促成了今天皆大欢喜的结果：小老板的积极性被充分调动，员工待遇提升，利博盛的平台也变得更加轻松灵活，还能集中精力研发创新，带领小团队冲到市场前列持续打胜仗。

李庆锋感慨最深的一点是，沟通在这个过程中起了很大的作用。不管遇到什么难题，传递真实信息、真诚沟通是最直接有效的应对方法，“让员工真正意识到你在做什么，而不是卸包袱”。刚开始试水业务小团队，面对一帮文化水平不高的员工，李庆锋不厌其烦地将许多想法讲解无数遍，直到他们信服。

“企业到了一定程度肯定要不停地变，不是被别人折腾死，就是自己把自己折腾死。”李庆锋说，他在这个行业已经整整 18 年了，从一个小作坊起步走到今天。

接下来，他会在市场网络组织的基础上大力推进自动化。同样 60 人的团队，在实现自动化之后，能有越来越多的产出。毕竟，从事手工业的劳动者在不断减少，想要长远提升效益，还是需要依靠技术的不断完善。

“如果利博盛能够实现自动化，将会是给这个行业开启的一个重大技术进步。我们对此非常有信心，慢则五年、快则三年就能够实现。”李庆锋说。

第七章

如何以正确的姿势拥抱移动互联网

一切都在变，一切都在过渡，只有全体是不变的。世界生灭不已，每一刹那它都在生、都在灭，从来没有过例外，也永远不会有例外。

——狄德罗 《狄德罗哲学选集》

成立于1979年的希捷科技（Seagate Technology），总部位于美国加州，是目前全球最大的硬盘、磁盘和读写磁头制造商。但在2017年伊始，希捷遭遇了寒流。

2017年1月7日，希捷科技（苏州）有限公司员工收到了工厂将关闭的通知。这对于希捷来说是个“艰难的决定”——裁员 2 000 人。[①]PC 市场的持续疲软，终于让这家公司感受到了切肤之痛。据了解，苏州工厂生产的硬盘主要应用在 PC 产品中。在全球范围内，希捷将继续裁撤员工。

这是一个巨人纷纷倒下的时代，同时又是一个“独角兽”争先恐后冒头的时代。

克里斯坦森在《创新者的窘境》里写道，导致企业衰败的往往并非失败，而是成功。虽然企业可能明白世界在不断发展变化，但由于它们太擅长做自己一直以来都在做的事，这导致无法做好新的事物。不管是诞生于工业时代的传统企业，还是诞生于互联网时代的新兴企业，都时刻面对同样的挑战。

“柯达时刻”的广告词也许还没有从我们的记忆中消失，但与其广告词给人留下的温馨印象截然不同的是，它最终的命运成为商学院课堂上的反面案例——曾经世界上最伟大的公司在 2012 年申请破产保护，令人扼腕。柯达帮助人们用胶片记录了很多时刻，却没能留住自己的时刻。

身为互联网的开荒者，门户网站、搜索引擎等都引领了时代的潮流，但雅虎的成功却没能长久。2017 年 1 月 10 日，雅虎宣布，将公司的核心业务出售给 Verizon 通信，同时，将剩余业

---

① 资料来源：澎湃新闻网，2017-01-14。

务更名为Altaba Inc.。

移动互联时代的到来，让颠覆与被颠覆的速度变得更快。决定企业生死的速度，变得越来越快，机会的窗口期随之缩短，稍纵即逝。

马化腾在2013年底说过一句令人警醒的感言：巨人倒下时，身上还是暖的。驰骋商场多年，虽然腾讯集团坐拥千亿美元市值，但“舵手”依旧保持清醒，“现在拿到所谓的船票、门票，能不能走到终点不一定。”马化腾说。

滚滚长江东逝水，浪花淘尽英雄。移动互联时代，你感受到四伏的危机，以及危机带来的机遇了吗？

本书的10个案例企业带来的启示

本书为读者呈现了十家案例企业拥抱移动互联网带来的挑战、把握契机的鲜活案例。这些企业中，有些发端于20世纪济南街边的出租屋，有些由上海的小型民营企业慢慢发展壮大成为国际大客户的战略供应商，有些诞生于互联网时代，天生就懂新技术、新思维……不管创业背景如何，这些企业在变革这条路上的步履从未停歇。

移动互联时代，企业想要成为“常胜将军”，需要两个必要条件：第一，企业应当持续找到高获利、高成长的空间，通俗地说，就是“找到风口”；第二，想要利用好风口的机遇，还需要强有力的组织能力。综合来说，移动互联时代的企业仍要遵循“企业成功=战略方向 × 组织能力”的方程式。

战略方向和商业模式的创新：九阳、e袋洗

对于像九阳和e袋洗这样前身都是传统企业的公司来说，找到新的战略方向，并变革商业模式，或许是拥抱移动互联网的第一步。

“铁釜电饭煲”的营销案例，是九阳在战略转型和商业模式创新上的一次成功试验，完整体现了“营销传播、智能化、直连用户”的三大转变，将一个电饭煲通过社会化媒体打造成为“网红”，曝光量、精准度、互动量远超传统媒体时代重金投电视广告达到的效果，销量仅用两个半月就冲到行业畅销单品前三名，让九阳真正尝到了转型之后的甜头。

对e袋洗来说，2013年开始的转型，是背水一战，也是壮士断腕。O2O洗衣平台e袋洗上线：不做线下的实体店，整合行业内过剩的洗衣店资源，将洗衣业务交给行业里最优秀的洗衣店；不自建物流系统，利用社会剩余劳动力为平台取送衣物，打造“邻里经济”。这样一来，e袋洗与传统洗衣行业建立起合

作关系，以整合资源为主，压缩运营成本，将“用户导向、品质为王”确立为企业的核心组织能力，以此作为目标，持续推动企业的内部变革。

打造更符合移动互联时代的组织能力：58 集团、海丰

58 集团在美国上市之后，并不是就高枕无忧了，反而继续抓住更多的颠覆机会，“平台+垂直”成为 58 集团继续变革突破的下一个方向。一家 25 000 多人的上市公司，还继续保持创业初期的激情与梦想，从内部不断孵化出垂直的创新公司，如 58 到家、转转等。转转这个二手交易平台上线一周年就拿下了“年用户总量呈 3 倍增长、交易总额突破 70 亿元大关”的战绩。[①]

在全球航运物流一片哀鸿的背景下，海丰是如何成为 2016 年上半年全球赢利能力最强的综合航运物流公司的呢？海丰将“高效率”和“客户导向”树立为自己的核心组织能力，并通过选才、荐才、留才来全方位降低企业的人才重置成本，让企业的车轮能够快速运转并且不掉链子，而不是时时需要磨合，动辄卡壳，延误时机。

---

① 资料来源：中国青年网。

成功的关键在于与顶尖人才共事：耀客、品友互动

特斯拉的CEO马斯克曾经分享过一个观点："成功的关键在于与顶尖人才共事。"马斯克认为，企业就是一群人集合在一起创造产品或服务。不论你要创业或进入企业工作，关键都在与顶尖人才共事。[①]

到了今天，企业的招聘思路发生了转变：从"找到人才"过渡成"抢到顶尖创意人才"。特别是对一些关键领域的技术人才，他们的素质和天赋十分关键，并非后天培养可得。花90%的时间精力培训员工，可能只收获10%的效果。如果人才找对了，后面的管理就事半功倍了。

要解释耀客为什么注重顶尖创意人才，其实很简单，如果《美人鱼》不是周星驰所拍，就不会创下30亿元人民币的票房纪录。如果六六没有写出《心术》那么深刻的社会题材小说，也就不会诞生大热的医患关系大剧《心术》，成为社会关注的热点，并且多年后仍被屡屡提及。这就是创意人才对于耀客这家影视制作公司的深刻意义。用CEO吕超的话来说，1%的人创造99%价值的时代已经到了。企业应当重新审视与人才的关系，不是冰冷、刻板地管理，而是要跟精英人才"谈恋爱"。

---

① 资料来源：和讯网商学院。

品友互动是一家技术驱动的互联网广告公司，是中国一个创新业务模式的开拓者和领头羊，不可避免地遭遇人才空白的窘境。并且，受限于自身的体量，品友互动这样的初创公司，很难从BAT这样的大型企业挖走“技术大牛”，它必须找到一条适合自己的人才培养之路。品友互动通过“谨慎招聘、快速培养”的人才战略，为自己开疆拓土提供了强大的人才团队，一步步将自身打造成行业人才培养的“黄埔军校”。

从“胡萝卜＋大棒”到自我驱动：玫琳凯、新通联

曾经非常行之有效的“胡萝卜＋大棒”的传统激励模式恐怕在平等、自由、透明的移动互联时代将逐步失去魔力。取而代之的是工作本身的价值、意义和成就感，激励员工自我管理和自我驱动。

玫琳凯认为人性中最深处的准则就是追求他人的赞扬并希望他人认为自己很重要。玫琳凯通过领导力行为准则，员工关爱，时时在线认可，月度、年度明星认可，不断让员工感觉自己很重要。通过明确、激励人心的愿景目标和价值观，及时庆祝团队的成功，从而使团队主动全力以赴。通过从公司内部提拔培养人才为主，给员工无可限量的事业发展机会。通过给予做出优异成绩的团队令人尖叫的新奇礼物和赞扬来激励团队。

通过满足女性的全方位需求，包括学习成长、财务独立、健康休闲、成就荣耀、心灵和谐、美丽自信、家庭和谐、人际关系等达到人生的全面平衡，最终使得分布在全国各地的几十万名美容顾问产生强大的自驱力。

新通联的CEO曹文洁在一个“两把榔头、两块木板钉一钉”的低端行业，以惊人的毅力和抗挫折能力，把企业打造成为低端制造业中的高端供应商，并且以“一站式服务”奠定了自己的行业地位。通过言传身教层层传递企业文化和价值观。通过“五大模块”落地“利他精神”，打造幸福企业。让新通联化冰冷的规章制度为有温度的文化制度，让员工从思维意识和情感上与公司产生强链接，在“润物细无声”中，实现员工的自动自发、自我驱动。

让大企业也能灵活起舞的市场化网络组织：京东、利博盛

如网飞公司管理理念所分享的，大多数公司在成长的道路上，伴随着企业规模增长的同时，是员工自由的缩减和公司的日益官僚化。公司规模的扩大，增加了公司的复杂度，稀释了人才的密度，这时，混乱开始出现。为了停止和减少混乱，流程开始出现。虽然没有人喜欢流程，但是和混乱带来的痛苦相比，流程带来的一致性还是会让人感觉好一点。于是，流程越

来越多、越来越细，从而导致灵活性和创造性不断降低，对于市场和客户的反应速度不断降低，客户体验越来越差。最终，当行业发生变化，不管是新技术、新竞争对手，还是新的商业模式，都会促使公司无法适应，最终陷入危机甚至成为明日黄花。那么，如何能够在企业规模变大时不失去敏捷灵活和创新？

对此，京东的解决思路是通过“赋能、授权、激活、找边界”来激发11余万名员工的无限活力。让一线听得见炮火的人来决策，并通过赋能来提升一线人员的决策能力和质量，从而激活组织活力，并通过找边界不断进行集团总部和业务板块的动态磨合，找到最适合的管理边界，最终打造“用户体验、高效率、低成本和创新”的核心组织能力。

“利益捆绑，要强同强，要死同死”，利博盛创始人李庆锋用一句话提炼出利博盛“平台+小团队”的市场化网络组织的本质。利博盛母体公司恰如航空母舰，而二十六七支小团队分散在利博盛50—100公里周边，独立运营，成为利博盛的战略合作供应商。利博盛成功做到了企业规模发展壮大的同时，依旧保持敏捷灵活和高效、低成本运作。

领导者在变革转型中应该如何自我突破

企业能够成功变革转型，最关键的是核心领导者的自我突破。本书描写的十家企业，能够在商业模式、组织能力或管理实践方面与时俱进、不断创新，很大程度上离不开核心领导者的自我认知和自我突破。笔者认为，核心领导者需要在如下三个特质上进行突破。

第一，心态。首先，把移动互联看作契机而不是威胁，不能认为它与自己的企业无关。其次，要用一个比较积极、正面、好奇的心态来拥抱移动互联网，而不是抗拒。如果抱着跟我无关的心态，或者觉得不能够威胁我，或者觉得这个是小浪花、很难长久，一般来讲，就不会很认真地探讨这个趋势对企业带来的影响。所以最基本的就是心态，企业家愿意积极思考战略组织能力、具体的管理工具、实践应用等如何可以提升竞争力，这样的心态很重要。

第二，视野。心态是第一步，接下来是了解周遭世界发生的变化，看看别人如何在用移动互联网改造、升级企业，需要学习和取经。滴滴的程维把这个过程称作“开天眼”：“当我们在思考一个问题时，不妨去跟在这方面做得最好的组织或者企业家交流。能够把别人探索过的东西变成自己成长的起点，要不然你一生都是在犯别人犯过的错误、走别人走过的老路，是没有什么意思的。”滴滴内部就设立了“天眼计划”，给管理者提供各种学习机会，走访各个领域的标杆企业如脸谱网、苹果、海底捞等。“脸谱网、苹果拥有世界上最前沿的团队，他们的思考、架构、教训和经验，对滴滴的技术人才而言都很有价值。滴滴做客户服务的团队则是学习海底捞，见了那么多企业，我们觉得还是海底捞的服务做得好，背后是由于它的创始人无论对于服务，还是对于服务背后的人，以及对于人性的思考、对于组织的思考是最深刻的，你走它的弯路是没有什么意义的，要学习。”[①]

过去多年，杨三角学习联盟通过带领一批企业家去国内外优秀的标杆企业进行学习，包括与世界级大师如戴维·尤里奇、拉姆·查兰进行小范围对话学习等，就是为了帮助中国的企业家开阔视野。

第三，魄力。敢于想象，投入资源，小范围尝试，容忍失败，不断迭代。很多企业一直观望，犹疑不决，最后延误时机，给了竞争对手发展壮大的机会，最后难以应对。值得注意的是，

① 资料来源：杨三角学习联盟于 2016 年 6 月 24 日参访滴滴时，程维的演讲。

高管不仅要看到世界级的其他企业是怎么做的，也要想到自己的企业该怎么做，把好的方法应用到自己的企业。想象力很重要，比如整个行业有什么机会可以重新再造，可以用什么样的新服务模式和产品来改善用户的痛点，或者提高效率等。要敢于想象，不能被过去的很多行业的条条框框限制，固守原有的经验。并且，领导者要愿意投入资源，可能是一个小的部门、一个小的团队、一笔预算、一个产品等，要给员工进入新领域的机会。

比如，九阳在2013年推出的Onecup胶囊机，就是组建一个小团队，在过程里面容忍失败，不断迭代。到了2016年，Onecup已经成为九阳的主推产品，外形时尚简约，噪声小，把豆浆的制作时间从传统的8小时缩减为30秒，口味和使用场景十分丰富，“买一款豆浆机，坐拥一家饮品店”，深得年轻消费者的欢心。

敢于尝试、敢于犯错就是一种魄力，如果整天在想、在看，而不付诸实践，那么可能就会延误时机。在移动互联时代，延误半年甚至几个月，都有可能错过一个风口。并且，延误时机之后，就等于给了你的竞争对手一个很好的壮大机会，再要跟羽翼渐丰的对手竞争就不容易了。看准了，就要有魄力，马上行动。程维说过：“如果比赛是短道竞速赛，那么就要在速度上绝对保持第一，否则每一个交棒的人都会影响后面接棒的人。”①

> 所谓成长发展，就是要有很多东西不断发生，然后变成繁荣的形态，也可用“日日新”这句话来代表。意思是说，旧的东西逐渐灭亡，新的东西不断诞生。
>
> ——松下幸之助 《创业的人生观》

拥抱移动互联网的 8 种姿势

过去近 20 年里，企业遭遇了两次大浪潮：一是 20 世纪之交兴起的互联网大潮，二是以移动互联网为代表的数字时代大潮。在笔者辅导的众多企业家中，他们面对移动互联时代的风起云涌，感到既恐惧又期盼：一方面担心自己现有的业务模式会被新兴竞争对手颠覆，另一方面期盼借助移动互联技术助力企业更上一层楼。

本书详述了 10 家企业面对移动互联网颠覆创新的举措，在此，笔者想总结一下领导者“拥抱移动互联网的 8 种姿势”，以

① 资料来源：杨三角学习联盟于 2016 年 6 月 24 日参访滴滴时，程维的演讲。

提纲挈领地归纳出一些掌握新契机的新方法。①

组建能构想未来的核心团队

单靠一个人有好的想法完全不够，还需要几个核心团队成员一起构想和配合，激发面向未来的想象力。从技术角度看，移动互联已万事俱备，只欠企业高管的想象力，重新思考和构建端到端的客户体验。

苹果的乔布斯、微信的张小龙、亚马逊的贝佐斯、网飞的哈斯廷斯、特斯拉的马斯克、滴滴出行的程维等，他们能够从用户角度在通信、购物、娱乐、运输、出行等领域构建全新的体验。世界还需要很多这样的领导者，这和受过什么教育没关系，和是否受过正规教育也没关系。

要知道，重新出发想象整个行业，等于要回到一张白纸的状态，打破原有的框架，重新思考用户的痛点。笔者发现，很多领导者的灵感源于跨界学习，看似不相关的行业，却激发了其对于未来的构想。

比如，小米崛起之初，九阳董事长王旭宁就注意到了它如火如荼的粉丝经济。虽说一个是消费电子领域，一个是小家电

---

① 拉姆·查兰，杨国安. 拥抱移动互联网的 8 种姿势［J］. 哈佛商业评论，2016（4）。

领域，但王旭宁仍然感到小米有许多新玩法值得借鉴和吸收。再比如，e袋洗的张荣耀，也想到将近年很火的“共享经济”融入自己的商业模式，打造属地化就业，运用社会剩余劳动力取代自建物流。

定义端到端的用户体验

与团队头脑风暴时候，核心是需要更多地观察和了解最终用户，识别痛点，再使用移动互联技术创新优化。不管是B2B（商对商）还是B2C企业，企业核心团队可以遵从以下步骤和思路重新定义端到端的用户体验（见图7–1）。

B2B企业思考步骤

（如通用发动机vs传统发动机制造商、淘宝服装店vs传统服装厂家）

1. 画出行业价值链，不断从最终用户的角度思考问题
2. 在整个价值链中，有哪些环节可以智能化和数码化，哪些不可以？哪些环节应该智能化和数码化，哪些不应该？
3. 未来是否存在倍增式发展机会？

B2C企业思考步骤

（如亚马逊vs沃尔玛、苹果vs诺基亚）

1. 我们卖给用户什么？
2. 从最终用户的角度看，获得这个产品或服务的端到端体验是什么？
3. 如何应用移动终端、应用软件、传感器、大数据和算法等技术改进用户体验？

图7–1　如何定义端到端的用户体验

品友互动是典型的重构端到端体验的一家技术公司。在原先的传统广告行业里，多以横幅广告的形式在互联网上打广告，千人一面。但是引入大数据的计算分析技术之后，就能做精准推送，千人千面，让互联网广告变得聪明起来。新通联的“一站式服务”既是行业里的创新，也构成了其自身的竞争壁垒。从一个只提供包材的低端供应商，到完整的提供一整套用户包装的解决方案。对于客户来说，他们能从新通联这里不仅仅买到包材，还能买到一整套解决方案，甚至新通联在设计包材时会考虑物品及其特点，在同一个集装箱的固定容量下为用户实现更大的装箱量，同时保障物品运输的安全和稳定。

明确新的商业模式

解决用户痛点之后，高管要思考未来如何赢利。苹果靠智能终端赚了非常多的钱，这明显与小米的低价手机模式不一样。网飞与国内众多视频公司的商业模式也不一样，依靠的是会员收费模式而不是广告。公司CEO必须明确未来的赢利模式，是靠卖产品、服务、广告、交易佣金、增值服务，还是金融……

招募顶级人才

商业模式确定后，你需要顶级的人才帮助企业实现数据化改造、传感器、处理器、软件、算法和云端支持，或者提供创意等。刚开始你只需要两三个人，如优步核心技术团队有 3 人、脸谱网 3 人、谷歌 3 人、微软 2 人、苹果 2 人。随着公司进一步发展壮大，所需要的顶级人才会越来越多。笔者认为，帮助企业招募最好的核心人才是CEO必须做的工作。这些年轻的顶级人才必须直接向CEO汇报，不能向其他人（如部门负责人）汇报。他们的行为很可能不同常人，他们会挑战企业现状，很多资深的同事对这些年轻人心怀不满，CEO要保护他们，这是领导者的工作。

耀客创始人吕超认为，极致的少量精品电视剧，风险反而是最低的。为了拍出极致的好剧，耀客想尽办法寻找顶尖编剧人才，并且跟他们建立平等友好的联盟关系，知名编剧可以以工作室的形式与耀客合作，互惠互利。在对待这些顶级编剧的态度上，吕超提出了“和精英人才谈恋爱”的用人哲学，可谓请人可以用真金，留人则要用真心。

打造产业生态圈

建立生态圈伙伴关系能降低企业的投资需求和风险，同时让领导者更专注于自己的核心业务。借助如阿里巴巴、亚马逊、谷歌、腾讯、京东和百度这些平台类公司，用好它们的平台优势，能帮助你扩展业务并提速。这些平台类公司有很多人才、投资资金和技术支持，可以帮助你快速成长。平台类企业也需要不同垂直领域应用的合作伙伴，丰富它们的服务内容，相互借力。

以e袋洗为例，作为传统企业转型到线上的互联网企业，它并不想颠覆或者取代传统洗衣行业。荣昌洗衣在20多年里开了近1 000家门店，转型互联网之后，这些门店会逐渐被关掉，而把洗衣业务分包给行业里优秀的洗衣店，将竞争对手变成合作伙伴，将自己变成平台。同样，被吸收到这个平台上的还有社区里的闲散劳动力，负责e袋洗的物流配送，既帮助解决了“最后一公里”的痛点问题，又给平台减轻了自建物流的繁重负担。e袋洗可以将更多的精力用来思考和升级洗衣这件事，保障“品质为王”的组织能力。[①]

不断探索，反复尝试

制胜不是一朝一夕的，需要不断探索、尝试和修改。失望和灰心是学习的机会，是进一步提升的契机。决策可能对，也可能错，实验要持续不断地做，试错是常态。微信团队就是通

① 资料来源：张小平. e袋洗：共享思维下的“云上轻”公司［OL］. 和讯网，2017年1月5日.

过不断快速尝试和迭代，打磨用户喜好的产品。在未知的道路上探索，必须对未来有所构想和追求，致力优化（甚至颠覆）端到端客户体验的梦想会给你坚持的勇气。

亲力亲为，推动转型，发展新业务

为了建立新的业务，能在移动互联时代制胜，你是否愿意每天投入大量时间用于工作？作为领军人物，一方面必须管理好现有的业务，因为它提供现金流、收入和盈利，是安身立命之本；另一方面会有新业务，可能是现有业务的10倍空间，潜力巨大。你要在哪些方面花时间？如果你的时间都用来发展新业务，老业务怎么办？你必须思考如何分配时间。CEO要创新和转型，一定要投入足够的时间和精力到新业务上。

尤其在新业务刚开始时，能带来的收入往往比较少，更多的是亏损，CEO是否舍得拿出现有的赚钱精力来做赔钱的事情呢？另外，还需注意的是，新业务最好由老员工来负责，新员工负责成熟的业务没有问题，可以套用现有的模式，而让学习能力强、同样具有创新精神的老员工负责一个新业务，其存活的概率比较大。比如58的元老陈小华，他带队58到家，不仅得到CEO姚劲波的充分信任和授权，也有之前将58带到行业第一的丰富经验。

面对阻力，尽快解决

大多数公司会抵抗转型变革。新的业务可能两三年都不赚钱，许多人会提出质疑。有些“老臣子”看不下去就会跳出来诉苦、要求止损，这时，领导者的判断就非常重要，是考虑眼前的得失，还是对长远的未来抱有坚定的信念呢？

对此我们的建议是，不妨带公司内部的守旧派、质疑者到美国硅谷去看看新的技术，感受移动互联时代的新变化。有时，故步自封是因为对外界大形势缺乏认知，情愿在原有的轨迹上停滞，也不敢新开辟一条道路。一般而言，开阔眼界后，一些传统企业出身的“守旧派”的态度会慢慢变化。如果他们还是坚持抗拒，就要再想办法面对和解决，不能让这些保守势力对转型造成伤害。

花旗在2017年初发布的一份报告中表示，在过去20年中，按市值计算，技术的颠覆影响了全球约10%的上市公司。未来10年，高达47%的企业可能面临压力来适应某些形式的技术颠覆。47%这一数字是基于受到未来颠覆潜在影响的一系列新兴行业的总市值预测的，这些行业包括自动驾驶汽车、物联网和3D打印。[①]

---

① 资料来源：花旗：未来十年全球近半企业将被新技术“颠覆”[OL].华尔街见闻，2017年1月12日.

适应“颠覆创新”是以上8种拥抱移动互联网的姿势之外，领导者必须要做好的一项重要心理准备。

东汉史学家、思想家荀悦在《汉纪》中评论说：“韩信军孤在水上，士卒必死，无有二心，此信之所以胜也。”同样是背水列阵，项羽置之死地而不生，韩信却置之死地而后生。也许，不管是创业，还是守业，都应抱着一种向死而生的信念。

工欲善其事，必先利其器。企业无论是想要拥抱移动互联网，还是下一波新的革命，都需要锻造自身的组织能力。苦练内功的意义在危机来临时就能见分晓，体弱者可能瞬间就会被洪流卷走……

从管理理论上来说，由繁入简难，能广泛应用于企业实践更是难上加难。杨三角的组织能力模型从1.0过渡到2.0，在指导、提升和伴随一大批优秀的中国本土企业成长至今的同时，也在不断吐故纳新、自我迭代，受到国内一批知名企业和领导者的认可与喜爱，既相得益彰，也互相照耀前行之路。